KB023007

# 나의 첫 경제사 수업

'보이지 않는 손'에서 '후생경제학'까지 13가지 대표 이론으로 배우는

# 나의 첫 경제사 수업

Great
Economic
Thinkers

조너선 콘린 엮음 | 우진하 옮김

Adam Smith
David Ricardo
John Stuart Mill
Karl Heinrich Marx
Alfred Marshall
Joseph Alois Schumpeter
John Maynard Keynes
Friedrich August von Hayek
Milton Friedman
John Forbes Nash Jr.
Daniel Kahneman
Amartya Kumar Sen
Joseph Stiglitz

## 애덤 스미스에서 아마르티아 센까지
### 세계사를 바꾼 13인의 위대한 경제사상가와
### 그들 사상의 에센셜 바이블!

타인의사유

# 들어가는 글

● 드마리스 코프먼D'Maris Coffman

앞으로 세상은 어떻게 변할까? 유수의 매체들이 오늘날의 세계는 대공황 이후 최대의 위기라고들 말한다. 암호 화폐의 등장, (미중) 무역 전쟁, 가파르게 치솟는 인플레이션, 팬데믹, 러시아-우크라이나 전쟁까지…. 지난 몇 년 동안 국제사회는 놀랄 만큼 변했고, 그에 따라 세계경제의 복잡성 역시 폭발적으로 증가했다.

사람들은 이토록 빠르고 복잡하게 변해 가는 세계경제가 너무 거대하게 느껴져 절망하거나, 어느 순간부터는 나와 다른 세계의 일이라고 생각할지도 모르겠다. 그러고는 정치인에게, 정부 관료에게, 기업가에게 이 같은 문제들을 그냥 맡겨 버린다. 하지만 이 책에서 만나게 될 케인스학파와 오스트리아학파의 논쟁처럼, 정책을 결정하는 사람들이 언제나 우리 대신 최선의 결정을 내려 주지는 않는다. 그들은 자신들의 정치적 야망을 위해(재선의 가능성을 높이기 위해), 사업을 쉽게 통과시키거나 세금 혜택을 받기 위해 엉뚱한 정책들에 우리 납세자들의 세금을 계속해서 쏟아부을 수도 있다.

그렇다. 결국 우리는 정부의 경제정책이나 그와 관련된 갖가지 결정과 판단에서 자유로울 수 없다. 경제 지식 없이는 투표도 투자도 제대로 할 수 없다. 경제생활을 지배하는 힘과 그것들의 역학관계를 알지 못한 채로 어떻게 우리와 우리 가족들이 살아갈 미래를 계획할 수 있겠는가? 평범한 직장인이든, 대학생이든, 사업가이든, 전업주부이든 책임감 있는 시민이자 소비자가 되고자 한다면 우리가 속해 있는 경제의 기초를 알아야만 한다.

하지만 경제학이라고 하면 우선은 거시경제학, 미시경제학같이 이름만 들어선 그 정의조차 쉽사리 짐작되지 않는 명칭에 먼저 좌절하고, 수학과 기호가 가득한 공식, 도표와 그래프에 지레 겁을 먹게 되곤 한다. 이 책은 개개의 경제 이론에 대한 (수학적이고 공식적인) 설명보다는 세계사를 바꾼 13인의 위대한 경제사상가와 그들이 살았던 시대, 교육 경험, 교류했던 인물들의 이야기 속에서 가능한 한 쉽고 분명하게 각 경제사상가의 대표적인 업적과 그에 대한 비판적인 분석을 소개한다. 애덤 스미스부터 아마르티아 센, 조지프 스티글리츠까지. 이들의 연구는 모두 지난 200여 년 간 당대, 그리고 바로 오늘날의 국가 경제정책의 결정에 중요한 역할을 했다. 존 메이너드 케인스는 『고용 이자 및 화폐에 관한 일반이론』에서 다음과 같이 이야기한 바 있다.

> 경제학자들과 정치사상가들의 사상은 그들이 옳거나 그른 것과는 상관없이 모두 다 사람들이 일반적으로 생각하는 것보다 훨씬 더 강력한 위력을 갖고 있다. 실제로 그 어떤 지

적인 영향력에서 완전히 벗어나 있다고 믿는, 스스로를 현실적이라고 믿는 사람들도 대부분 지금은 존재하지도 않는 경제학자들의 노예들인 것이다. 사라져 버린 목소리에 귀를 기울이는 정신 나간 위정자들이 의지하고 있는 건 오래전 학자들이 끼적거린 잡문들일 뿐이다.

　이 책에서 다루고 있는 모든 경제사상가들은 그런 "잡문들을 끼적이는" 일반적인 학자들보다 아득히 높은 곳에 자리하고 있으며 각각 시장에 대한 개입과 규제, 조세, 무역, 그리고 통화정책에 대한 입장에 지대한 영향을 미쳤다. 금융정책이나 이자율과 관련된 결정을 내릴 때, 연방준비은행FRB 관리들은 워싱턴에서 입수된 최신 데이터뿐만 아니라 존 스튜어트 밀, 데이비드 리카도와 같은 19세기 경제사상가들의 아이디어에 의존한다. 기업과 개인에 부과할 적절한 납세 기준을 논의할 때면 미재무성 관료들은 앨프리드 마셜의 이론을 가져온다. 전 세계 주요 금융 센터 및 투자회사들은 자신들을 그렇게나 비판해 온 조지프 스티글리츠의 이론을 기준으로 여러 가지 금융정책들의 향방을 결정한다.

　애덤 스미스에서 조지프 스티글리츠에 이르는 13인의 경제사상가 혹은 경제학자들은 누구 한 사람 선택하는 일이 쉽지 않았다. 특히 후반부에 소개되는 6명의 노벨상 수상자들은 거의 50명에 달하는 또 다른 수상자들 사이에서 어렵게 고를 수밖에 없었는데, 이때의 선정 기준은 이들이 얼마나 급진적이고 새로운 제안을 했는가가 아닌, 오늘날의 경제적 사고의 지적인 구성에 얼마만큼 기여를 했는가였다.

그럼에도 불구하고 어떤 독자들은 이 선택에 대해 적어도 몇 가지 문제점들을 발견할 수 있을 것이다. 이 책의 주제가 정말 경제에 관한 것이라면 많은 사람들이 공부하고 있는 폴 새뮤얼슨은 왜 빠졌을까? 존 내쉬가 주류 경제학의 형성 과정에 영향을 준 수학자로 인정된다면 일반균형 이론을 확립한 레옹 발라는 또 어디에 있는가? 거시경제 정책 결정에 초점을 맞춘다면 경제학과 학부생들에게 너무나도 친숙한 is-lm 모형을 개발한 존 힉스도 반드시 이 책에 포함되어야 하는 것이 아닌가? 여기에 대해 우리가 제시할 수 있는 최선의 변명은 이들 13인이 가장 위대한 경제사상가는 아니지만 위대한 경제적 사고를 대표한다는 것이다.

이 책에서 소개하는 대부분의 경제학자들은 자본주의를 인간의 삶에 적합하게 만들기 위해 경제정책의 입안이나 결정에 깊숙이 관여했다. '보이지 않는 손' '케인스주의' '창조적 파괴' '전망 이론'처럼 오늘날 세계경제를 움직이는 핵심 원리와 그 원리를 내놓은 경제학자들에 대해 좀 더 알고 싶은 사람들에게 이 책이 훌륭한 마중물이 되길 바란다. 이에 더해 독자들이 경제사상의 위대함과 풍요로움에 감탄해 주기까지 한다면 더할 나위 없이 만족스러울 것이다.

# Contents

# Adam Smith

# 애덤 스미스

## (1723~1790)

### 글. 조너선 콘린

#고전경제학 #보이지_않는_손 #국부론
#도덕감정론 #분업_노동의_전문화

**조너선 콘린**Jonathan Conlin

뉴욕에서 태어나 옥스퍼드 대학교에서 역사와 현대 언어를 공부했다. 영국 사우샘프턴 대학교, 프랑스 고등교육기관 ESSCA에서 애덤 스미스의 도덕철학, 빅토리아 시대의 사회사, 경제사상사 등을 가르쳤다. 대표 저서로는 석유 재벌이었던 칼루스테 굴벵키안Calouste Gulbenkian의 전기 『5퍼센트의 사나이Mr Five Per Cent』(2019)와 애덤 스미스의 전기, 파리와 런던의 역사를 비교한 『두 도시 이야기Tales of Two Cities』(2013) 등이 있다.

1778년 1월의 어느 날 아침, 애덤 스미스는 스코틀랜드 에든버러에 있는 집을 나와 익스체인지 스퀘어에 있는 관세청으로 향했다. 관세청장으로서의 첫날이 시작된 것이다. 그곳에서 그를 기다리고 있는 건 다름 아닌 온갖 수입 금지 품목들의 이름이 빼곡히 적힌 목록이었다. 이제부터 그는 그 목록에 적혀 있는 상품들을 찾아 폐기해야만 했다. 지난 수백 년 동안 상인들은 다른 나라 상인들과 경쟁하기 위해 자국의 통치자들에게 수입 상품에 제한을 가하도록 설득해 왔다. 그들은 수입 자체를 금지시키거나, 높은 관세를 부과하거나, 자신들과 같은 자국의 상인들에게 특별한 혜택을 주지 않으면 국내 경제는 무너지고 경쟁국들만 번창하게 될 것이라고 주장했다. 관세청장은 관세를 거둬들일 뿐만 아니라 법을 어기고 수입이 금지된 상품을 들여오려는 사람들까지 고발하고 잡아들여야 했다.

## 관세청장 스미스의 하루

자유 시장경제의 아버지로 유명한 스미스가 이런 일을 하게 되었다는 건 어떻게 보면 참으로 기이한 일이 아닐 수 없었다. 스미스는 보호무역주의 정책이나 높은 관세는 물론, 상품과 노동의 이동까지 제한하는 상인 협회나 여러 조직들에 대해서 반대하는 입장이었다. 외려 그는 이 같은 제한이나 장벽들이 제거됐을 때 '보이지 않는 손'에 따라 자본과 노동력의 배분이 적절히 이뤄지고, 그 결과로 사람들의 생활수준이 올라갈 거라고 봤다. 누군가 인위적으로 인간의 시간과 노력, 그리고 자본의 투자를 조종하려 든다면 그건 인간의 타고난 자유권을 침해하는 일이며, 그런 일을 시도하려는 통치자 역시 절대 믿을 수 없다는 게 스미스의 지론이었다.

자유로운 무역을 규제하는 일이 무익하다는 증거는 그리 먼 곳에 있지 않았다. 그날 아침 관세청에 출근한 스미스는 우선 자신의 옷차림을 확인해 보았다. 그러고는 나중에 의회 의원이자 오늘날의 산업부 장관에 해당하는 직무를 맡고 있던 윌리엄 이든William Eden에게 이렇게 편지를 썼다. "목도리를 비롯해, 그날 내가 착용한 여러 장신구들은 영국에서는 구하기 어려운 물건들이었소. 이에 대한 본을 보이기 위해 그날 나는 영국에서 착용이나 사용이 금지되어 있지 않은 내 손수건까지 모조리 불에 태워 버렸소." 그러면서 그는 비꼬기라도 하듯 이든에게 이렇게 충고했다. "부디 당신이나 당신 부인은 옷가지, 혹은 가구들을 확인해 보지 않기를 바라오. 그랬다가는 당신도 나와 같은 일을 겪게 될지도 모르니까."

다소 익살을 섞기는 했지만 어쨌든 스미스의 이야기 안에서 우리는 한 가지 교훈을 얻을 수 있다. 무작정 수입 금지 조치를 취하거나 보호무역을 하는 것은 의미가 없다는 사실을 말이다. 국내에서 생산되는 것보다 더 싸고 질 좋은 외국의 상품들은 결국 어떤 식으로든 들어오게 마련이었다. 그 과정에서 온갖 검사를 피해야만 했기 때문에 유통 과정은 더 위험하고 복잡해졌고, 결과적으로 소비자들은 더 큰 비용을 지불할 수밖에 없었다. 게다가 그런 식으로 들어온 밀수품으로부터는 세금을 제대로 거둬들일 수도 없었다.

스미스에게 밀수업자들은 잘못된 법률로 인해 어쩔 수 없이 범죄자가 된 선량한 사람들이었다. 그러므로 밀수업자들을 기소해야 하는 자신의 관세청장으로서의 역할이 그다지 내키지 않았을 것이다. 당시, 영국에서는 양모 생산량을 늘리기 위해 양모 수출을 엄격히 제한하고 있었다. 이를 어길 경우 사형에 해당하는 죄로 다스렸는데, 스미스는 "이런 법들은 그야말로 피로 물들어 있는 것이나 마찬가지"라고 토로했다. 보호무역주의는 나라들 사이의 교역을 마치 무슨 제 살을 깎아 먹는 행위와 비슷하게 취급했으며, 유럽의 국가들이 이런 보호무역주의를 통해 얻고자 하는 것은 분명했다. 동인도회사 같은 무능하고 독점적인 무역 상사들이 세계 여러 지역에서 자신들의 지배권을 주장하며 착취를 정당화하는 것이었다.

보호무역주의를 기반으로 한 유럽의 열강들은 엄청난 폭력과 억압, 그리고 파괴 행위를 일삼았다. 제국주의 시대란 결국 인류의 통치자가 되어서는 안 되고 될 수도 없는 상인이나 제조업자들의 저열한 탐욕이나 독점욕을 반영하고 있는 것이나 마찬가지였다. 이런 제국주의를 강력하게 반대했던 스미스는 1756년에서 1763년 사이에 벌어진 영국과 프랑스의 이른바 7년 전쟁 같은 갈등 상황은 탐욕스러운 상인들을 더욱더 부추길 뿐이라고 생각했다. 마찬가지로 스미스는 1775년 미국독립전쟁이 시작되었을 때 아예 정부를 향해 싸우지 말고 그냥 북아메리카 식민지를 포기하자고 촉구하기도 했다. 애초에 독립전쟁 자체가 당시 곤란을 겪고 있던 동인도회사를 돕기 위해 차에 관세를 무리하게 더 부과하면서 촉발된 것이었다. 덕분에 식민지에 파견되어 있던 영국의 세관원들은 그 사이에서 큰 어려움만 겪었을 뿐이었다.

## 고전경제학의 시작을 알리다

1776년 애덤 스미스는『국부의 본질과 원인에 관한 연구An Inquiry into the Nature and Causes of the Wealth of Nations』라는 두 권으로 된 책을 출간했다. 모두 합쳐 1000쪽이 넘는 이 책이 바로 그 유명한『국부론』이다. 윌리엄 페티나 존 로크 같은 17세기와 18세기 초반 영국의 경제 관련 사상가들도 무역정책이나 세금, 그리고 화폐제도와 관련된 소책자나 논문 등을 썼지만 스미스와 동시대를 산 사람들은 이『국부론』이 완전히 새로운 분야를 개척했음을 즉시 알아차릴 수 있었다. 스코틀랜드의 역사가인 윌리엄 로버트슨William Robertson(1721-1793)은 스미스를 향해 "정치 과학에서 가장 복잡하고 중요한 부분 중 하나인 합리적이고 일관된 체제를 만들어 냈다"고 말했으며 장차 그의 작업이 "정치와 경제의 몇 가지 중요한 분야에서 완전히 새로운 변화를 가져올 수도 있을 것"이라고 예측하기도 했다.

스미스의 시대에는 '경제'라는 용어는 있었지만 '경제학' 혹은 '경제학자'라는 말은 없었다. 그나마 경제라는 용어도 주로 가정의 가계를 효율적으로 잘 관리한다는 뜻으로 사용되었다. 영어로 경제를 뜻하는 단어 '이코노미economy'의 뿌리가 바로 가정을 가리키는 그리스어 '오이코스oikos'다. 또한 경제는 자연 세계 전체의 관리를 가리키는 은유적인 표현이기도 했다. 자연 세계에서 경외심을 불러일으키는 모든 현상과 작용들을 관리하는 이 '경제 행위'를 통해 인간들은 창조주의 무한한 관심과 지혜를 깨달을 수 있었다. 인간의 노동력이나 석탄, 곡물과 같은 자원들의 분배 방법, 그리고 인간 상호작용의 유형을 확인하는 과정은 창조주의 본질과 더불어 그 창조 질서에 대해 배우는 것과 마찬가지다.

19세기에 들어서면서 '경제학'은 비로소 자체적인 교육 인력과 관련 집단, 그리고 전문 용어를 갖춘 독립적인 학문의 한 분야로 성장할 수 있었다. 경제학은 일종의 과학이었지만 자연과학이라기보다는 사회과학의 한 종류였다. 경제학은 가치나 효용 같은, 인간의 정신 밖에서는 독립된 실체를 갖고 있지 않은 개념들에 관심을 가졌다. 경제학자들은 스미스의 『국부론』을 자신들의 학문의 기초로 인정하고 존중했다. (물론 그 방대한 분량 때문에 『국부론』을 앞부분이라도 제대로 읽은 사람은 거의 없었지만 말이다.) 20세기의 경제학자들도 이런 선배들의 뒤를 따랐으며 특히 시카고학파의 밀턴 프리드먼과 조지 스티글러George Stigler(1911-1991)는 스미스를 자신들이 내세웠던 신자유주의 시장경제학의 아버지로 우러러봤다.

이들에 따르면 애덤 스미스는 시장을 모든 주요 구성 요소들이 자신의 효용성을 극대화하고자 하는 '도덕적으로 자유로운 지대'로 규정했으며, 그의 '보이지 않는 손'에 대한 이론이야말로 국가의 역할을 방어로 제한하고 이를 법적으로 보장해야 할 필요성을 보여 주고 있다고 주장했다. 만일 이 자유가 조금이라도 제한되는 경우, 시장의 상호작용은 제대로 이뤄지지 않게 되고, 따라서 경제 성장 역시 가로막힐 것이라고 말이다. 이렇게 봤을 때, 시장은 우리의 일상생활을 관장하는 규칙이나 관습을 적용할 수 없고 또 적용해서도 안 되는 완전히 별개의 영역인 것처럼 보일지도 모르겠다. 시장의 이러한 차별성을 마뜩잖게 여기는 사람들은 어딘지 모르게 미숙하고 이상주의적으로 보이는 경우가 많다. 올리버 스톤 Oliver Stone 감독의 1987년 영화 〈월스트리트〉에서 전통적인 영웅과는 거리가 먼 주인공 고든 게코는 경쟁자를 무자비하게 말살한 후 이렇게 내뱉는다. "사업은 사업일 뿐이야. 친구가 필요하다면 개라도 한 마리 사라고."

그렇지만 1990년대에 들어서자, 스미스의 이 같은 해석에 반발하는 세력이 생기기 시작했다. 제리 이븐스키Jerry Evensky는 스미스를 아예 "시카고학파의 스미스"라고 부르기까지 했다. 이때 비로소 『국부론』과 1759년 발표된 스미스의 첫 번째 저서 『도덕감정론The Theory Of Moral Sentiments』 사이의 관계가 재평가된다. 인간의 열정에 대한 이론적 논의, 특히 공감의 중요성에 대한 『도덕감정론』의 관점이 시장과 이익에 대한 『국부론』의 관점과는 관련이 없는 것처럼 보였기 때문이다. 그 결과 많은 사람들이 시카고학파의 경제학자였던 제이콥 바이너 Jacob viner(1892~1970)의 의견에 동조하고 나서기도 했는데, 그는 이른바 이 '애덤 스미스 모순'을 해결해 보려는 모든 시도는 스미스의 두 저술에 대한 그동안의 모든 우호적인 평가를 망칠 것이라고 주장했다(그러면서도 그는 『국부론』이 『도덕감정론』보다 잘 만들어진 작업물이라 결론지었다). 최근 들어서는 여기에 반해 『도덕감정론』과 『국부론』이 서로의 부족한 부분을 채워 주고 있으며, 스미스의 인간 행동 모형은 스티글러의 주장처럼 '이기심이라는 반석 위에 세워진 것'이라기보다는 '사회적인 본능과 관습의 연결망을 중심으로 구축되었다'는 주장이 더 큰 지지를 받고 있다.


## 봉건시대에서 초기 산업화의 시대로


철학자나 사상가는 태어나지 않고 만들어지는 것이다. 적어도 애덤 스미스에게는 그랬다. 철학자와 길거리의 짐꾼은 서로 완전히 다른 사람으로 보일 수도 있지만, 두 사람의 성격이나 수입, 그리고 재능의 차이는 "인간 본성에서 비롯된 것이 아니라 주로 습관이나 환경, 교육에서 비롯된 것"이라고 스미스는 지적했다. 스미스의 시대 역시 부모의 소득이 자녀의 미래를 결정하는 주요 요인이었던 것이다. 물론 행운도 있었다. 봉건 농경시대에서 집약적 농업시대로의 전환이든, 혹은 가내수공업 시대에서 공장식 생산 시대로의 전환이든 스미스가 태어났던 1723년의 커콜디에서 이 섬세한 청년은 많은 것들을 배울 수 있었다.

스미스의 아버지가 세무 관리로 일하기도 했던 커콜디는 1644년 국왕 찰스 1세의 칙령에 의해 행정적으로 자치권을 얻음으로써 봉건시대부터 이어져 내려오던 인근 던펌린의 영주령으로부터 독립할 수 있었다. 그렇지만 그때까지도 스코틀랜드의 다른 지역, 특히 하일랜드의 씨족사회에서는 중세 시대에 시작된 봉건제도가 그대로 유지되었고, 주민들은 계약이나 협정이 아닌 씨족 우두머리에 대한 개인적인 충성심을 바탕으로 공동체를 이루고 있었다. 주로 농부와 목동들로 구성된 이곳 주민들은 우두머리를 따라 전쟁이나 전투에 나서는 일이 잦았고, 결국 1745년 반혁명 세력인 자코바이트파가 보니 프린스 찰리Bonnie Prince Charlie(1766~1788)°를 영국의 국왕으로 세우기 위해 일어나자 여기에 동조하고 나서게 된다. 그러나 이들은 컬로든 전투에서 국왕 조지 2세가 보낸 정규군에게 몰살을 당했고, 스코틀랜드 씨족 사회의 전통도 여기에서 막을 내리게 되었다.

봉건시대의 속박에서 해방된 커콜디는 혼합된 경제를 발전시킨다. 기존의 목축업과 임업, 그리고 농업과 더불어 농부들이 남

---

°     찰스 에드워드 스튜어트 제임스 2세의 손자이자 제임스의 장남. 젊은 왕위 요구자로 불린다.

는 시간에 아마포(리넨의 한 종류-옮긴이)를 짜는 초기 산업화가 본격적인 산업화와 함께 진행되었고 국내와 국제무역도 번성했다. 커콜디의 세무 관리였던 스미스의 아버지는 이런 모든 경제활동을 잘 살펴볼 수 있었다. 아들과 이름이 같은 아버지 애덤 스미스는 원래는 3대 라우든Loudoun 백작의 비서였고, 백작의 후원은 그가 공무원으로 일하는 데 도움이 되었다. 그리고 아들 스미스 역시 훗날 스코틀랜드의 이런 귀족 지주 가문을 위해 일하며 도움을 받게 된다. 토지를 소유하고 있던 이들 귀족 가문은 1707년 잉글랜드와 스코틀랜드 왕실의 합병을 지지하고 나섰고, 이것이 훗날 영국 혹은 대영제국의 시작이 된다. 그리고 스미스의 아버지는 이 합병이 곧 스코틀랜드에 무한한 기회를 가져다줄 것이라는 사실을 알아차렸다.

귀족들의 후원 이외에도 스미스의 성장을 이끄는 데 똑같이 중요한 역할을 한 것이 바로 교육이다. 커콜디 의회는 1723년에 교실 두 개로 이루어진 학교 하나를 세운다. 스코틀랜드 곳곳에 세워진 이런 공립학교들과 수준 높은 대학들은 이 지역이 교육을 중요하게 생각했음을 보여 준다. 대부분의 스코틀랜드 부모들은 그 자체로 귀중한 상품이라고 할 수 있는 자녀들의 노동력 손실과 그 밖의 재정적 희생을 감수하면서까지 자녀들을 수년 이상 학교에 보내려 했다. 스미스는 이런 학교를 다니며 읽기와 쓰기, 그리고 계산하기뿐만 아니라 라틴어와 그리스어까지도 배울 수 있었다.

고대 그리스의 철학자 에픽테토스Epiktetos의 어록을 담은 『엥케

이리디온『Encheiridion』의 18세기 영어 번역판 중에는 (책 주인인) 스미스의 이름이 적혀 있는 게 한 권 남아 있다고 한다. 스미스에게 있어 삶의 지침서 역할을 한 이 책은 '우리는 스스로에 대한 이해를 통해 진정한 자유와 평온을 얻을 수 있다'고 가르친다. 스미스는 이렇게 스토아학파를 비롯한 고대의 여러 위대한 철학자들을 자신의 평생의 동반자로 삼았다.

1737년 애덤 스미스는 글래스고 대학교에 입학했고 프랜시스 허치슨Francis Hutcheson이라는 얼스터 장로교 소속의 도덕학 담당 교수에게 큰 영향을 받았다. 허치슨은 장로교 안에서 이른바 '새로운 빛New Light'이라고 불렸던 운동의 일부를 이끌었는데, 이 운동은 칼뱅주의로부터 이어지는 인간 본성에 대한 장로교의 엄격한 관점을 완화시키는 것을 목표로 했다. 스미스는 허치슨의 강의를 들으며 인간의 본성을 죄로 물든 불완전한 것이라기보다는 자신만의 특성을 지닌, 연구할 가치가 있는 대상으로 여기게 된다.

한편 글래스고 대학교에서는 기존의 라틴어 강의 대신 영어 강의를 개설하는 등의 개혁을 시도했고, 1751년 스미스는 이곳에 교수로 임명된다. 그는 허치슨이 떠난 자리를 채우고 귀족들에게 자녀들을 대학으로 보내도록 설득했다. 이제 대학은 더 이상 법률가나 사제가 되려는 사람들만을 위한 곳이 아니었다.

## 열정의 교류 : 감정의 '절정'을 낮추다

스미스는 1759년에 처음으로 『도덕감정론』을 세상에 선보인다. 그는 이 책을 통해 인간이 갖고 있는 열정의 전반적인 내용들을 구분하고, 인간 행동의 옳고 그름을 판단하는 기준을 찾아내려고 했다. 그리고 이를 신의 '계시'가 아닌, '자연적으로' 만들어진 본능 안에서, 또 동료 인간들의 행동 안에서 발견하려 했다. 그러면서도 스미스는 이 '자연적으로' 만들어진 부분이 창조주인 신의 생각을 드러내는지 알아내야만 했다. 이 지점에서 스미스는 자신의 절친한 친구이자 철학자인 데이비드 흄—기독교에 공개적으로 도전하고 그 결과로 박해받은—보다 더 신중했다.

스미스가 생각하는 도덕이나 윤리는 '전염성이 있는' 공감을 바탕으로 한다. 오늘날 공감은 그 자체로 하나의 열정으로 이해된다. 공감은 다른 사람들의 감정이나 사고를 자기 안으로 옮겨 넣어야만 하는 행위이기 때문이다. 하지만 스미스에 따르면, 그런 열정은 한 사람이 다른 사람의 '감정의 절정pitch'이나 감정 그 자체를 결코 똑같이 느낄 수 없다는 분명한 사실에 의해 필연적으로 좌절된다. 그런 까닭으로 우리는 어렸을 때부터 다른 사람들이 함께 공감하거나 '동조 할 수 있는' 수준까지 우리의 감정의 절정을 '낮추는' 방법을 배우게 되는 것이다.

다 함께 공감하거나 동조할 수 있는 수준으로 낮춰진 감정의 절정이란 무엇을 말하는 것일까. 예를 들어 우리는 정욕이나 배고픔처럼 육체(본능)에서 비롯된 열정은 다른 사람들과 쉽게 공유하지 않는다. 다른 사람들이 '동조할 수 있을 것' 같지 않다는 사실을 스스로 알고 이런 종류의 감정이나 열정을 밖으로 표현하지 않는 것이다. 인간 사회에 대한 스미스의 설명에 따르면 이러한 열정의 제시와 제공은 상호간에 지속적으로 이루어지고 있다. 그 과정에서 이루어지는 흥정은 일종의 열정 거래 시장으로 설명될 수 있겠지만 스미스는 음악과 관련된 비유를 더 선호했다. "연주자와 관중은 결코 진정한 '하나'가 될 수는 없지만 그 대신 서로 간의 '화합'이 있을 수 있으며, 사실 이것만으로도 충분하다."

## 파리에서 만난 계몽사상가들

스미스는 1764년에서 1766년까지 2년 동안 프랑스를 여행하게 된다. 친구인 데이비드 흄의 소개를 통해 파리 주재 영국 대사의 비서로 일하게 된 스미스는 계몽주의를 대표하는 위대한 철학자들의 모임에 참석하게 된다. 이 시기 영국과 프랑스를 대표하는 지성들은 역사적 유대감과 반복되는 전쟁, 서로의 문학과 유행에 대한 호감으로 서로 얽혀 활발하게, 자주 소통을 했다. 그에 따라 스미스의 저작들도 빠르게 프랑스어로 번역되었는데, 프랑스의 유명한 철학자이자 계몽사상가인 볼테르는 "우리는 도저히 그에게 견줄 수 없으니, 나의 사랑하는 동포들 앞에 부끄럽기 짝이 없다"

고까지 기록했다.

　스미스는 파리에 있는 베르사유 궁전에서 루이 15세의 주치의였던 프랑수아 케네를 만나게 된다. 케네는 1750년대 초반부터 곡물 거래에 대해 글을 쓰기 시작했으며 스미스는 디드로와 달랑베르가 만든 저 유명한 『백과전서』의 〈농부〉와 〈곡물〉 항목에 케네의 이름이 올라가 있다는 사실을 알고 있었을 것이다. 케네는 농업이야말로 국가의 경제력을 이루는 가장 중요한 원천이라는 사실을 잘 이해하고 있었다. 농업에서는 언제나 생산량이 투자분을 초과했지만 무역이나 제조업의 경우는 투자한 원료만큼의 생산량만 기대할 수 있었다. 케네는 프랑스 경제 상황 전반을 정리한 것으로 추정되는 도표, 그러니까 『경제표Tableau économique』를 통해 자본이 농업과 제조업, 그리고 무역 부문 사이를 어떻게 오가고 있는지를 보여 주었다. 다시 말해 케네는 최초로 경제 모형화를 시도한 것이다. 그는 스미스를 만났을 무렵 이미 이 도표의 정리를 끝냈고, 훗날 자신과 제자들에게 '중농학파'라는 이름을 붙여 줄 『중농주의Physiocratie』라는 책을 펴낼 준비를 하고 있었다.

　스미스는 케네를 크게 우러러봤다. 만일 『국부론』이 세상에 나올 때까지 케네가 살아 있었다면 스미스는 그에게 자신의 책을 헌정했을지도 모른다. 『국부론』에서 그는 각기 다른 경제 부문의 상대적 생산성에 대해 농업이 가장 생산적이며 무역이 가장 생산성이 떨어진다고 말했다. 물론 중농학파가 자신들이 정리한 모형에만 과도하게 집착한다는 사실을 알았다면 그런 존경심도 일찌감치 빛이 바랬을지 모른다. 중농학파의 목표에는 깊은 철학적 의미가 있었을지 몰라도 곡물 거래의 자유화를 포함해 새로운 정책을 실행하는 수단들은 지나치게 독재적이었다. 스미스는 훨씬 나중에 가서야 이를 주목하게 되었는데, 그의 1790년판『도덕감정론』은 이렇게 이야기하고 있다. "'체제 신봉자'는 자신이 장기판 위의 말들을 움직일 수 있는 것만큼이나 쉽게 거대한 사회의 각기 다른 요소들을 마음대로 움직일 수 있다고 생각하는 것 같다… 그러나 실제로 거대한 인간 사회의 장기판 속 모든 말들은 각기 자신들만의 (움직임의) 원리를 갖고 있는 것이다." 이를 반영하듯 군주제의 종말을 불러온 프랑스대혁명 당시, 곡물 무역 자유화는 민중들에 의해 잘못 이해되었다. 프랑스의 '어버이'인 국왕이 새로 등장한 곡물 투기꾼들의 배를 불려 주기 위해 그가 보호해야 할 민중들에게 등을 돌린 것으로 말이다.

## 국부론

이후 다시 영국으로 돌아온 스미스는 주로 커콜디에서 지내는 한편, 여러 차례 런던을 방문해 머물면서『국부론』을 통해 발전시킬 여러 생각들을 확인하고 개발할 수 있었다. 『도덕감정론』과는 달리『국부론』은 과학적인 논문으로 명확하게 구성이 되어 있으며, '서론 및 구상'으로 시작이 되고 광범위한 각주와 부록도 포함되어 있다. 본문 자체는 5부로 구성되어 있는데, 스미스는 잘 알려진 '핀 공장'의 사례를 통해 분업의 효율성을 고민하면서 이 책을 시작한다.

따라서 극히 영세한 제조업이기는 하지만, 그 분업 과정의 영향으로 그간 많은 주목을 받아 온 핀 제조업을 예로 들어 보자. 이 일을 위한 교육도 받지 못했고, 업무용 기계장치의 사용법도 알지 못하는 직공은 아무리 근면하다 할지라도 하루에 한 개의 핀도 만들 수 없을 것이며, 20개를 만드는 일은 불가능에 가까울 것이다.

그렇지만 지금 실시되고 있는 핀 제조업은 작업 과정 전체가 수많은, 더 작은 과정으로 나뉘어 있고, 각 과정은 고유의 업무가 된다. 한 사람은 철사를 뽑아내고, 또 한 사람은 그것을 곧게 다듬는다. 그러면 세 번째 사람이 다듬어진 철사를 자르고, 네 번째는 날을 만들며 다섯 번째는 (붙임) 머리를 만들기 위해 그 끝을 간다. 그리고 그것을 붙이는 일이 하나의 고유한 일이라면, 핀을 하얗게 칠하는 것도 또 하나의 고유한 일이다. 심지어 핀을 종이에 포장하는 것마저 별개의 업무가 된다. 그러니 한 개의 핀을 만드는 이 중요한 일은, 이와 같은 식으로 약 18개의 고유한 작업으로 나뉘어 있으며, 이러한 분업의 과정 덕분에 10명의 직공은 하루 최대 4만 8천 개 이상의 핀을 제조할 수 있게 된다.

이 유명한 내용과 관련해 우리가 주목해야 하는 부분은 스미스가 자신의 이런 특별한 관찰을 별반 새로운 것으로 생각하지 않았다는 점이다. 그는 이러한 생산성의 향상이 사실 이전부터 대단히 자주 주목을 받았다고 지적했다. 분업의 잠재력은 인간의 지혜가 아니라 '인간 본성의 어떤 성향', 다시 말해 '무엇인가를 또 다른 것으로 바꾸거나 교환하려는 성향'에 의해 촉발된다고 말이다. 스미스의 입장에서 이러한 거래의 본능은 인간만이 갖고 있는 고유한 것이며, 이는 인간이 다른 동물과 달리 서로의 도움 없이는 생존할 수 없는 존재라는 사실을 드러내 보인다. 그러나 동시에 모든 인간은 "자신에게 유리하게 작용할 다른 사람들의 '자기애'에 관심을 갖는다면 다른 이들로부터 도움을 받을 가능성이 더 커진다"는 사실을 알고 있다. "우리의 저녁 식사는 푸줏간과 양조장, 그리고 빵집 주인들의 자비심 덕분에 가능한 게 아니라 그들 자신의 이익에 대한 관심 덕분에 가능한 것이다."

성취될 수 있는 분업화의 수준은 핀을 판매할 수 있는 시장의 규모에 따라 달라진다. 스미스는 '고립된 국가', 즉 지리적으로 멀리 떨어져 있거나 산이나 사막 혹은 바다와 같은 물리적 장애물로 인해 인구가 분산되어 있는 국가에서는 모든 사람들이 자신의 가족을 위해 푸줏간과 양조장, 그리고 빵집의 주인이 되어야 한다고 말한다. 규모가 작은 공동체에서는 푸줏간과 양조장 또는 빵집의 주인이 전문적인 직업으로 유지될 수 없기 때문이다. 물물교환 경제에서 직업의 전문화는 교환이나 거래를 할 사람의 존재에 따라 제약을 받기도 한다. 예컨대 푸줏간 주인이 소를 한 마리 잡았고, (빵집 주인이 원할 수도 있는) 충분한 양의 고기를 확보했다고 치자. 그런데 푸줏간 주인에게는 지금 당장 빵이 필요가 없다. 빵집 주인이 제공할 수 있는 상품은 오직 빵뿐이다. 그렇다면 빵집 주인이 고기를 미리 사 두면 되지 않겠느냐고 물을지도 모르겠다. 하지만 냉장 시설이 없던 시절이니 고기는 아마 상하게 될 것이다. 두 사람은 서로 별로 도움이 되지 않는 상황에 처하게 된 것이다.

화폐가 등장하게 된 것도 이런 배경 때문이다. 일종의 가치 저장 수단이자 '상업을 위한 도구'인 화폐. 스미스는 이런 화폐의 가치를 '사용가치'와 구분하기 위해 '교환가치'라고 불렀다. 교환가치는 상품의 실제 가격, 즉 '자연 가격'을 반영하는 것으로 투입된 노동량과 동일하다. 그리고 그 노동(력)은 모든 상품의 교환가치에 대한 실제 척도가 된다. 하지만 이 자연 가격을 가늠하기란 그리 쉽지는 않은데, 각기 다른 종류의 노동에 대한 '난이도'나 '독창성'을 측정하기가 어렵기 때문이다. 생산물이 가공 이전의 상태였을 때, 노동자는 자신의 노동으로 발생한 생산물 '전부'를 제공받을 수 있었지만, 토지의 소유권이 확립되고 사유재산이 축적되기 시작한 이후부터는 토지와 자본의 소유주들로부터 임금과 원자재 및 간접 비용을 공제한 상태로 노동의 대가를 제공받게 된다.

시장에서의 흥정이나 합의는 노동의 자연 가격과 일치하지 않을 수도 있는 '대략적인' 추정치를 설정하지만, 스미스는 그 대략적인 추정치가 자연 가격에 가까워지는 조정 과정을 거친다고 설명한다. 이러한 과정은 '유효 수요', 즉 상품의 자연 가격을 기꺼이 지불하고자 하는 사람들의 수요 덕분에 작동한다. 상품의 공급량이 이 수요보다 낮을 경우, 이를 구매하려는 사람들 사이에 경쟁이 발생하게 되고, 그 결과 시장가격은 상승한다. 그리고 가격 상승은 해당 상품을 더 많이 생산하도록 장려하는데, 그렇게 되면 가격은 서서히 '자연 가격'의 수준으로 내려간다.

## 스미스 이론의 문제점

가격과 임금, 그리고 이윤이나 임대료는 모두 자연적 요율—오늘날의 경제학자들이 실제 요율이라고 부르는—을 갖고 있으며, 이는 스미스가 중국과 네덜란드의 사례를 비교해 보여 주듯 국가가 '발전, 답보, 혹은 퇴보 상태'인지의 여부에 따라, 그리고 현행 법과 제도에 따라 달라진다. 그럼에도 불구하고 스미스의 이론은 훗날 경제학자들이 '일반균형general equilibrium °'이라고 부르게 되는 상태를 가정한다. 일반균형 안에서는 실질 국민 순수 소득real net national income이 시장의 자유로운 교환에 의해 극대화될 것이라고 주장한다. 그리고 데이비드 리카도를 따르는 경제학자들은 이후

---

° 경제 내의 모든 시장에서 수요와 공급이 (동시에) 균형을 이루고 있는 상태. 서로 영향을 미치는 재화들과 이를 둘러싼 경제를 좀 더 완전하게 분석하기 위해 고안된 개념으로, 프랑스의 경제학자 레옹 발라에 의해 확립되었다.

스미스의 임대 개념과 임금 이론이 혼란스럽게 정리되어 있다고 탄식하게 된다. 미국의 경제학자 제임스 토빈James Tobin(1918~2002) 이 스미스 사망 200주년을 기념해 지적한 것처럼 스미스가 주장 했던 균형 상태에는 많은 문제점들이 있다. 스미스는 먼저 문을 열고 가격을 결정한 뒤 모든 상품이 완전히 매진되는 시장을 말하고 있지만, 실제로 시장은 상품이 다 팔리기 전에 이른바 '현물' 가격을 계속해서 정해야 한다. 게다가 시장은 완전히 정리되거나 청산이 되지 않을 수도 있다.

그뿐만이 아니다. 스미스는 돈과 저축이 자신이 말하는 일반균형 상태에 어떤 영향을 미치게 될지에 대해서도 고려하지 않았다. 돈이 얼마나 공급되는지, 혹은 저축에 대한 사람들의 욕구가 어떻게 달라지는지에 따라 명목 가격nominal prices°은 투입된 노동량에 따라 결정되는 실제 가격보다 더 크게 변화할 수 있다. 또한 존 메이너드 케인스가 1930년대에 널리 알린 것처럼 명목 가격과 임금은 '고정'될 수 있어서 균형 잡힌 수준으로 돌아가지 못할 수도 있다.

이런 이야기만 들으면 『국부론』에서 주장하는 개념들이 엉망진창인 것처럼 보일지도 모르겠다. 하지만 우리는 어쨌든 스미스의 『국부론』에 이르러서야 이러한 개념들을 탐구하기 시작했으며, 이는 후대의 경제학자들이 일반적으로 경제라고 생각하는 것과는 다른 기능을 하는 경제를 염두에 두고 있음을 기억해야 한다. 이를

°  우리 눈에 보이는 가격이지만, 물가인상이 반영되지 않은 가격. 이와 대비되는 개념으로 실질 가격real term price이 있다.

테면 19세기 이전에 그런 개념이 존재했는지조차 불분명한 '경제 순환'의 개념을 스미스가 인정하지 않았다고 해서 그를 비판하는 것은 일견 가혹해 보인다. 분명한 것은 스미스가 개인의 토지 소유—루소가 비극적으로 묘사한—와 잉여 자본의 축적을 노동 분업에 의해 촉발되는 경제성장의 전제 조건으로 보았다는 것이다.

『국부론』의 제2부는 우리가 고정자본, 순환 자본, 그리고 인적 자본이라고 부르는 것들을 구분하며 자본에 대해 더 자세하게 살펴본다. 스미스는 지폐가 '하늘을 통과하는 길'을 열어젖혀 자본의 이동을 더 자유롭게 해 주었음에 찬사를 보냈다. 하지만 그와 동시에 '은행의 자체적인 지폐 거래가 과도하게 늘어나는 것'에 대한 우려를 잊지 않는다. 영국에서는 1844년 중앙은행의 지폐 발행 독점권을 보장하는 '은행 조례'가 만들어지기 전까지 각각의 은행들이 자체적으로 지폐를 발행했었고, 그 과정에서 심각한 위험들이 발생한 적이 있었다. 스미스는 자신의 주장을 통해 '실제 어음 원칙'을 신봉하고 있음을 분명하게 보여 주었으며, 적어도 '실제 어음'과 상인들이 서로 '멋대로 주고받는' 나머지 다른 어음들 사이의 차이를 구별하려 했다. 실제 어음이란, 18세기 경제에서 채무자가 상품과 용역에 대해 발행한 제대로 된 차용증서를 말하며, 다른 어음들이란 상인들이 실제 상품과 용역의 교환이 일어나지 않는 경우에도 서로에게 발행해 준 일종의 비공식적 증서이다.

이런 스미스의 우려가 현실이 된 사건으로는 1772년, 에어 은행Ayr Bank이 무너진 사건을 들 수 있다. 스미스는 에어 은행의 도산을 두고, 은행이 자신들의 업무를 '자본의 상당 부분을 더 활동적이고 생산적으로 이용되도록 만드는 것'이 아니라 그저 '국가의 자본을 확대하는 것'이라고 잘못 판단해 벌어진 일이라고 말한다. 물론 그가 은행이 발행한 지폐를 개인이 마음대로 사용할 수 없도록 국가가 제지하는 행위를 두고, 타고난 자유권에 대한 명백한 침해라고 인정한 것은 분명하지만, 그럼에도 불구하고 스미스는 이런 지폐의 발행에 대해 국가가 나서서 제한을 하도록 촉구했다. 은행은 소수의 개인들이 무모한 방식으로 자신들에게 주어진 권리를 행사함으로써 사회 전체의 안전을 위협할 수 있는 영역이기 때문에 국가의 개입은 정당화될 수 있었다.

스미스는 제3부 〈각국의 국부 증진의 차이에 관하여〉에서 좀 더 역사적인 접근 방식을 채택해 논지를 이어 갔다. 그는 우리 사회가 사냥꾼들의 시대에서 목자들의 시대, 농부들의 시대, 그리고 제조업자들의 시대로 각각의 시대를 거쳐 발전하는 것으로 보았다. 제조업과 도시는 농업에서 모인 자본이 제조업과 도시가 제공하는 '편의성'과 '사치품'에 투자할 수 있을 만큼 충분해졌을 때만 성장할 수 있다. 하지만 스미스가 봤을 때, 유럽의 근대국가들에서는 이러한 순서가 지켜지지 않았다. 로마제국의 붕괴 이후 등장한 봉건제도 아래 영주들은 시민들을 억압하며 미래에 대한 희망을 빼앗았고, 결국 시민들은 영지를 개발할 의욕을 잃게 되었다.

더군다나 곡물의 이동도 가로막아 농부들이 더 많은 곡물을 생산할 수는 있어도 이를 제대로 판매할 수가 없었다. 당연히 좀 더 의욕이 있는 사람들은 도시로 도망쳤고, 그 결과 의도치 않게 제조업과 무역이 발전을 하게 되었다.

스미스는 이런 영주들을 두고 '모든 것을 지배하는 주인'이나 마찬가지였다고 지적한다. 그런데 제조업과 무역을 통해 사치품이 공급되기 시작하자 변화가 나타났다. 스미스는 영주들이 했던 거래에 대해 다음과 같이 경멸적으로 묘사하기에 이른다. "이들은 한 쌍의 다이아몬드가 달린 장식품이라든지 혹은 하찮고 쓸모없는 것들을 원하게 되었다… 가장 유치하고 또 가장 천박하며 가장 더러운 것들에 대한 만족을 위해 점차 자신들의 모든 권력과 권위를 팔아 버렸던 것이다." 이로 인한 연쇄반응은 가신들에게는 심각한 영향을 미쳤다. 영주들은 토지 임대 수입을 더 늘리기 위해 시민들에게 토지의 임대 기간을 더 길고 확실하게 보장해 주었고, 그로 인해 시민들은 토지의 생산성 개선에 장기적으로 투자를 할 수 있게 되었다.

자신들의 몫이 없어진 가신들은 영주의 곁을 떠났고, 그에 따라 중앙정부의 '제대로 된 사법 집행'을 무시하며 의미 없고 폭력적인 소요를 일으켰던 영주들의 세력도 함께 줄어 갔다. 제대로 된 정부가 도시뿐만 아니라 외각 지역에도 세워졌지만 어느 누구도 다른 자치 정부의 운영을 방해할 수 있을 정도의 충분한 힘을 보유하고 있지 않았다. 그동안 영주들이 베풀어 온 무료 식사 같은 베풂(일종의 복지)은 줄어들었지만 대신 일반 대중들의 삶은 더 나아졌으며 안전과 평화를 함께 누리게 되었다. 그리고 '이런 대중들을 위해 봉사하려는 의도를 어느 정도 갖고 있던' 두 계층의 사람들이 '혁명'을 일으키게 된다.

『국부론』제4부에서 스미스는 통치자들이 해외무역 부문에서 흑자를 유지하기 위해 보호무역주의 정책을 실시했으나 그 정책들 사이의 관계를 파악하는 일에는 실패했음을 지적한다. 도자기의 수입 때문에 금이 해외로 유출되자, 이를 막기 위해 통치자들은 수입 도자기에 대해서는 막대한 관세를 부과하고 국내 도자기 제조업체에는 보조금을 제공했다. 무역 회사들은 식민지와 거래할 수 있는 독점권을 부여받고, 이런 식의 경제활동은 필연적으로 다른 경제 주체들, 상대방 국가로 하여금 또 다른 제한이나 금지를 내걸게 만들었다. 그렇게 무역 전쟁은 실제 전쟁으로 확대되어 갔다. 그리고 이러한 제한은 그로 인해 이익을 보려 했던 바로 그 국가에 피해를 주었다. 왜냐하면 그들은 '보이지 않는 손'이 자본을 경제의 가장 생산적인 부문으로 이끄는 것이 아니라 투자의 흐름을 지시하는 존재라고 생각했기 때문이다.

> 그러므로 모든 개인은 자기 자본을 국내 산업의 유지에 사용하고, 또 그 산업의 생산물이 최대한의 가치를 창출해 내도록 최선을 다해 노력한다. 모든 개인은 필연적으로 그 사

회의 연간 수입을 될 수 있는 대로 크게 늘리기 위해 최선을
다한다. 실제로 모든 개인은 보통은 공공의 이익을 촉진할
의도가 없으며 또 자신이 어느 정도로 공공의 이익에 도움
이 되는지도 잘 모른다… 그는 자기 자신의 이익만을 추구
함으로써 종종 실제로 사회를 위할 때보다도 오히려 더 효
과적으로 사회의 이익을 촉진시킬 수 있는 것이다.

'보이지 않는 손'이라는 표현은 『국부론』과 『도덕감정론』에서
한 번씩만 등장한다. 그리고 두 경우 모두 특별한 의미로 사용된
게 아니다. 그럼에도 불구하고 '시카고학파의 스미스'를 지지하는
사람들은 이 표현을 스미스가 갖고 있는 모든 사상의 중심축으로
생각한다. 엠마 로스차일드Emma Rothschild(1948-)가 주장하는 한 흥
미로운 이론에서는 스미스가 이 손을 "모든 질서 있는 섭리의 존
재에 대한 암시에서 본다면 얄궂은 존재"로, 그리고 "계획에 없던
질서가 만들어질 수 있는 존재에 대한 암시, 그리고 모든 것을 관
장하는 주권자가 없는 사회도 번성할 수 있다는 암시에서 본다면
이해가 되기도 하는 그런 존재" 모두로 생각하고 있는 것 같다고
말한다. 이런 식으로 보면 스미스가 말하는 손이란 쓸 만한 장치,
혹은 '일종의 장신구'쯤이 되지 않을까. 그런 까닭으로 이 손은 매
력적인 경제나 정치 시스템을 만들 때는 효과적이지만, 인간의 행
동을 이끌어 내는 실제 동기나 본능을 설명하는 데는 적절치 않다.

마지막으로 『국부론』의 제5부에서는 조세의 부과와 국가의 역할에 대한 고민이 드러난다. 스미스는 '부의 발전'이 가져오는 유쾌하지 못한 결과를 살펴본다. 이때 가장 주목할 만한 부분은 농업을 제외한 제조업 노동자들 대대수가 반복적이고 의미 없는 노동을 하고 있다는 점이다. 스미스는 다음과 같이 기록했다. "자신의 일생을 아주 단순한 작업을 수행하는 데 소비하는 사람에게는 자신의 이해력을 발휘할 기회가 없다. 따라서 그는 자연스럽게 제대로 노력하는 습관을 잃어버리고 대부분 인간으로서는 최대한도로 무지하고 어리석게 돌변한다."

스미스는 정부가 이들에게 교육을 지원함으로써 이 같은 문제를 해결할 수 있다고 보았다. 정부는 모든 지역에 학교를 세우고 교사 급여의 일부를 책임져야 한다고 주장했다. 그렇지만 '노동의 소외' 문제에 대한 대응으로 교육만을 제시하는 건 어쩐지 부족해 보인다. 경제학 교수 패트리샤 웨르헨Patricia Werhane은 스미스의 단어 선택이 노동자의 노동, 즉 '갖고 있는 능력'과 생산성 사이의 중요한 구분을 모호하게 만들었다고 주장했다. 전문 기술은 남에게 양도할 수 없는 고유의 '재산'이 되지만, 생산성은 노동자가 최상의 조건으로 자유롭게 교환을 할 수 있는 '상품'이 된다. 이 상품이 현재 노동자가 속한 분야보다 다른 분야에서 더 높은 평가를 받게 된다면, 노동자는 자유롭게 직업을 바꿀 수 있다. 스미스가 조합이나 협회 등에 부정적이었던 이유는 그들이 이 같은 거래를 통한 노동자들의 자유로운 이동을 제한했기 때문이다.

## '효용성'과 '선의의 공평한 교환' 사이에서

스미스는 말년에 건강이 좋지 않았다. 그 때문인지 법률이나 정부에 대한 새로운 원고를 쓰기보다는 이미 발표했던 『도덕감정론』을 다시 다듬는 데 더 열중했다. 덧붙여진 제6부에서 '분별력prudence'을 강조한 것 역시 『도덕감정론』과 『국부론』 사이의 차이를 줄여보려는 스미스의 노력에 다름 아니다. 그는 이 분별력을 "개인의 건강과 재산, 계급 및 평판에 대한 관리"로 정의한다. 분별력이 있는 사람은 막연한 짐작이 아니라 먼저 자신이 선택한 직업에서 진정한 지식을 습득하고 기술을 연마한 다음, 근면과 성실함으로 자신의 상황을 개선한다. 그리고 이런 분별력의 미덕은 무조건적인 사랑과 존경보다는 오히려 '어느 정도의 냉철한 존중'을 요구한다는 사실에 있다.

스미스는 일단 이런 분별력을 키워야만 '현명하고 덕이 있는 사람'에 대한 이야기를 시작할 수 있다고 말한다. 이 덕이라는 것은 자기 자신뿐만 아니라 다른 사람의 행복까지 염려할 줄 아는 것이다. 혼자서만 신중하고 조심스럽게 지내는 사람과는 달리, 좀 더 넓은 면을 바라보는 사람은 적극적으로 다른 사람들의 칭찬을 원하게 되고, 따라서 그들의 관심도 함께 갈망한다. 이런 욕구를 가진 사람은 영광을 추구하게 되며 냉철한 존중보다는 좀 더 따뜻한 존경을 받는다. 그리고 이런 존경심을 얻기 위해 개인은 두려움과 쾌락을 절제하며 공정한 관중의 지시에 따라야만 한다.

스미스는 인간의 이기심을 장려하기는커녕 우리에게 진정한 '자기 자신'을 부정하도록 권하는 것처럼도 보인다. 우리가 일련의 활동들을 통해 다른 사람들의 감정 상태에 접근하는 데 능숙해지면 능숙해질수록 설득력 또한 커질 수 있다. 루소는 이런 상황을 근거로 상업 사회에 대한 불만을 토로했다. 상업 사회는 서로의 본심을 감추는 사회, 즉 연기를 하는 사회가 되었다고 말이다. 그렇지만 스미스는 현명하고 덕이 있는 사람이라면 이런 서로의 왜곡된 모습만 보이는 거울의 방을 나와, 있는 그대로의 모습을 보는 곳을 찾아낼 수 있을 거라고 주장했다. 그리고 바로 그 순간, 스미스가 말한 '탁월한 분별력'이라고 부르는 수준에 도달하게 된다.

탁월한 분별력은 보통의 분별력 있고 신중한 사람에게서 찾아볼 수 있으며 "개인의 건강과 재산, 계급 및 평판을 관리하는 것보다 더 크고 고상한 목적을 향하고" 있다. 그리고 이는 용기와 자비, 그리고 자기 절제와 결합된다. 스미스는 또 이렇게 기록했다. "최고의 머리가 최고의 마음과 합쳐진다. 가장 완벽한 지혜가 가장 완벽한 덕과 결합되는 것이다." 사실 모든 인간이 이 탁월한 분별력을 갖추게 될 수 있는지의 여부는 중요한 문제가 아니다. 진짜 중요한 것은 자연이 모든 인간에게 이 탁월함을 인식할 수 있을 뿐만 아니라 그것을 향해 나아갈 수 있는 본능을 부여했다는 사실이다.

이마누엘 칸트는 1784년 발표한 그의 유명한 논문인 「계몽이란 무엇인가?Beantwortung der Frage: Was ist Aufklärung?」에서 계몽을 "미성숙에서 탈출해 스스로를 책임지는 것"이라고 정의한다. 다시 말해 칸트는 사제와 지배자, 혹은 법과 규칙의 지시에 의존하던 것을 자기 스스로 결정할 수 있게 되는 것을 계몽이라 여겼다. 그러나 스미스는 본능과 의도하지 않은 결과의 역할을 강조했고, 또 효용성을 지향하는 모형에 회의감을 드러내 보이곤 했다. 그는 우리가 '부의 발전' 과정을 완전히 통제하거나 지배할 수 없다고 보았다. 그렇지만 스미스는 이런 모습을 불안이나 실망의 근원이 아니라 자연이 우리에게 내려 준 은혜의 증거라고 보았다. 자연은 인간에게 불완전함을 보완할 수 있는 것 이상의 탄력성을 부여했고, 이로 인해 인간은 삼라만상의 질서 안에 일종의 안전장치를 구축할 수 있었다.

사회에서만 살아갈 수 있는 인간은 원래는 자신이 처해 있는 상황에 맞춰 살아가고 있었다. 인간 사회의 모든 구성원들은 서로의 도움을 필요로 하며 또 그만큼 서로에게 끼칠 수 있는 위험에 노출되어 있다. 사랑과 감사, 우정, 그리고 존중을 통해 필요한 지원이 서로에게 다 함께 제공되는 사회는 행복하게 번영한다. 사회의 각기 다른 모든 구성원들은 애정과 친밀감으로 서로 기분 좋게 엮여 있으며 또 그런 만큼 상호간의 선의를 중심으로 모여 있다. 그렇지만 필요한 도움이 그러한 관대하면서도 대가를 바라지 않는 동기를 바탕으로 제공되지 않고, 사회의 각기 다른 구성원들 사이에 애정이나 친밀감이 존재하지 않으며 또 사회 자체가 행복하지 않거나 기분 나쁜 곳이라 할지라도 그런 사회가 반드시 해체되는 것은 아니다. 효용성이라는 관점에서 봤을 때 사회는 애정이나 친밀감 없이도 살아갈 수 있는 곳이다. 그리고 사회의 어떤 사람도 어떤 의무감을 짊어지거나 다른 사람에게 감사를 표시할 필요는 없지만 합의된 평가에 따라 선의의 공평한 교환에 의해 유지될 수 있는 것이다.

애덤 스미스가 세상을 떠난 1790년 이후 약 200년이 넘는 세월 동안, 사람들은 그가 체제의 '효용성'에만 관심이 있는 상인들에게 이런 '선의의 공평한 교환'을 장려하려 했던 것이 아닐까 생각하게 되었다. 『도덕감정론』에 대한 관심이 다시 살아나면서 우리는 애덤 스미스가 이러한 합리적인 세상을 차선책으로 고려했다는 사실을 알아 가는 중이다. 스미스의 손과 머리, 그리고 마음을 통해 우리는 '공통의 중심'을 향해 다시 나아갈 수 있게 되었다.

# David
# Ricardo

Lesson 2.

# 데이비드 리카도

(1772~1823)

글. 헬렌 폴

#증권거래소_출신_경제학자 #비교우위이론
#동등성_정리 #차액지대이론

**헬렌 폴** Helen Paul

사우샘프턴 대학교 경제학부를 중심으로 활동하는 경제 역사가. 폴의 대표 저서 『남해 회사 사건The South Sea Bubble』은 1720년 영국을 뒤흔들었던 유명한 주식시장 폭락 사건을 다루고 있는데, 여기서 폴은 과거 금융 위기들이 현대인들에게 어떻게 이해되고 받아들여지고 있는지를 설명한다. 옥스퍼드 대학교와 세인트 앤드루스에서 학위를 받고 경제 역사 협회의 명예 사무총장직을 맡고 있는 폴은 근대 초기에 등장했던 여성 기업가들에 대해서 연구를 하고 있다.

1772년, 어느 유대인 가정에서 태어난 데이비드 리카도는 경제학이 학문으로서 처음 알려지기 시작했을 무렵 등장해 정치경제학자로서 글을 쓰기 시작했다. 당시까지만 해도 경제학이 정치와 철학이라는 부모의 그늘을 벗어나기까지는 아직 긴 시간이 필요했다. 리카도는 어려서부터 증권업에 재능을 보였고, 20대에 이미 사업체를 성공적으로 경영해 큰 부를 이루었다.

그러던 1799년, 스물일곱이 된 그는 우연히 애덤 스미스의『국부론』을 접한 뒤 본격적으로 경제학 연구에 전념하게 된다. 리카도의 대표작으로는『정치경제학과 과세의 원리에 대하여On the Principles of political economy and taxation』를 들 수 있는데, 여기서 보여 주는 경제에 대한 체계적이고 포괄적인 접근은『국부론』에 대한 일종의 대응이라고 할 수 있다. 이 두 권의 책은 후대의 경제학자들, 특히 존 스튜어트 밀에 의해 하나로 합쳐져 발전하게 된다.

훗날 그의 이름은 자유무역의 대명사가 되는데, 제2차 세계대전 이후 자유무역은 모든 경제 문제를 치료할 수 있는 만병통치약처럼 알려졌고, 리카도는 일약 거대한 국제 무역권의 설립과 관련된 최고 권위자로 등극한다. 물론 리카도 자신이 그런 자리를 인정했을지는 또 다른 문제이긴 하지만 말이다.

대학에서는 '비교우위'와 '리카도 동등성 정리'를 통해 그의 이론과 사상을 가르치고 배우며, 경제사상의 역사를 연구하는 학자들은 리카도의 가치 이론과 그 과학적 접근에 주목한다. 여기에서는 리카도의 생애와 그가 살았던 시대, 그리고 그와 관련된 개념들에 대해 간략하게 소개하고자 한다.

## 핵심적인 개념들: 비교우위이론, 차액지대이론

애덤 스미스는 노동의 전문화를 지지했다. 실제로 이 노동 분업을 통해 사회는 전체적으로 더 많은 생산량을 기록할 수 있게 된다. 스미스는 또한 도덕적 제한 안에서 이기적인 행동이 때로는 경제적으로 유리한 결과로 이어질 것임을 믿었다. 과도한 정부 개입은 필요하지 않았다. 리카도는 국가 간의 무역에도 동일한 조건을 적용했다. 그에게는 푸줏간이나 빵가게 대신 국가가 학문적 분석과 연구의 단위가 된 것이다. 리카도는 "완벽한 자유무역 체제하에서 각 국가는 자연스럽게 각자에게 가장 유익한 분야에 자본과 노동을 투자한다. 이러한 각국의 이익 추구는 전 세계의 보편적인 이익과 아주 적절하게 연결이 된다"고 주장했다. 스미스는 다른 국가에서 영국이 직접 생산할 수 있는 것보다 더 저렴하게 상품을 생산할 수 있다면 영국은 그 상품을 수입해야 한다고 주장한 바 있는데, 이것이 바로 절대 우위의 법칙이다.

　반면 리카도는 아주 간단한 예를 들어 그의 비교우위이론을 다음과 같이 설명했다. 우선 영국과 포르투갈, 두 국가만 존재한다고 가정한다. 두 국가에서 생산하는 유일한 상품은 옷감과 포도주다. 그리고 생산 비용은 노동시간으로 나타낸다. 영국은 옷감 1필을 만드는 데 100시간, 포도주 1병을 만드는 데 120시간이 걸린다. 반면 포르투갈은 옷감 1필을 만드는 데 90시간, 그리고 포도주 1병을 만드는 데 80시간이 걸린다. 그렇다면 분명 포르투갈의 옷감과 포도주 생산 방법이 더 효율적일 것이다. 리카도의 통찰이 훌륭한 까닭은 상업도 농업만큼이나 실질적으로 유익하다는 사실을 수식적으로 증명해 보였기 때문이다. 영국은 옷감 1필을 만드는 데 100시간이 걸리지만 같은 100시간 동안 포도주는 1병을 제대로 만들어 낼 수 없다. 포르투갈은 포도주 1병을 만드는 데 80시간이 걸리지만 역시 같은 80시간 동안 옷감 1필을 제대로 만들어 낼 수 없다. 그런데 영국은 옷감을 전문으로 만들고 포르투갈은 포도주를 전문으로 만든다면, 양국은 무역을 통해 더 이익을 얻을 수 있다. 무역을 하지 않는다면 영국은 옷감과 포도주 모두를 만드는 데 220시간이 필요할 것이며 포르투갈도 마찬가지로 170시간이 필요할 것이다(이 시간을 들였을 때 총 생산량은 옷감 2필과 포도주 2병이다). 하지만 무역을 한다고 가정할 경우, 영국은 220시간을 들여 2.2필의 옷감을 만들어 낼 수 있고, 포르투갈은 170시간을 들여 포도주를 2병 이상을 만들어 낼 수 있게 된다. 두 상품 모두 총 생산량이 증가한 것이다. 이로써 리카도는 자신이 제시한 모형에서 한 국가가 절대 우위를 점하더라도 무역은 여전히 양국에 유익하다는 사실을 보여 주었다.

국산품을 사는 것이 항상 경제에 긍정적인 영향을 미치는 것은 아닌 것처럼 세금을 내리는 것 역시 반드시 좋은 결과를 불러오지는 않는다. 생산량과 소비자 지출이 줄어 경제가 흔들리게 되면, 정부는 경제를 부양하려 다양한 시도를 할 수 있다. 정부가 선택할 수 있는 한 가지 전술은 세금을 줄이고 소비자가 상품과 용역에 돈을 더 많이 지출하기를 바라는 것이다. 이상적으로 보면 소비가 증가하고 경제가 성장하는 선순환이 발생하겠지만 리카도는 납세자들이 오늘의 감세가 바로 내일의 세금 인상으로 이어지리라 여길 것임을 알았다. 그렇다면 그들은 지금 바로 돈을 쓰지 않고 저축을 할 것이며 약속했던 경제성장은 이루어지지 않고 정부는 세금을 다시 인상해야 할 것이다.

비교우위이론과 마찬가지로 리카도 동등성 정리는 일반 대중과 정책 결정자들이 생각할 수 있는 일반적인 가정에 도전하고 있다. 리카도의 모형에는 실제로 유지되지 않을 수도 있는 수많은 가정이 존재한다. 비록 자신의 이름을 따라 명명되었지만 리카도 역시 이런 개념의 실증적인 타당성에 의문을 품었다. 그리고 실제로도 오랜 세월이 흐를 때까지 실증적 분석이 이루어지지 않았다. 그럼에도 불구하고 정책 결정자들은 미래의 세금 인상에 대해 합리적인 예측을 할 수 있는 일반 대중의 능력을 인식해야만 한다.

리카도의 빛나는 통찰력은 1820년, 그가 곡물조례에 관해 연설한 내용에서도 확인할 수 있다. 영국은 곡물조례를 통해 국내 생산자를 보호하고 곡물의 수입을 제한했다. 그런데 이 당시, '곡물'이라는 용어는 특정 지역마다 다르게 통용됐다. 예컨대 영국에서 곡물이라고 하면 밀을 뜻했고 스코틀랜드에서는 귀리였다. 리카도는 중요한 식량인 곡물을 외국에 의존하면 전쟁이 발발했을 때 영국의 약점이 될 수 있다는 사실을 잘 알고 있었다. 어떤 국가가 남는 곡물을 영국에 판매한다면 분명 그다음부터는 특별히 영국에 판매할 수 있는 (혹은 판매하기 위한) 곡물을 재배하는 수순을 밟게 되리라는 것을 알았기 때문이다. 그뿐만이 아니다. 그는 영국이 곡물 문제를 해결하기 위해 여러 국가가 아닌 한 국가에만 의존이 가능한지 궁금해했다. 리카도의 이런 식의 사고는 늘 유효한 건 아니었으나 그가 체계적으로 생각하고 경제를 전체적인 상호작용 체제로 바라보는 능력을 갖고 있었음을 보여 준다.

리카도의 이름이 들어간 또 다른 이론이 바로 '리카도 차액지대 이론Differential rent theory'이다. 여기에서 말하는 지대, 혹은 임대료는 임차인이 지불한 금액이나 그들이 지불하기로 동의한 계약서상의 지대를 의미하지 않는다. 리카도에게 그 지대는 "토양이 원래 갖고 있는 변하지 않는 힘을 사용하기 위해 지주에게 지불하는 땅의 생산물의 일부"이다. 리카도는 인접해 있는 같은 크기의 두 농장을 비교했다. 한 농장은 배수 설비나 울타리 등의 장비를 통해 개선된 상태였고, 다른 농장은 원래 상태 그대로였다. 임차인은 개선된 첫 번째 농장에 더 많은 돈을 지불할 테지만, 보통은 두 농장의 지주가 받는 돈을 다 똑같이 지대라고 부른다. 하지만 리카도 식으로 이해하려면, 개선된 농장을 빌린 임차인은 지대에 더해 농장 개선에 들어간 '자본 사용에 대한 비용'을 추가로 지불한 것으로 봐야 한다. 리카도의 차액지대 이론은 대학 학부 수준에서는 그리 많이 다뤄지진 않지만, 비교우위를 비롯한 그의 여러 경제 이론들은 경제학 분야에서 여전히 중요하게 다뤄지고 있다.

## 리카도의 시대

1910년 제이콥 홀랜더Jacob Hollander(1871~1940)는 데이비드 리카도의 시대를 다음과 같이 요약했다. "저명한 경제학자들에게 그 시대는 산업혁명이 본격적으로 진행되던 50년이었고, 정치 역사가에게는 나폴레옹이 영향을 미치던 반세기였다. 그리고 경제사상을 공부하는 역사학자들에게는 고전 정치경제학의 새벽이자 이른 아침이었다." 이 새벽과 이른 아침, 리카도의 주변에는 뭐든 조금씩 다양하게 아는 사람들은 있었지만 아직 이렇다 할 전문가는 거의 없었다. 아직은 많은 교수진과 수많은 학생들이 모여 공부하는 대학의 경제학과를 상상할 수 있는 시대는 아니었던 것이다. 물론 독학을 한 사람이 경제 관련 주제에 대한 소책자를 만들어 출간하고 중요한 저술로 인정받는 일은 그 당시에도 가능했다. 그렇지만 리카도의 저술을 읽고 비평을 할 만큼 그 내용을 이해한 사람이 몇이나 되는지는 분명하지 않다.

데이비드 리카도와 애덤 스미스는 그 '이른 새벽'에 자리를 잡은 위대한 학자들이었다. 스미스는 자신에게 필요한 '권위gravitas'

를 제공해 주는 저명한 교수 직위에 올라 있었으며 리카도는 증권 시장에서 입증된 능력을 통해 다양한 경제 문제에 대한 자신의 의견에 신뢰를 더했다. 학문으로서의 경제학이 이제 막 기반을 잡아가던 시기, 리카도에게는 사실상 경쟁 상대가 거의 없었다. 스코틀랜드 에든버러에서는 1799년부터 두갈드 스튜어트Dugald Stewart 가 주로 『국부론』에 중점을 둔 정치경제학 강의를 시작했고, 영국 전역에서 정치경제학이 별도 과목으로 독립된 건 1805년부터다. 맬서스는 동인도회사 직원들을 자체적으로 교육시키기 위해 세워진 이스트 인디아 칼리지에서 최초의 '일반 역사, 정치학, 상업 및 금융 담당 교수'로 임명되었다. 그러나 이곳에서도 학문으로서의 경제학을 더 자세하게 다루지는 않았다. 케임브리지 대학교에서조차 1816년이 되어서야 정치경제학 강의가 시작되었으니 말이다. 리카도의 걸작 『정치경제학과 과세의 원리에 대하여』가 출간된 건 그로부터 1년 후인 1817년의 일이다.

테리 피치Terry Peach(1950-2022)는 리카도에 대한 후기 학술적 접근 방식들을 요약하며 그의 사상의 또 다른 부분들을 '리카도 사상Ricardianism'이라고 불렀다. 피치는 마르크스나 케인스 같은 후대의 사상가들이 리카도의 저술에서 얼마나 많은 '다른' 의미들을 찾아냈는지도 보여 주었는데, 다른 많은 '사상'이나 '주의'와 마찬가지로 리카도라는 사상가 그 자신과 훗날 그의 사상을 따라 모인 학파들 사이에는 많은 차이점이 있다. 피치는 "데이비드 리카도를 해석하고 비평하는 사람들의 특이한 면이나 문제점, 그리고 특별한 의제들을 비롯해 리카도 본인과 리카도 경제학 사이에 존재하는 분명한 혼란"에 주목했다. 리카도는 증권 중개인으로서는 확실히 풍부한 경험을 쌓았지만, 전통적인 교육을 받지는 못한 까닭에 그의 글쓰기 방식에는 불분명한 부분이 많았다.

존 스튜어트 밀의 아버지인 제임스 밀James Mill(1773~1836)은 리카도에게 자신만의 글쓰기 방식을 연마하라고 조언한다. 제임스 밀은 "정치경제학 분야에서는 이미 최고의 사상가이니 곧 최고의 저술가가 될 수 있을 것"이라는 편지를 썼다고 한다. 밀은 리카도에게 "학교에서 하는 것과 비슷한 연습과 훈련을 해야 한다"고 말하면서 자신의 이론이 어떻게 이어지는지에 대해 단계별로 정리한 편지를 꼬박꼬박 써서 보내라고 했다. 또 그 각각의 단계가 끝날 때마다 "다음에는 무엇을 해야 할지 스스로에게 물어봐야 한다"고 적는다. 이런 사실을 고려할 때, 비교우위와 리카도 동등성 정리에 대한 리카도 자신의 설명이 '그 다음은 어떻게 될까?'라는 똑같은 질문에 초점을 맞추는 모습은 대단히 흥미롭다. '세금이 줄어든다면 그 다음은 어떻게 될까?' 국민들은 아마 세금이 다시 인상될 것이라고 생각할지도 모른다. 그러면 그때를 대비해 소비를 줄일 것이다. '한 국가가 포도주 생산에 집중하고 다른 한 국가는 옷감의 생산에 집중한다면 그 다음은 어떻게 될까?' 이 모형에서 설정한 가정이 유지된다면 상품의 총 생산량은 증가할 것이며, 영국에서 옷감을 마시고 포르투갈에서 포도주를 옷 대신 두르지 않는 이상 무역은 계속해서 이어질 것이다. 리카도는 학교에서 배우는

것 같은 간단한 수치와 사례를 들어 비교우위를 더 분명하게 주장
했다. 리카도가 구축한 모형 속 가정을 받아들인다면 그 수치들은
그가 옳다는 사실을 증명할 테고, 이러한 접근 방식은 경제가 어
떻게 '운영되어야 하는지'에 대한 규범 이론과 강하게 대조된다.

　리카도의 가정이 제대로 유지될 수 있는지의 여부와는 관계없
이 그는 이러한 경제모형을 자신이 세운 이론의 기반으로 생각했
다. 그리고 바로 그 덕분에 리카도는 현대적인 의미의 경제학자로
불리게 되었고 그와 동시에 '리카도의 악덕Ricardian Vice°'이라는 말
도 만들어지게 되었다. 데니스 오브라이언Denis O'Brien은 "리카도는
가설로 세운 전제를 바탕으로 결론을 도출하고 그 후에 결과를 확
인하려는 어떠한 시도도 하지 않는다. 따라서 리카도의 방식은 순
수한 이론가의 방식으로만 남아 있게 된다"고 말했다.

　리카도는 곡물을 수입하지 않고 국내 생산량에만 의존할 경우,
영국이 굶주림을 겪게 될까 우려했다. 그는 토질이 좋지 않은 토
지까지 곡물 생산에 동원된다면 다른 곳에 더 수익성 있게 활용될
수 있는 자본과 노동력이 비효율적으로 소비돼 영국 경제가 침체
될 것이라고 주장했다.

　곡물조례를 찬성하는 측에서는 곡물의 수입을 막을 경우, 영국
의 형편이 더 나아질 것이라고 믿었다. 최소한 토지를 소유하고 있
는 계층은 줄어드는 경쟁으로 인해 보호를 받아 자체적인 곡물 생

---

°　조지프 슘페터에 의해 처음 사용된 표현. 직접적이고 명확한 결과를 도출하기 위
　해 전제나 가정 등을 극도로 제한해 경제 현상을 단순화 하는 태도를 일컫는다.

산량을 확보할 수 있게 되겠지만, 이런 배타적인 고립주의 정책은 곡물 가격의 상승을 초래할 게 뻔했다. 빈곤층은 말할 것도 없고, 새롭게 산업화된 도시 지역의 소비자들도 이러한 영향으로부터 자유롭지 못했다.

한편, 리카도와 맬서스는 곡물 가격이 경제의 다른 부문에 미치는 영향에 대해 서로 정기적으로 편지를 교환하며 의견을 주고받았다. 맬서스와 의견의 일치하지 않을 때면, 리카도는 자신의 주장을 더욱더 가다듬었다. 물론 그렇다고 해서 이런 지적인 논쟁 때문에 두 사람의 우정에 금이 가는 일은 없었다.

케인스는 리카도와 맬서스가 교환했던 편지들이 "정치경제학 전체가 발전하는 데 있어 가장 중요한 역할을 한 문서들"이라고 생각했다. 훗날 피에로 스라파Piero Sraffa(1898~1983)가 리카도에 대한 연구를 하도록 격려하고 도왔으며, 케인스 역시 리카도의 미발표 저작들을 찾는 데 적극적으로 발 벗고 나서기도 했다. 스라파는 리카도에게 수년 동안 지속적으로 연락을 했던 4명의 주요 상대가 있다는 사실을 밝혀냈는데, 그들은 다름 아닌 맬서스와 제임스 밀, 그리고 경제학 교수 존 램지 매컬럭John Ramsay McCulloch과 공무원이었던 허치스 트로워Hutches Trower였다. 이들은 모두 직접, 혹은 간접적으로 리카도를 격려하며 그의 사상이 널리 알려지는 데 한몫을 했다. 제임스 밀의 아들인 존 스튜어트 밀은 열다섯 무렵, 혼자서 리카도의 시골 저택에 초대를 받았고 그곳에서 두 사람은 경제 문제에 대해 긴 이야기를 나누었다고 한다. (그리고 모두가 아는 바와 같이 밀은 다음 세대 경제학자들 중에서도 핵심 인물이 되었다.) 매컬럭은《에든버러 리뷰》를 통해 리카도의 『정치경제학과 과세의 원리에 대하여』를 다시 검토했는데, 스라파는 이 작업이 "데이비드 리카도의 명성을 확립하고 그의 이론을 대중들에게 알리는 데 결정적인 역할을 했다"고 주장했다. 또한 매컬럭은 리카도가 세상을 떠난 후 그의 간단한 전기와 함께 저작 전체를 하나로 묶어 출간하기도 했다.

## 유대인 혈통을 둘러싼 오해와 진실

영국의 경제학자 에릭 롤Eric Roll(1907~2005)은 데이비드 리카도를 "의심할 여지없이 고전 정치경제학을 대표하는 가장 위대한 인물"이라고 표현했다. 롤은 또한 리카도에 대한 평가 중 일부에서 반유대주의 성향이 드러나는 점에 주목했는데, 캐리Carey라는 이름의 어느 미국 경제학자는 리카도가 갖고 있던 유대 혈통을 언급하며 그를 그저 "글재주 없는 유대인 증권 중개인"으로 묘사하기도 했다고 전한다. 또 이 책의 또 다른 주인공이기도 한 앨프리드 마셜은 다음과 같이 언급한 바 있다. "리카도의 정신에 담겨 있는 결점과 미덕은 그의 유대계 혈통에서 실마리를 찾을 수 있다. 어떤 영국 출신의 경제학자도 그와 비슷한 생각을 갖고 있지 않았다."

물론 데이비드 리카도는 유대인 혈통을 가진 영국인이었으며, 전통을 벗어난 그의 사고방식은 그가 자란 배경 때문일지도 모른다. 리카도가 경제학을 이해하는 방식은 많은 동시대 사상가들에게는 부족했던, 증권시장에서 실제로 일하며 겪은 경험에 뿌리를 두고 있었다. 유대인들의 해외무역과 친족 연결망을 통해 얻은 지식으로, 리카도는 어쩌면 마셜이 이야기한 '영국 출신' 경제학자들이 거부했던 국제주의에 대해 배웠는지도 모른다. 그는 그 당시 저명한 경제학자였던 맬서스와 막역한 사이였고, 두 사람 모두 단순히 지주나 상류 계층의 이익보다는 영국 전체의 생활수준을 향상시키는 데 더 많은 관심이 있었다. 두 사람을 중심으로 한 지식인 집단에는 철학자 제러미 벤담Jeremy Bentham(1748-1832)이나 작가 마리아 에지워스Maria Edgeworth(1768-1849) 같은 유명인들이 포함되어 있었다.

에이브러햄 길렘Abraham Gilam은 자신의 책에서 조지 왕조 시대의 "영국 유대인 상류층들은 유대인으로서의 정체성을 잃고 세속화되었다"고 주장한다. 그러면서 그는 지금의 영국 국립 문서 보관소를 만들고 초대 소장을 역임했던 프랜시스 팔그레이브 경 Sir Francis Palgrave을 포함한 많은 유명 인사들을 열거하며 다음과 같이 덧붙였다. "리카도와 급진주의 정치가였던 랄프 베르날Ralph Bernal 등도 여기에 추가될 수 있을 것이다. 유대인들은 자신들이 정착한 사회가 그들을 받아들이지 않으리라는 사실을 분명히 깨달았다… 유대교의 전통을 포기하느냐에 따라 계급과 지위, 그리고 권력의 상승이 결정되었다."

하지만 이런 주장이 리카도에게 반드시 적용되는 것은 아니다. 리카도는 결국 아내를 따라 개신교의 한 분파인 퀘이커교로 개종했고, 퀘이커교는 유대교와 마찬가지로 온갖 사회적 법적 제한을 받았기 때문에 출세를 노리는 사람에게는 전혀 도움이 되지 않았다. 게다가 그는 결혼 후에도 아버지와 함께 유대인의 연줄이 중요한 증권업에 계속 종사했기 때문에 유대인으로서의 정체성을 버리는 건 분명 그에게 도움되는 일이 아니었다. 리카도는 팔그레이브가 코헨Cohen이라는 성을 버렸듯 유대계 혈통의 성을 버릴 수도 있었지만 그렇게 하지 않았다. 그러니 길렘의 평가는 리카도에게는 너무 가혹한 것이 아니었을까.

리카도는 1819년 하원 의원이 되면서 "개신교도로서 신실한 믿음을 갖고 있다"는 맹세를 해야 했다. 동시대 정치가였던 윌리엄 윌버포스William Wilberforce의 표현에 따르면 그는 "이제 더 이상 유대인이 아니었다." 아니, 좀 더 정확하게 말하자면 유대교를 따르는 정통파 유대인이 아니었다. 그가 종교에 대해 실제로 어떤 감정을 가졌는지는 알려져 있지 않다. 하지만 다른 신앙들을 접하게 되면서 어쩔 수 없이 그동안 받았던 교육과는 전혀 다른 시각을 갖게 되었을 것이다.

리카도는 또한 사회생활을 하는 가운데 반유대주의와 마주하게 된다. 금융업과 금융업에 대한 일반 대중들의 혐오, 그리고 반유대주의 사이의 연관성은 날이 갈수록 깊어졌다. 의회에서 영국의 금보유량과 관련된 토론이 벌어지자 한 의원이 이렇게 물었다. "외국에서 넘어온 유대인들에 대해서는 어떤 대책이 있는가··· 이들이 국가 재정 업무에 참여하지 못하도록 해야 하지 않겠소?" 나폴레옹과의 마지막 결전이 치뤄진 워털루전투와 관련된 끝없는 소문 역시 반유대주의와 관련이 있다. 여기에는 리카도뿐만 아니라 유대계 부호 로스차일드 가문도 연관되어 있는데, 어느 저명한 유대인이 1815년 6월 18일 있었던 워털루전투의 결과를 가장 먼저 은밀하게 전달받고 이 정보를 이용해 증권시장에서 이익을 얻었다는 소문이 있었다. 브라이언 카스카트Brian Cathcart는 이 소문의 주인공이 네이선 메이어 로스차일드Nathan Meyer Rothschild로 알려져 있다고 언급하며 이 전설에 가까운 소문이 어떻게 시작되고 퍼져나갔는지를 설명한다.

소문의 내용은 대략 이렇다. 로스차일드 가문이 전투가 벌어졌던 브뤼셀 근처에 말을 탄 심부름꾼들을 차례로 배치해 영국까지 소식을 전달하게 했다. 일부에서는 심부름꾼이 아니라 전서구, 즉 비둘기가 준비되어 있었다고 말하기도 했다. 물론 로스차일드 가문의 기록 보관소에는 이에 대한 공식적인 기록 같은 건 존재하지 않는다. 카스카트의 설득력 있는 주장에 따르면 워털루와 관련한 이 같은 소문은 로스차일드 가문을 모함하기 위해 조작된 것이며, 실제로 이후 나치 독일을 비롯한 다른 세력들에 의해 이 소문들은 또 다른 내용으로 부활하게 된다.

리카도 역시 이런 소문과 연관되어 있었는데, 리카도가 영국군의 승리 소식을 은밀하게 전해 듣고 증권을 매각했다는 이야기가 그러하다. 그의 행동을 주목하고 있던 사람들은 영국군이 워털루에서 패전했다고 확신했고, 이에 따라 런던 거래 시장의 주가는 폭락했다. 그리고 바로 그 뒤에 리카도가 폭락한 가격으로 증권을 다시 매입했다는 소문이 돌았다. 만약 그것이 사실이라면 리카도는 수많은 목숨을 앗아 간 전투와 관련된 내부자 정보를 악용해 증권 시장에서 큰 수익을 올린 셈이 된다. 그렇지만 이러한 소문 역시 어떤 실제적인 증거도 존재하지 않는다.

사실 리카도는 다른 방식으로 재산을 모았는데, 그는 전시에 발행한 국채를 사들여 오히려 영국 정부를 도왔다고 한다. 그는 영국의 승리를 위해 노력했고 만일 영국이 패배한다면 막대한 재산을 잃게 될 처지였다. 물론 워털루에서의 승리로 리카도는 엄청난 재산을 모았지만, 그건 그가 이미 오래전부터 국채 거래에 관여해 왔기 때문이다. 또한 워털루전투 결과는 전설로 내려오는 것처럼 심부름꾼이나 비둘기가 아니라 헨리 퍼시Henry Percy 소령이 직접 런던으로 돌아와 보고했다. 이때 그는 전리품인 나폴레옹의 독수리 깃발을 들고 당당하게 런던 거리로 들어왔다고 한다. 수많은 사람들이 그 광경을 지켜보았으니 그 이후에 이런 은밀한 내부자거래를 하기란 대단히 어려웠을 것이다.

## 증권 중개인에서 경제학 연구의 길로 들어서다

어쨌든 리카도는 워털루전투를 계기로 막대한 돈을 벌어 하던 일을 그만둘 수 있었고, 글로스터셔에 있는 대저택을 구입한다. 리카도는 이후 당시에 정치경제학으로 알려져 있던 분야에 관심을 갖게 되었는데, 조지프 A. 슘페터는 훗날 "리카도의 사상은 1799년 휴양지에서 지루한 시간을 보내고 있을 때 『국부론』을 읽으며 받은 영감으로부터 시작되었다"고 설명했다. 홀랜더는 리카도의 첫 번째 저작인 『금괴의 높은 가격과 은행 지폐의 감가삼각에 대한 증명The High Price of Bullion, a Proof of the Depreciation of Bank Notes』(1810)에 대해 "서둘러 구상해 빠르게 써 내려간 약 40쪽 정도의 소책자"라고 묘사했다. 리카도의 대표작이라고 할 수 있는 『정치경제학과 과세의 원리에 대하여』가 세상에 발표된 건 1817년의 일이다.

『정치경제학과 과세의 원리에 대하여』는 가치에 대한 논의부터 시작해 임대료와 가격, 임금, 이윤, 무역, 그리고 다양한 세금 문제를 다루고 있다. 리카도는 경제를 토지의 소유자, 자본의 소유자, 그리고 노동자가 '토지의 생산물'을 서로 나눠 갖는 구조로 보았다. 또한 『정치경제학과 과세의 원리에 대하여』의 서문에서 애덤 스미스와 친구인 맬서스에게 많은 빚을 지고 있다는 사실을 밝히기도 한다. 그뿐만 아니라 훗날 '세의 법칙Say's law°'으로 세상에 널

° 　공급이 수요를 창출해 낸다는 경제학 법칙.

리 알려지게 되는 프랑스의 경제사상가 장-바티스타 세Jean-Baptiste
Say(1767~1832)에게도 감사를 표했다. 리카도의『정치경제학과 과세
의 원리에 대하여』는 훗날 고전주의 경제학의 시대를 여는 중요한
저술로 자리매김하게 된다.

　다른 많은 동시대 사람들이나 그의 지지자들과 마찬가지로 리
카도 역시 무엇이 가치를 만들어 내는지에 관심이 있었다. 그러나
그 가치란 반드시 시장가격을 의미하는 것만은 아니었다. 프랑스
의 중농학파인 프랑수아 케네는 1758년『경제표』를 발표한다. 이
도표는 경제 현상에 대해 과학적 방법을 엄격하게 적용한 최초의
사례 중 하나였다. 케네에 따르면 경제 현상에 있어서는 토지와 그
토지에서 일하는 사람들이 제일 중요했고, 농업과 관련이 없는 사
람들은 사실상 무익한 계층에 속했다. 상인과 장인, 그리고 제조업
자들을 생산성 있는 계층으로 간주하지 않았던 것이다. 그런 사람
들은 가치를 창출하지 않고 단지 농업이 창출한 가치를 다른 형태
로 변형시킬 뿐이라고 여겨졌다. 토지가 진정한 가치의 근원이라
면 상업은 사회가 갖고 있는 자원들에 대해 소유권을 거의 주장할
수가 없다. 스미스와 리카도 역시 이런 가치의 이론과 씨름했지만
두 사람은 토지보다는 노동을 그 출발점으로 삼았다.

　『정치경제학과 과세의 원리에 대하여』제1장의 시작은 다음과
같다. "상품의 가치 혹은 교환될 수 있는 상품의 양은 상품을 생산
하는 데 필요한 노동력의 양에 따라 달라지며 노동력에 대한 보상
이 얼마나 되는지와는 상관이 없다."

터커G. S. L.Tucker는 노동 가치론에 대한 리카도의 사상이 마르크스에게 영향을 미쳤다는 주장에 대해 언급한다. 물론 마르크스가 정말로 리카도에게 영향을 받았는지는 여전히 논쟁의 대상이다. 조지 스티글러는 리카도 본인은 노동 가치론 그 자체에 대해서는 별다른 의견이 없었다고 주장하며 널리 알려져 있는 리카도의 가치 이론에 대한 다양한 해석들을 설명했다. 프리드리히 하이에크는 임금 상승이 어떻게 자본가들이 노동을 자본으로 대체하는 데 영향을 주었는지 설명하게 위해 '리카도 효과Ricardo effect°'라는 용어를 따로 만들었지만, 경제학자 니콜라스 칼도어Nicholas Kaldor와 마크 블로그Mark Blaug를 포함한 다른 많은 사람들은 리카도는 그런 효과를 설명한 적이 없다고 일축하기도 했다. 리카도가 남긴 유산은 지금까지도 이렇게 많은 논쟁을 불러일으키고 있다.

## 맬서스와의 교류

1823년 영국의 하원 의원 토머스 애트우드Thomas Attwood는 (리카도와 비교해) 맬서스야말로 "정치경제학과 관련된 모든 문제에 대해 영국은 물론 온 유럽에서 가장 인정받는 권위자"라고 주장한

---

° 호황이 불황으로 전환되는 경기전환점을 설명하는 개념으로, 이에 따르면 소비재 가격이 상승해 실질임금이 하락할 경우, 기업은 생산과정에서 기계 대신 (인간의) 노동력을 더 많이 사용하게 됨을 의미한다.

다. 맬서스는 인구문제를 최초로 경고한 인물로, 식량 생산 속도가 인구 증가 속도를 따라잡지 못할 것이라는 주장으로 유명하다. 단기적인 생활환경의 개선은 결국 더 많은 출산과 먹여 살려야 할 더 많은 인구로 이어질 수밖에 없고, 그에 따라 식량 부족은 필연적이라는, 이 주장이 바로 '맬서스의 함정Malthusian trap'이다. 맬서스는 흔히 웃음기를 찾아볼 수 없는 비관론자로 묘사되는데, 그런 모습은 다음과 같은 구절에서도 드러난다. "거대한 규모의 피할 수 없는 기근이 우리의 뒤를 쫓아오고 있다. 이제 단 한 번의 강력한 타격으로 인구문제는 해결이 될 것이다." 이런 성향 때문에 맬서스의 이론은 종종 오해를 사기도 했는데, 영국의 역사가 토머스 칼라일Thomas Carlyle(1795~1881)이 경제학을 '음울한 학문'이라고 비판한 일을 두고 사람들은 그 대상이 바로 맬서스의 이론일 것이라고 막연히 추측하기도 했다.

그러나 맬서스는 사실 인간애와 재치가 가득한 사람이었다. 그는 자유로운 노동시장을 방해하는 다양한 장애물들을 제거해야 한다고 주장했으며, 무엇보다 가난한 사람들이 필요한 도움을 받아야 한다고 생각했다. 맬서스는 흔히 말하는 자기 잇속만 챙기는 나쁜 지주가 아니라 오히려 급진적인 성향을 가진 비평가에 더 가까웠다. 그는 임금을 낮게 유지하려고 서로서로 공모하는 부자들을 맹렬하게 비난했다. 시장이 어떻게 움직이는지에 대한 그의 주장은 단순히 추상적인 것이 아니라 가난한 사람들의 고통에 대한 연민에 뿌리를 두고 있었다. 맬서스의 절친한 친구였던 리카도 역시 그런 그의 고민을 함께 나누었다.

11권으로 구성된 스라파의 리카도 전집 중 거의 한 권을 차지하고 있는 것이 바로 리카도와 맬서스가 주고받은 편지들이다. 두 사람은 분명 깊은 우정을 나누었고, 자주 만나 많은 이야기를 나누었다. 리카도는 맬서스에게 보낸 편지에서 잘 알고 지내는 정치경제학자가 거의 없어서 자신의 저작이 얼마나 알려졌는지 제대로 알 수조차 없다고 한탄했다. 리카도는 또한 저술가로서의 부족한 면을 솔직히 토로하기도 했다. "글을 쓰는 솜씨가 너무나 형편없어서 정말로 부끄럽기 짝이 없다."

사람들이 글을 바라보는 취향이야 시간에 따라 변할 수도 있지만 리카도의 딱딱한 글쓰기 방식은 변함없이 계속되었다.

> 무기 없이는 비버도 사슴도 잡을 수 없기 때문에 이러한 동물들의 가치는 포획에 필요한 시간이나 노동에 의해서뿐만 아니라 사냥꾼에게 제공되는 자본과 무기, 즉 포획 작업에 효과적으로 도움이 되는 것들을 준비하는 데 필요한 시간과 노동에 의해서도 결정이 되는 것이다.

맬서스 쪽이 리카도에 비해 글을 '재미있게' 쓰는 쪽으로 재주가 있었기에, 아마도 일반 대중들에게는 더 인기가 있었을 것이다. 그러나 리카도는 글재주와는 무관하게 분명 더 뛰어난 경제학자였다.

# 리카도에 대한 재평가

1983년 '경제학자들에 대한 재평가'와 관련된 연구가 발표되었다. 학술지에 과거의 경제학자나 사상가들이 얼마나 다시 인용되고 있는지를 조사한 내용이었다. 연구 결과 데이비드 리카도는 모든 학술지에서 인용 횟수 14위를 차지했고, 경제 전문 학술지에서는 9위를 차지했다. 1900년 이전에 사망한 학자들만 보면 리카도는 6위, 맬서스는 9위였다. 당연한 일이지만 애덤 스미스나 카를 마르크스는 언제나 리카도보다 더 높은 순위를 기록했다. 어쩌면 리카도의 진정한 의도를 둘러싼 논쟁이 그런 학술지에서의 인용 횟수가 늘어나는 데 도움을 주었는지도 모르겠다.

리카도는 경제학자나 사상가들에게 여전히 관심의 대상이지만, 그의 이름은 경제 분야 밖에서도 종종 언급되고 있다. 영국 경제학회Royal Economic Society에서 리카도의 업적을 기리기 위해 200주년 기념 전시회를 열었을 때는 런던 시장과 정치경제학 협회the political economy club의 총무를 비롯해 많은 사람들이 참석했다. 이 전시회에서는 1807년 런던 증권거래소에서 "전시 국채 발행과 처리에 기여한 그의 공로를 기려" 리카도에게 수여한 은으로 만든 대형 화병을 선보이기도 했다. 이곳에는 맬서스를 비롯해 리카도가 다른 사람들과 주고받은 편지들의 원본도 전시되었는데, 열흘에 걸친 전시회 기간 동안 특히 근처 증권거래소에서 찾아온 사람들이 많았다고 한다. 리카도는 최초의 증권거래소 출신 정치경제학자 중 한 사람이었으므로 이런 관심은 어쩌면 당연한 일이지 않았을까?

앞서 언급한 바와 같이 리카도에 대한 평가는 스라파가 리카도의 저작과 편지들을 정리해 여러 권의 전집으로 출판한 것을 계기로 크게 달라졌다. 스라파가 미처 챙기지 못했던 편지 한 통은 《이코노믹 저널》에 전문이 실리기도 했다. 지금은 주요 학술지들이 아무리 그 내용이 지루하거나 모호하더라도 리카도 이력의 빈틈을 채울 수만 있다면 어떤 편지나 글이라도 기꺼이 찾아 소개하겠다고 나설 정도니, 그의 명성이 어느 정도까지 올라갔는지를 잘 알 수 있다.

이제 학자들은 곡물이나 가치에 대한 리카도의 때로는 길고 지루한 설명들이 실제로 무엇을 의미하는지에 대해 논쟁을 벌이고 있다. 대학의 학부생들은 지금도 계속해서 비교우위와 리카도 동등성 정리 같은 그의 우아하면서도 간결한 사상을 배운다. 리카도는 세상을 떠난 지 아주 오랜 시간이 흐른 뒤에야 국가 사이의 무역이 주는 혜택을 상징하는 인물이 되었으며, 그의 이름은 편협한 보호무역주의에 대항하는 보루 역할로 기능하고 있다. 현대의 국제무역계가 정말로 리카도의 뜻을 따르고 있는지는 알 수 없지만, 어쨌든 전쟁을 피하고 협력을 통해 경제성장을 이루려 설립된 것은 분명하다. 리카도는 학자들의 공동체를 만들려는 시도를 통해 이러한 협력 관계를 옹호했고, 스스로도 이런 신념에 부응하는 삶을 살고자 했다. 또한 그는 동시대 다른 많은 사람들과 마찬가지

로 전쟁이 평화적 경제 경쟁을 대체할 때 사람들이 입게 될 피해
에 대해서도 잘 알고 있었다.

# John Stuart Mill

# 존 스튜어트 밀

### (1806~1873)

글. 조지프 퍼스키

#자유론 #공리주의
#협동조합의_옹호자 #공부법

## 조지프 퍼스키|Joseph Persky

일리노이 시카고 인문과학 대학 경제학과 교수다. 그는 미국 남부 지역에 오랫동안 관심을 기울여 왔으며 이를 바탕으로 『의존의 부담: 남부 경제사상의 식민지 관련 주제들The Burden of Dependency: Colonial Themes in Southern economic thought』이라는 책을 쓰기도 했다. 그는 전미경제협회에서 발간하는 학술지 《경제 전망Journal of Economic Perspectives》의 경제사 부문의 참여 편집자와 경제정책 연구소의 연구원으로도 활동하고 있으며, 도시와 지역 경제성장에서의 분배의 의미에 대한 광범위한 저술 활동을 하고 있다.

존 스튜어트 밀은 단순한 철학자가 아니었다. 그는 마르크스만큼이나 새로운 자본주의 경제의 전면적인 부활에 대한 분석가이자 옹호자, 그리고 예언자였다. 밀은 자신이 살았던 19세기 중반을 과도기적인 시기로 생각했다. 그는 애덤 스미스와 제러미 벤담, 데이비드 리카도, 토머스 맬서스, 그리고 자신의 아버지인 제임스 밀의 연구 성과들에 다양한 고전적 요소들을 더해 경제학에 대한 자신만의 이해를 쌓아 올렸다.

밀에게 산업혁명은 새롭고 흥미로운 시기를 열어젖힌 시작이자, 또 다른 가능성이었다. 밀은 산업혁명을 통해 이룬 급속한 자본의 축적이 궁극적으로는 협동조합으로 대표되는 '정상 상태Stationary State°'로 이어질 것이라고 내다봤다. 이 정상 상태에서 자본가는 더 이상 경제의 중심이 아니다. 국유화도 국가 주도의 계획들도 마찬가지다. 그 대신 그 중심을 노동자 중심의 기업들이 대체하게 된다. 이런 새로운 체제 아래에서 토지 임대료 수익과 상속받는 재산에 대해서는 세금이 부과되고, 교육의 기회가 확대된다. 여성은 사회 활동에 평등하게 참여하게 되고, 다양한 소수 집단들도 기회를 얻을 수 있게 된다.

그렇지만 경제학자로서의 밀은 종종 리카도 이후의 소수파, 즉 자유방임주의와 고전주의 경제학파의 이론들을 겉핥기식으로만 정리한 사람으로 폄하되곤 한다. 스미스가 '보이지 않는 손'으로,

°  경제순환의 어떤 한 시기에서 시간이 경과하여도 다음 단계로 넘어가지 못하고 단순히 이전 수준으로 생산량을 유지, 재생산하는 데 불과한 경제 과정을 의미한다.

맬서스가 '인구론'으로, 그리고 리카도가 '비교우위이론'으로 인정받을 때 밀은 경제학에 어떤 중요하거나 결정적인 공헌을 남긴 적이 없다는 식으로 말이다.

밀은 분명 자유주의와 공리주의를 대표하는 유명한 학자이지만, 철학자와 경제학자 모두가 근본적으로 그의 이론들을 경제학이 아닌 철학 이론으로 받아들인다. 이 짧은 글의 목적은 바로 그런 오해를 바로잡고, 밀이 경제학에 기여한 부분을 제대로 설명하는 것이다. 밀은 역사 이론, 사회심리학을 포함해 대단히 포괄적인 방식으로 경제학에 접근했다. 밀은 생산에 대해서는 고전주의 경제학의 해석을 대부분 수용했지만, 분배의 법칙과 관련해서만큼은 더 유연하게, 인간의 의식적인 개입이 가능하다고 주장했다. 밀의 이러한 주장은 경제학에 새로운 지평을 연 것과도 다름없는데, 이는 자본주의에서 협동 경제로의 전환을 예측한 대단히 급진적인 진보주의 정치경제학의 시작을 알리는 일이기 때문이다.

## 아버지 제임스 밀과 함께한 교육적 실험

존 스튜어트 밀은 1806년 제임스 밀과 해리엇 버로우 밀의 아홉 자녀 중 맏이로 태어났다. 자녀들 숫자만 보면 부부 사이의 금슬이 대단히 좋았던 것 같지만, 밀의 부모는 딱히 서로 통하는 점은 많지 않았다고 한다. 그의 『자서전』에서 밀은 맬서스의 인구론을 신봉하고 부유함과는 거리가 멀었던 아버지가 그런 대가족을 꾸리게 된 이유를 궁금해하기도 했다. 또한 출판이 되지 않은 초기 원고에서는 자신의 부모 사이를 두고 두 사람 중 어느 누구도 애정 같은 감정을 드러내지 않았다고 언급하지만 『자서전』의 최종 완성본에 따르면 밀은 자신의 아버지가 "평소에 보여 주는 것보다 훨씬 더 다양한 감정을 가지고 있었고, 사실은 감정 자체가 엄청나게 풍부한 사람"이었다고 추측한다. 밀은 자신의 아버지가 "대부분의 영국 남성들처럼 그런 감정을 밖으로 내보이는 일을 부끄러워했고, 그렇게 감정을 절제하다 보니 점점 감정 자체가 메말라 갔던 것"이라고 생각했다.

밀의 아버지 제임스에게 따뜻한 면이 부족했는지는 몰라도 아들에 대한 관심과 헌신은 결코 부족하지 않았다. 널리 알려진 것처럼 제임스 밀은 그리스어부터 시작해 상상할 수조차 없는 엄격한 방식으로 아들을 집에서 직접 가르쳤다. 밀은 스스로도 자신이 언제부터 공부를 시작했는지 기억하지 못했지만, 대략 세 살 무렵부터 그런 공부를 시작한 것으로 세상에는 알려져 있다. 여덟 살이 되자 라틴어 공부가 시작되었고, 2년 후에는 흔히 『대화편』으로 알려진 플라톤의 초창기 저작들을 독파했다. 이와 같은 학습은 아버지 제임스 밀이 연구를 하던 서재의, 아버지가 쓰던 책상에서 진행되었다. 그리스어와 라틴어 외에도 수학 공부가 추가되었으며, 그다음에는 흄과 기번Edward Gibbon(1737-1794)의 역사서를 공부하기 시작했다. 제임스 밀은 아들에게 직접 시를 쓰도록 시켰는데, 그는 밀튼John Milton과 번즈Robert Burns는 높이 평가했지만 셰익스피어는 그리 대단하게 여기지 않았다고 한다. (애초에 밀은 그가 살았던 19세기 당대의 시에도 별반 흥미가 없었다.) 밀이 받았던 이런 조기교육에는 화학 관련 독서도 포함되어 있었다.

아버지가 직접 지도한 이 가정교육은 정오가 되면 논리 관련 교육으로 바뀌었는데, 밀은 『자서전』에서 논리 교육이 "내가 얻은 모든 사고 능력의 근간이 되어 주었다"고 밝힌 바 있다. 이 과정에서 밀은 수학 공부보다 논리학을 훨씬 더 중요한 학문으로 생각하게 되었고, 다시 플라톤으로 돌아와 플라톤의 스승인 소크라테스 문답식 교육 방법을 진심으로 우러러보게 되었다고 한다. 아버지 제임스 밀과 마찬가지로 그 역시 자신의 정신적 수양에 소크라테스만큼 깊은 영향을 준 사람은 없다고 생각했다. 밀의 가정교육은 14세가 되어 애덤 스미스와 데이비드 리카도를 집중적으로 공부하면서 그 절정에 달하게 된다. 그리고 이 무렵 그의 아버지가 깊숙이 관여했던 그의 교육과정, 다시 말해 정규 교육과정은 막을 내리게 되었다.

밀은 이렇듯 아버지와 일종의 교육적 실험을 함께하면서, 다른 대부분의 아이들도 자신과 마찬가지로 유년 시절에 상당한 수준의 고등교육을 받을 수 있으리라 보았다. 그는 자신이 "태어나면서부터 이해력이 엄청나게 뛰어나지도 않았"다거나, "대단히 정확하고 뛰어난 기억력"을 갖고 있거나 혹은 "놀라울 정도로 활동적이고 생기 넘치는 성격"도 아니었다고 주장했다. 그리고 자신은

"이런 모든 타고난 재능에 있어 실제로는 평균보다 뒤처지는 정도"였으며 "그런 내가 할 수 있었다면 평범한 재능과 건강한 체질을 지닌 모든 아이들도 그렇게 할 수 있을 것"이라고 주장했다. 또한 무엇보다도 밀은 자신이 받았던 교육이 '강압적인 주입식 교육'이 아니었다고 확신했다. 그의 아버지는 항상 단순한 암기가 아니라 스스로 생각하는 과정을 강조했다. 밀은 자신이 받았던 교육의 의미를 다음과 같은 말로 요약했다. "자신이 할 수 없다고 생각하는 것을 시도해 보지 않는다면 본래 할 수 있는 것도 제대로 해 보려고 하지 않는 법이다." 동시에 그는 그렇게 뭐든 할 수 있다는 '마음의 상태'를 만들어 내는 과정은 겸손도 아니며, 그렇다고 오만함도 아니라고 생각했다.

논리와 논증에 대한 관심뿐만이 아니다. 밀은 자신의 도덕적 이해의 상당 부분 역시 아버지의 교육에서 비롯되었다고 생각했다. 그의 아버지는 "이렇게 악으로 가득 찬 세상이 무한한 힘, 그리고 완벽한 선의와 의로움이 하나로 합쳐진 창조주의 작품"이라는 걸 도저히 믿을 수 없었다. 이로 인해 제임스 밀은 인간의 행동에 대해서는 금욕주의자들의 고전적 관점을 수용했지만 공공의 목적이나 필요에 대해서는 공리주의적 관점을 옹호하게 되었다. 밀 또한 쾌락이 주는 보상을 철저히 무시했던 아버지의 냉소적인 면을 언급하기도 했다.

# 아버지의 그늘에서 벗어나다

이제 밀이 자신의 사상을 더욱 다져 나가는 데 도움을 준 중요한 친구 둘을 소개하려 한다. 바로 경제 이론을 알아보기 쉽게 정리한 데이비드 리카도와 공리주의 사상을 확립한 제러미 벤담이다. 밀은 벤담의 남동생과 함께 프랑스에서 1년을 보내게 되는데, 그 시간을 통해 그는 프랑스에 대해 평생 좋은 감정을 갖게 된다. 프랑스에서 밀은 아버지의 소개로 프랑스의 경제학자 장-바티스타 세를 만났고, 또 세의 집을 방문해 사회학자 앙리 드 생-시몽 Henri de Saint-Simon(1760-1825)과도 잠시 교류한다. 생-시몽은 능력 위주의 사회를 지지했고 진보적 역사 이론을 개발한 것으로 유명하다. 1830년대의 생-시몽 지지자들은 밀의 세계관에 큰 영향을 미쳤다.

이런 다양하고 풍부한 교육과 경험을 통해 밀은 비록 여전히 아버지의 그늘 아래 있기는 했지만 자신이 갖고 있는 가능성에 대한 탐구를 시작한다. 처음에는 공리주의자로 알려진 존 오스틴 John Austin(1790-1859)과 함께 법률을 공부했지만, 1823년 17세가 되자 아버지의 주선으로 동인도회사에서 아버지의 직속 부하 직원이 되어 인도를 오가는 통신문을 확인하는 업무를 맡아보게 되었다. 이 일은 상대적으로 업무량이 많지 않았고, 그 덕에 밀은 자신의 개인 연구 시간을 충분히 확보할 수 있었다. 또한 그는 법률 공부로 인한 경제적 보상을 포기하는 것에도 별다른 거리낌이 없었다.

그가 언급했던 유일한 단점은 동인도회사에서의 자신의 위치 때문에 공무원으로 일할 수 없었다는 점 정도다.

이 무렵부터 밀은 그가 '젊은 날의 선전Youthful Propagandism'이라고 이름 붙인 활동에 적극적으로 참여하게 되었다. 그는 새로 창간된 《웨스트민스터 리뷰》에 글을 기고했고 급진파 운동의 토론회에도 참석했다. 심지어 그는 다소 직접적인 행동에 나서기도 하는데, 전 세대 급진파 사상가인 프랜시스 플레이스Francis Place(1771-1854)가 쓴 산아제한 관련 문서를 배포하다가 잠시 투옥되기도 했다. 밀은 『자서전』에서 자신이 1821년 말, 다음과 같이 생각을 정리하게 되었다고 밝힌다. "세상을 개혁하는 사람이 되기 위해서 진정한 인생의 목표라고 부를 만한 것은 과연 무엇인가. 내가 생각하는 행복에 대한 개념은 이제 이 목표와 완전히 동일시되었다."

여기 이제 스무 살이 된 젊은 존 스튜어트 밀이 있다. 그는 처음에는 가정에서의 교육을 통해 그리고 지금은 직장 생활을 통해, 그의 아버지 제임스 밀과 기이하면서도 강력한 관계를 계속 이어 가고 있었다. 당시 그는 아버지가 자신을 억압하고 있다고 생각했다. 그래서 그는 세상을 바꾸겠다는 다소 거창한 목표에 집중했다. 이러한 배경 속에서 밀이 심각할 정도로 우울한 일들을 겪은 건 전혀 놀라운 일이 아니다. 밀은 이런 유명한 글을 남겼다.

나는 감정적으로 둔해진 상태에 있었다. 즐거운 일이나 흥분되는 일이 잘 와닿지 않았고 또 분명 다른 때 같으면 즐거

웠을 그런 일에도 아무런 감흥도, 관심도 없었다… 이런 상태에서 문득 나 자신에게 직접 한번 물어보자는 생각이 들었다. '우리가 세웠던 인생의 목표들이 다 이루어졌다고 가정해 보자. 우리가 기대해 왔던 대로 모든 제도와 의견에서 변화가 일어나 지금 바로 당장 완벽하게 영향을 미칠 수 있게 되었다. 그렇다면 이런 상황은 정말로 큰 기쁨과 행복이 될 수 있을까?' 그러자 억누를 수 없는 나의 자의식이 분명하게 대답했다. '그렇지 않다!' 그 순간 내 마음은 깊숙이 가라앉았다. 내 인생을 떠받치고 있던 모든 것이 다 무너져 내렸다. 나의 모든 행복은 목표를 향한 끊임없는 노력에서 비롯된 것이었다. 그런데 모든 것이 다 끝났다면 나는 어떻게 다시 목표를 위한 수단들에 관심을 기울일 수 있을까? 그때 나는 앞으로 살아갈 모든 의미를 다 잃어버린 것 같았다.

세상을 바꾸려는 계획은 다 사라졌다. 밀은 마치 꿈에서 깨어나듯 자신의 생각과 계획 속에서 깨어났다. 밀은 이런 심리적인 문제에 대해 아버지에게 어떠한 도움도 구하지 않았다. 아버지가 자신의 고민과 기분의 문제를 이해하지 못할 거라고 생각했기 때문이다. 외려 그는 아버지가 세상을 떠난 후에야 비소로 장-프랑수아 마르몽텔Jean-François Marmontel의 고백―진정한 어른의 역할을 맡게 되었다―이 실린 『회고록』을 읽으며 감정적으로 공감을 느끼고, 조금씩 그런 상태에서 회복되어 갔다. 밀이 겪었던 우울증은 아버지에 대한 양가감정과 개혁가라는 역할에 대해 느끼는 부담감과 관련이 있다고 보는 게 옳을 것이다. 마음을 가라앉히기 위해 19세기 낭만주의 시인들, 그중에서도 특히 워즈워스William Wordsworth(1770-1850)를 찾게 된 건 그 자체로 반항이나 저항의 한 형태나 다름없었다. 그렇지만 그보다는 동시대의 논문들, 특히 오귀스트 콩트Auguste Comte(1798-1857)나 생-시몽주의를 따르는 글들을 집중적으로 읽음으로써 밀은 자신이 가야 할 새로운 길을 확인했다. 이제 그는 자유주의의 공통된 교리들에 대한 비판을 인식하기 시작했다. 그뿐만이 아니다. 밀은 사유재산과 상속을 불가피한 현실로, 그리고 사회 개혁의 정의를 생산과 교환의 자유로 가정하는 기존의 낡은 정치경제학이 대단히 제한적이고 구시대적인 가치임을 깨닫게 되었다. 그는 생-시몽주의가 이야기하는 '산업화'의 가치를 받아들이지 않았고, 그렇게 향후 25년 이상 완전한 형태를 갖추지 못하게 될 새로운 길 쪽으로 확실하게 방향을 틀게 된다.

밀의 새로운 사고의 핵심은 의미 있는 자기 결정권을 확보하기 위해 우리 각자가 수행해야 하는 노력과 관련된 것이었다. 이러한 노력은 밀의 철학과 그가 이해하고 있는 심리학의 핵심이었고, 그의 『자유론』은 물론 그가 발전시킨 진보주의 정치경제학의 중심 내용이기도 했다.

# 해리엇 테일러와 함께한 지적 여정

밀의 성장 과정 이외의 다른 이야기로 넘어가기 전에 우리는 그가 자신의 인생에서 가장 소중한 우정이라고 묘사했던 부분에 대해 살펴보지 않을 수 없다. 해리엇 테일러Harriet Taylor(1807-1858)는 밀이 24세였던 1830년부터 그의 가장 친한 친구였으며, 1851년 두 사람은 부부가 된다. 해리엇 테일러는 현재, 밀의 진보주의 관련 저술에 가장 지대한 영향을 미친 사람으로 인정받고 있다. 약 20여 년 동안 밀과 해리엇은 대단히 가까운 친구 사이로 지냈지만 그렇다고 연인 관계는 아니었다. 이 시기 두 사람은 양성평등주의와 시, 그리고 정치경제학에 대한 이야기를 나누었다.

밀은 자신이 해리엇의 영향을 받았음을 다양한 저작을 통해 공공연하게 밝혀 왔다. 밀은 자신의 『정치경제학 원리Principles of Political Economy』 증정본에 특별히 다음과 같은 감사의 글을 덧붙였다. "해리엇 테일러는 사회 개혁에 대한 새로운 의견을 내거나 그 진위를 파악하는 일에 있어 내가 아는 사람들 중 가장 분명한 자격을 갖춘 사람이다." 또한 이 책에 실린 여러 새로운 의견 중 상당수가 "그녀 본인에게서 처음 비롯된 것"이라고 인정했다. 밀은 해리엇이 『정치경제학 원리』 전반에 걸쳐 "지금 사회와 관련해 논의되고 있는 단순한 내용들을 결코 최선인 것처럼 생각하지 않도록" 원고의 톤을 조절해 준 부분에 대해 특히 칭찬을 아끼지 않았다. 그리고 이러한 전제는 "대상의 속성에 따라 달라지는 부의 생산 법칙과 인간의 의지에 따라 달라지며 특정한 조건을 따르는 분배 방식 사이의 구분"을 강조하는 『정치경제학 원리』의 핵심적인 부분이 되었다. 그뿐만 아니라 밀은 해리엇이 〈노동계급의 가능한 미래The Probable Future of the Labouring Classes〉에 대한 부분을 포함해 자신에게 큰 자극과 영향을 주었음을 알리기 위해 많은 수고를 아끼지 않았다.

좀 더 전통적인 경제학자들, 그중에서도 특히 하이에크는 해리엇과 그녀가 밀에게 끼친 영향을 가장 운이 안 좋았던 만남으로 보았지만, 해리엇은 다른 누구와도 비교할 수 없을 정도로 밀이 정신적 위기를 극복할 수 있도록 완벽하게 그를 도왔다. 개혁의 진정한 목적과 의미를 깨닫게 된 밀은 아름다우면서도 확신에 찬 급진적 양성평등주의자인 해리엇을 있는 그대로 받아들였다. 그렇게 밀의 곁에서 그녀는 밀이 진보주의 정치경제학의 대략적인 기틀을 잡고 또 완성하는 데 도움과 용기를 주었다. 해리엇은 밀이 저항과 반항의 차원을 넓혀 나가는 데 도움을 준 것이다. 자유로운 결정권에 대한 밀의 관심은 단지 어린 시절 가정에서 겪었던 냉대와 지나치게 열성적인 아버지의 교육 방식에 대한 단순한 저항 그 이상의 의미를 갖고 있다. 그는 자본주의 제조업의 가혹한 규율을 노동자들의 협동조합이 직접 결정한 합리적인 내용들로 대체하는 것을 지지하면서 '노동계급 전체'로 그런 관심을 확장해 나갔다.

밀의 『정치경제학 원리』는 일곱 차례의 개정을 거치면서도 그 주장을 계속해서 유지했다. 그의 『논리학체계System of Logic』(1843)처럼 『정치경제학 원리』도 큰 호평을 받아 출간되자마자 정치경제학의 기준으로 자리를 잡았으며 특히 옥스퍼드와 케임브리지 대학교에서도 교재로 채택되었다. 어떤 면에서 보면 이는 독자나 교수가 자유방임주의를 옹호하는 전통적인 내용과 협동조합 지지처럼 보다 급진적인 부분 모두를 책 한 권에서 찾아볼 수 있다는 편리함을 반영한 것일지도 모르겠다.

밀의 저서 중 가장 유명한 두 작품은 상대적으로 늦게 탄생했다. 1859년 발표된 『자유론』은 근대적인 의미의 인권을 옹호하는 내용이 담긴 저작이며, 1861년에 발표된 『공리주의Utilitarianism』는 진보주의 정치경제학에 대한 그의 연구와 발맞추어 역사와 정의를 이해하는 급진적인 공리주의를 제시했다. 아내인 해리엇이 세상을 떠나고 동인도회사에서도 물러난 밀은 마침내 하원 의원이 되어 1865년부터 1868년까지 현실 정치에 직접적으로 참여하게 된다. 하원 의원이 된 그는 여성의 투표권을 주장하다가 큰 반발에 부딪혀 절망하기도 하지만, 밀의 정치 개혁주의는 언론과 대중들에 의해 끊임없는 조롱을 받았기 때문에 이러한 반발이 그로서는 완전히 새로운 것은 아니었다. 실제로 그는 개혁 관련 정책들을 끊임없이 추진했는데, 예를 들어 당시의 농지개혁 운동과 관련해 계속해서 다양한 책임을 맡기도 했다. 이 시기 그는 해리엇이 자신과 재혼할 때 데리고 온 딸 헬렌 테일러Helen Taylor에게 크게 의존했는데, 헬렌은 세상을 떠난 어머니의 역할을 대신했을 뿐만 아니라 평생 좌파 정치 운동에 헌신했다.

## 경쟁과 사유재산을 옹호하다

밀은 고전주의 경제학자인 스미스와 리카도, 맬서스, 그리고 자신의 아버지 제임스 밀에게 배운 것들을 바탕으로 자신의 저항 의지와 급진적 진보주의 정치경제학을 정립해 나갔다. 밀이 이들 고전주의 경제학자들에서 배운 것 중 무엇보다 중요한 것은 바로 경쟁의 역할에 대한 이해였다. 그는 협동조합과 관련된 가장 급진적인 내용의 글을 쓸 때도 경쟁에 대한 중요성을 부각하기를 잊지 않았는데, 협동조합의 체계가 분산된 형태를 취할 필요가 있다는 주장이 바로 그러하다. 밀 본인도 잘 알고 있었듯, 그의 이러한 주장은 당시의 사회주의 이념과 본질적으로 다른 부분이었다. 따라서 밀은 이렇게 기록했다.

어쨌든 나는 사회주의를 주장하는 사람들이 생각하는 형태의 개념, 즉 산업적 운용 방식을 통해 그려 나가는 협동조합의 설립 같은 개선 방향들에 대해 동의한다. 또한 변화의 때가 무르익고 있으며, 그런 변화가 모든 정당하고 효과적인 수단을 통해 도움과 격려를 받아야 한다는 그들의 의견에도 전적으로 동감한다. 그렇지만 나는 그들의 주장 가운데서도 가장 눈에 띄고 중요한 부분인 경쟁에 대한 반대 주장에 대해서만큼은 절대로 동의하지 않는다.

밀이 보기에, 산업혁명으로 인한 위대한 물질적인 진보는 그의 고전주의 경제학 선배들이 생각한 것처럼 귀족들의 특권이나 왕실 독점, 그리고 관습으로부터 자유로워진 창의적이고 건설적인 경쟁 덕분이었다. 애덤 스미스가 말했던 "타고난 자유권이라는 명백하면서도 단순한 체계"는 밀이 이해한 정치경제학의 시작점이었다. 실제로 근대 경제의 진정한 문제점은 사유재산이나 경쟁 그 자체가 아니었다. 경쟁이 계속됨에도 불구하고 여전히 위력을 발휘하는 과거의 위세나 물려받은 유산, 혹은 노골적인 부정행위가 문제였다.

밀은 더 완벽한 세상, 다시 말해 '이전부터 갖고 있던 소유물로 인해 어떠한 영향도 받지 않는 공동체' 안에서 사유재산을 정당화할 수 있는 조건에 대해 고민했다. 여기 아무도 살지 않는 지역에 최초로 정착한 이주민들이 있다고 가정해 보자. 이들은 공동의 소유물을 제외하고는 아무것도 가진 게 없는 상황이다. 이 이주민들이 사유재산 제도를 채택할 경우, 자신들이 떠나온 이전 사회의 불평등이나 불의한 조건은 모두 사라진다. 밀은 모든 게 처음 시작되는 단계에서 모두에게 평등하게 '생산 도구'가 분배되는 상황을 상상했다. 그리고 거기에서 한 걸음 더 나아가 천재지변으로 인한 손해에 대해서는 보상이 이루어질 수 있으며, 나머지 도구나 자원이 모두에게 공평하게 분배될 수 있을 만큼 충분하다는 가정하에 공동체 안의 취약한 구성원에게 일종의 혜택을 줌으로써 균형을 유지할 수 있을 것으로 보았다. 그리고 밀은 이런 이상적인 사유재산 제도 안에서라면 유산의 상속은 크게 줄어들 것이라고 믿어 의심치 않았다. 왜냐하면 이곳에서의 사유재산 제도의 원칙에 따르면, 이곳의 구성원들에게는 다른 사람의 노동과 절제의 결과물이 (자기 자신의 어떤 가치나 노력 없이) 자신에게 그대로 전달된다는 감각 자체가 없기 때문이다. 그러한 전달은 이 제도의 본질—모든 수단을 동원해 오직 자기 자신만의 노동과 노력의 결과물만 보장해 주려는—도 아니었다.

하지만 밀은 19세기의 실제 세상이 그런 이상향과는 전혀 다른 모습이라는 사실을 뼈저리게 깨닫고 있었다.

근대 유럽의 사회적 정리 과정은 단순히 산업 활동으로 인한 수익을 나누는 것이 아니라 폭력과 정복의 결과물을 분배함으로써 시작되었다. 비록 지난 수세기 동안 산업이나 상업 활동이 그런 상황을 바꾸기 위해 애를 써 왔지만 지금의 사회제도는 여전히 그런 시작에서 비롯된 여러 가지 흔적들을 유지하고 있다. 유럽의 재산법은 아직까지 사유재산의 정당화를 위한 원칙들을 따르지 않고 있다.

밀은 마치 마르크스를 연상시키듯 재산법에 대해서 이렇게 주장한다. "유럽의 재산법은 절대로 개인의 소유가 되어서는 안 되는 물건들을 개인의 재산으로 만들었고, 누구도 절대적인 권리를 주장할 수 없는 그런 물건들에 대해서도 절대적인 권리를 주장할 수 있도록 만들었다. 재산법은 개인들 사이에 공평하게 균형이 이루어지는 데 전혀 도움이 되지 않았을뿐더러 외려 누군가에게 이익을 주기 위해 다른 누군가에게 불이익을 주어 왔다." 밀이 생각한 이상적인 사유재산 제도는 당시의 현실과는 크게 달라 보인다. 그럼에도 불구하고 역사적 관점에서 볼 때 밀은 사유재산 제도의 개념과 중요성을 널리 알린 것으로 인정받는다. 밀에 따르면, "사유재산 제도는 생산과 축적 모두를 크게 증가시킨다. 노동을 하고 절약을 하는 사람들에게 있어 자신들의 노력을 인정받을 수 있는 그런 가능성이 없는 곳이라면 근면과 성실이라는 개념 자체가 존재할 수 없다"는 것이다. 밀이 보기에 재산의 안전성이 향상되고 경쟁이 지금보다 더 많이 허용되며 과학적 이해가 폭발적으로 늘어나는 일이야말로 '문명화된 국가'가 그동안 실현해 온 물질적 번영의 역사적 증거에 다름없었다.

## 축적과 부의 발전

축적에 대해서 밀은 기본적으로 스미스와 동일한 접근 방식을 취했다. 스미스는 생산적 노동과 비생산적 노동을 구별했다. 밀 역시 기본적으로 생산적 노동을 축적 가능한 물질적 자산의 생성과 동일시한다. 국가가 축적하고 있는 물질적 자산이 이런 식으로 확장되는 것이 바로 생산의 핵심이다. 자본가들은 매년 축적해 오던 식료품과 의복, 재료, 그리고 도구 등을 노동자들에게 제공한다. 생산적인 노동력은 고용하는 데 소비되는 이러한 자본의 재고를 더 늘릴 수 있는데, 이는 노동자가 소비하는 것보다 더 많은 상품을 생산하면 된다. 밀은 그런 사실이 무엇을 의미하는지 명쾌하게 밝힌다.

> 이익이 발생하는 원인은 노동자가 노동을 위해 지원받은 상품보다 더 많은 상품을 생산하는 데 있다. 자본가가 노동자들에게 식료품과 의복, 그리고 재료 및 도구 같은 상품을 공급하고 그로 인해 생산된 상품을 모두 가져간다고 가정한다면, 노동자들은 자신들에게 필요한 생필품과 재료, 도구를 생산하는 시간 외에도 자본가를 위해 일할 '남는 시간'이 있다는 뜻이다. 따라서 우리는 이익이 교환을 통해 발생하는 것이 아니라 노동에 따른 생산력에서 발생한다는 사실을 알 수 있다.

만일 자본가가 노동자들에게 돌아가고 남은 잉여상품을 자신의 이익으로만 취하지 않고 그중 일부를 다시 투자하기로 결정한다면, 축적이라는 동력 장치에 연료를 공급하게 되는 셈이다.

밀은 19세기 전반기에 벌어졌던 자본의 급격한 성장에 대한 고전적인 이해를 구체화했다. 근대식 제도와 과학기술의 발달에 따른 생산성 향상은 자본주의 경제를 이끌었다. 이것이 바로 '발전된 상태'다.

한편 밀은 리카도와 마찬가지로 맬서스가 이야기했던 인구 증가가 야기할 파괴적인 결과를 두려워했다. 맬서스는 축적을 통해 임금이 상승한다면 (그것이 아주 조금이라 할지라도) 인구가 급증할 것이라고 주장했다. 그리고 인구 증가는 불가피하게 천연자원의 수요와 소비를 증가시키고 임대료와 식료품 가격을 높이는 동시에 이익은 떨어트릴 터였다. 리카도는 이럴 경우, 경제가 '정상 상태'로 퇴보하게 될 것이라고 생각했다. 리카도는 자유무역—독일과 미국의 막대한 곡물 생산량을 이용하는—만이 이런 결말을 한동안 미룰 수 있다고 주장했다.

밀은 기본적으로 자유무역을 지지했지만, 성장에 대한 담론에서 더 포괄적인 의미를 찾아냈다. 그는 리카도의 우울한 예측에 대해 노동자 계급이 무엇을 할 수 있는지 고민했다. 노동자 계급은 어떻게 역사를 바꿀 수 있을까? 이런 질문 속에서 그는 근본적인 개혁에 대한 지지와 고전주의 경제학에 대한 이해를 결합해 보았고, 그 결과는 다름 아닌 노동자계급을 위한 급진적 계획이었다. 두 가지 핵심 요점은 인구 증가를 통제하고 동시에 자본주의 제조업 제도를 노동자가 주도하는 협동조합으로 대체하는 것이었다. 역사는 그런 선택의 순간을 만들어 냈다. 밀은 이제 노동자계급이 이 새로운 경제를 효과적으로 통제할 수 있게 되기를 바랐다.

밀에 따르면 이에 대한 전망은 그리 어둡지 않았다. 노동자들의 교육 수준은 점점 향상되고 있었고, 업무에 대한 경력은 이에 비례해 안정적으로 올라가고 있었다. 다음과 같은 부분만 지켜지면 될 터였다. "인류의 증가가 단지 제도뿐만이 아니라 현명한 선견지명의 신중한 지도하에서 이루어질 때만 인류의 정복─과학적 발견과 자연의 힘으로부터 만들어진─은 공동의 재산이 될 수 있고 공공의 이익을 개선하고 높일 수 있는 수단이 될 수 있다."

인구 증가를 통제하는 일은 여성을 둘러싼 제한적인 상황을 개선하는 데에도 긍정적인 영향을 미칠 수 있었다. 밀은 기혼 여성이 지역공동체의 정치와 사회생활에 적극적으로 참여할 때가 오기를 고대했다. 실제로 그는 맬서스 이론을 신봉했던 아버지 제임스 밀을 비난했다. 대가족을 이루었지만 그 과정에서 어머니에게 고된 집안일 말고는 달리 할 수 있는 일이 없도록 만들었기 때문이다.

밀은 노동자가 인구 증가를 통제할 수 있다면 임금이 상승할 것이라고 기대했다. 그는 리카도의 신봉자답게 노동자들의 임금 상승은 결과적으로 이익의 감소로 이어질 거라고 예측했다. 다만 차이가 있다면, 리카도의 예측의 중심에는 임대료의 상승이 있었다. 만약 노동자들이 자신의 수를 제대로 통제하지 못할 경우 밀도 비슷한 예측을 할 수밖에 없었다. 그렇지만 노동자계급이 의미 없는 숫자의 증가를 통제할 수 있다면 밀은 대단히 다른 결과를 예측했을 것이고 또 그런 결과가 나오도록 장려했을 것이다. 그는 특히 이익의 폭이 줄어들면 자본가들이 투자를 수행하려는 열망도 점점 줄어들 것이라고 생각했다. 그렇다면 이러한 변화는 협동조합의 확장을 위한 일종의 준비 단계가 될 수도 있을 터였다.

밀은 언제 어디서든 적당한 수준의 이익의 폭은 항상 존재한다고 주장했다. 저축을 하고 그 저축을 생산적으로 사용할 수 있도록 이끄는 최저 수준의 이익 말이다. 게다가 그 수준을 달성하는 것은 그렇게 어려운 일은 아니라며 밀은 이렇게 주장했다.

> 한 국가가 오랜 세월 동안 많은 생산량과 더불어 저축이 가능한 순이익을 유지해 왔을 때, 따라서 매년 자본을 크게 늘릴 수 있는 수단들이 그만큼 오랜 세월 존재해 왔을 때… 그런 국가라면 분명 언제든 사용할 수 있는 일정 수준 이상의 이익의 폭을 항상 확보해 왔을 것이며 따라서 그 국가는 '정상 상태'로 들어가기 바로 직전의 상황이 된다.

이런 급진적인 전망을 좀 더 자세히 살펴보기 전에, 밀은 '상황에 대한 반응'에 의해 이익의 폭이 줄어드는 일이 지연되거나 혹은 심지어 아예 중단될 수 있다는 사실을 아주 잘 알고 있었다. 개혁으로 이어지는 길을 가로막을 수 있는 이러한 역반응들을 밀이 예측하고 있었다는 건, 그가 자본의 축적에 대해 아주 예리한 통찰력을 갖고 있었음을 보여 준다.

먼저, 첫 번째 역반응은 '과열된 거래'와 '투기'로 인한 자본의 파괴 현상이다. 밀은 스위스의 경제학자 시스몽디 Jean Charles Léonard de Sismondi(1773-1842)의 이론을 바탕으로 20세기 거시경제학의 핵심 내용과 이어지는 경기의 위기를 설명한다. 우선 얼마 남지 않은 자본의 대부분이 기계 설비나 공장 같은 고정자산에 과도하게 투자된다고 가정하자. 그러면 "임금이니 이익에 대해서는 영향을 미치지 않게 되었다… 설비가 폐쇄되거나 아무런 이익 창출 없이 그저 돌아가기만 하고 노동자들은 해고되기 시작한다. 지위 고하를 막론하고 수많은 사람들의 수입이 줄어들어 저축을 할 수 있는 여력이 사라진 후 거의 빈곤 상태에 이르게 된다."

밀은 이러한 유형의 순환이 이익이 줄어드는 현상을 지연시킬 거라고 주장하면서도 결국 자본이 지속적으로 증가할 수밖에 없다는 점을 근거로 들며 자본의 주기적 파괴가 가장 중요한 역반응이 아니라고 지적한다. 그 다음으로 밀이 생각한 역반응은 해외로부터 더 저렴한 상품을 들여올 수 있는 새로운 가능성이었다. 밀은 해외로부터 값싼 상품들을 들여올 수 있다면 노동자들의 생활 필수품의 가격은 하락할 것이라고 보았다. 마지막으로, 그리고 가장 예리하게 밀은 '자본의 이동'을 지적한다. 그는 그러한 이동이 지난 오랜 세월 동안 영국에서 이익의 감소를 지연시킨 중요한 원인 중 하나라고 주장했다. 밀은 이렇게 이동된 자본의 대부분이 식민지로, 무역을 하는 상대방 국가들로 들어갔을 것이라고 보았다.

위와 같은 밀의 논의는 정치경제학에서 가장 중요한 성취로 인정받고 있다. 19세기 중반의 저술을 통해 그는 자본주의가 미래에 어떤 식으로 흘러가게 될지를 제시했다. 그는 근대 경제의 중요한 상황들, 즉 거시적 경기순환, 지속적인 생산성 증가, 무역 규모 확대, 그리고 해외투자로의 전환 등을 하나로 통합했다. 그렇지만 그의 예측은 이뿐만이 아니었다. 밀은 진심으로 이익의 감소가 최소한의 효율을 유지하며 지속될 것이고, 경제는 정상 상태에 접어들 것이라고 믿었다. 그는 "부의 발전이라는 건 결국 정상 상태로의 이동이 연기되는 것뿐이며 앞서 이루어지는 각각의 단계를 따라 정상 상태를 향해 나아가는 일"이라고 주장했다.


## 자본주의의 종말 혹은 평화로운 전환

정상 상태를 예견한 건 밀뿐만이 아니다. 밀 이전 세대의 저명한 고전주의 경제학자들은 모두 정상 상태를 예상했다. 그리고 그들 모두 그러한 상태를 두려움을 갖고 바라보았다. 이를테면 스미스는 발전된 상태를 해당 국가의 국민들 대부분에게 가장 유리한 상태로 보았다. 사실상 초창기 정치경제학자들은 완전히 쇠퇴하지는 않더라도 정체된 상태에 있으면 그 상황을 바로 정상 상태로 생각했다.

밀은 정상 상태를 파악하는 이 같은 시각에 큰 변화를 가져왔다. 아버지 제임스 밀의 비관주의에 대한 반항의 일환일지도 모르지만,

어쨌든 밀은 정체가 아니라 '잠재적인 해방의 상태'를 정상 상태로 보았다. 그는 해리엇 테일러의 격려와 협력을 통해 완성한 〈노동계급의 가능한 미래〉라는 글에서 노동계급이 자신들의 진로를 결정할 기회를 갖게 되는 새로운 세계를 그린다. 밀의 19세기 자본주의에 대한 비판은 대단히 충격적이다.

> 고백하거니와 나는 살아남기 위해 고군분투하는 모습을 인간의 정상적인 상태라고 생각지 않는다. 그리고 그런 생각을 하는 사람들이 내세우는 삶의 이상에도 전혀 관심이 없다. 그들은 지금의 사회를 형성하고 있는, 다른 사람을 짓밟거나 뿌리치고 또 잡고 늘어지는 일 등이 산업의 발전 단계 중 가장 불유쾌한 현상을 보여 주는 단계가 아니라 인류에게 가장 바람직한 모습이라고 생각하는 것인가?

밀은 발전된 상태가 꼭 필요하고, 또 끝없이 이어지는 소소한 분쟁보다 더 낫다는 사실을 인정하면서도 자본주의를 벗어난 경제를 고대했다. 그리고 이런 핵심적인 주장들은 놀랍게도 설득력이 있었다. 밀과 그의 아내 해리엇은 협동조합이라는 개념에 크게 매료되었다. 밀의 탁월함은 이런 협동조합들을 단지 매력적인 제안으로 보이는 데에 그치지 않고 경제 발전과 산업 역사의 필수적인 결과로 보이도록 만들었다는 데 있다. 그는 협동조합에 대한 설득력 있고 긍정적인 분석 결과들을 모았다. 노동자계급의 변화는 이제 정해진 사실이나 다름없었다. 노동자계급은 자신들의 문제를 스스로 결정할 수 있게 되었고, 고용주의 이익이 자신들의 이익과 반드시 일치하지 않고 오히려 크게 다를 수 있음을 인지하고 이에 대해 경고하고 있었다. 그렇다면 이러한 변화는 과연 어디에서 온 것일까?

> 그 질문에 대한 답은 노동자들이 읽기를 배우고 신문과 정치 선전물들을 읽게 되었을 때 이미 결정이 된 것이다. 반대파 설교자들이 어렵사리 노동자들 사이로 들어가 고용주들의 신념과는 반대되는 호소를 하게 되었을 때, 많은 노동자들이 같은 직장에서 사회적으로 함께 모여 일하기 시작했을 때, 철도를 통해 옷을 바꿔 입듯 어렵지 않게 직장을 옮기고 고용주를 바꿀 수 있게 되었을 때, 그리고 선거 참여를 통해 정부에 자신들의 권리를 주장할 용기를 얻게 되었을 때 말이다.

밀은 계속해서 이런 경제 및 사회적 진화의 결론을 명확하게 설명한다. "현재 인간 진보의 단계에서 평등에 대한 개념이 가난한 사람들 사이에 매일 더 널리 퍼지고 있다. 이런 상황에서 인류를 두 가지 세습 계급인 고용주와 고용인으로 나누는 것이 영구적으로 유지될 것이라 기대하기는 힘들다." 밀에 따르면 노동자는 결국 스스로의 고용주가 되어야만 하며 그래야 자신의 일에 헌신하고 또 업무 활동을 통해 성장할 수 있게 될 것이다.

그러나 밀은 머지않아 이러한 그의 주장이 그가 농업과 산업 모두에서 소량 생산으로의 복귀를 지지한다고 알려질 수 있음을 깨달았다. 물론 이는 오해다. 밀은 그러한 계획을 비현실적이고 파괴적인 것으로 보았다. "제조업이든 농업이든 일단 대규모 생산 체제를 선택하고 나면, 사람들은 그런 체제를 포기하지 않을 것이다." 게다가 소량 생산 방식은 절망적일 정도로 가부장적인 지배 방식에 휘둘리게 된다. 밀은 더 넓은 관점에서 이렇게 주장했다. "발전의 목표는 인간이 혼자서도 뭐든 할 수 있는 그런 상태를 만드는 것이 아니라 무작정 의존하지 않는 그런 관계 안에서 서로 함께, 혹은 서로를 위해 일할 수 있도록 만드는 것이다."

합리적인 방식으로 결정을 내릴 수 있는 노동계급의 능력은 교육을 통해 크게 향상되었고 또 계속해서 향상될 것이다. 밀에게 이러한 발전은 산업 조직의 주요 개혁을 가능하게 하는 근거로 보였다. 노동자계급이 새롭게 지식을 얻고 있다는 사실을 감안하면 밀은 "이들이 그저 임금을 받기 위해 일을 하고, 이 상태에 영구적으로 만족할 것"이라고 믿을 수는 없었다. 밀은 결국 두 가지 가능한 결과를 예상하게 되는데, 바로 '노동자와 자본가의 연합' 혹은 어쩌면 최종적으로 '노동자들끼리만 연합'하게 되는 것이었다.

자본가들과 이익을 나누겠다는 발상은 이미 영국의 정치경제학에 한 번 등장했었다. 현대식 컴퓨터의 선조라고 할 수 있는 획기적인 연구로 유명한 영국의 수학자 찰스 배비지 Charles Babbage(1791-1871)

는 일찍부터 그런 방식의 이익 공유를 지지했다. 밀 이후 19세기 후반 무렵에는 윌리엄 스탠리 제번스William Stanley Jevons나 앨프리드 마셜 같은 저명한 영국의 경제학자들도 여기에 힘을 실어 주었는데, 여기에는 큰 구조적 변화 없이도 노동자들의 불만을 해결해 줄 수 있는 매력이 있다.

그렇지만 밀은 노동자들이 이익의 분배 그 이상을 원하게 될 것이라고 생각했다. 교육과 지적 수준이 높아지면서, 그리고 자신들의 역량을 더 크게 깨닫게 되면서 노동자들은 아마도 본격적인 형태의 협동조합을 추진하게 되리라는 것이었다. 밀은 이렇게 말했다.

> 그렇지만 인류가 계속해서 발전한다면 자본가 경영자와 경영에 관여할 수 없는 노동자 사이에 연합의 형태는 존재할 수 없다. 평등한 관계로 일하고 운영을 하는 데 필요한 자본을 공동으로 소유하며 또 직접 선출하거나 해임할 수 있는 그런 경영자들 밑에서 일하게 되는 노동자들의 연합이 될 것이다.

밀은 몰수나 강탈을 옹호한 적이 단 한 번도 없었으며 협동조합 사업의 자본금은 어디까지나 대출이나 노동자들의 저축에서 조달될 것이라고 예상했다. 특히 경제가 정상 상태로 진입하게 될 경우, 대출은 합리적인 조건으로 쉽게 받을 수 있어야 했다. 자본이 급속도로 축적되던 역사적인 시기가 지나간 후 이익이 최소 수준으로 떨어지게 되면 많은 자본을 소유한 사람들은 직접 사업에 투자를 하거나 경영에 착수할 이유를 찾지 못할 것이다. 이러한 상황에서 그들은 노동자들이 직접 경영하는 사업에 자신들의 자본을 투자하게 되기를 간절하게 바라게 될 것이다.

마르크스는 자본주의에서 사회주의로의 전환에 대해 '자본이 이익의 폭이 줄어드는 현상에 맞서 이익을 유지하기 위해 고군분투하면서 생산을 중앙에서 집중적으로 관리하는' 그런 전환을 생각했지만 반대로 밀은 자본이 피할 수 없는 상황을 인식하고 어쨌든 소수의 자본가들의 역할을 인정하며 받아들이는 훨씬 더 평화로운 전환을 기대했다.

이렇듯 밀이 부분적으로나마 낙관적인 관점을 갖을 수 있었던 까닭은 그가 노동자가 직접 관리하는 기업이 전통적인 방식의 기업보다 더 효율적일 것이라고 믿었기 때문이다. 그는 이러한 기대가 먼저 협동조합의 관리 아래 '단순히 유통만 담당하는 계층'을 크게 줄임으로써 가능해질 거라고 보았다. 밀은 '자본가들보다 훨씬 더 큰 이익을 얻고 있는' 이러한 중간 계층의 성장으로 인해 생산자들의 생산량 상당 부분이 다른 쪽으로 흘러가고 있다고 생각했다. 그는 로치데일Rochdale 소비자 협동조합을 시작으로 생겨난 생산자 협동조합들이 단순한 유통 같은, 아무런 쓸모없는 활동에는 거의 관심을 갖지 않을 것이라고 보았다. 밀에 따르면 협동조합의 운영 안에서 노동자들이 생각하는 원칙과 관심사는 별반 가능성이 없는 일 대신, 가능성이 커다란 일을 하는 것이었다. 이 같은 노동자들의 더 큰 가능성에 대한 요구는 생산성을 높이고 협동조합이 전통적인 기업과의 경쟁에서 우위를 차지할 수 있는 이점을 제공한다. 더욱 중요한 것은 이런 접근 방식에 대한 근본적인 변화가 '사회의 도덕적 혁명'과 '인간 삶의 변화'를 나타낸다는 사실이다. 결국 개개인의 일상의 업무는 사회적 공감과 지능의 실천적 배움터로 전환될 터였다.

밀은 자본을 소유하고 있는 사람들이 일정 기간 동안만 수익을 올리는 것을 인정하고 받아들이기를 바랐다. 그렇게 되면 보다 공정한 사회를 향한 근본적인 변화가 가능해지리라 보았기 때문이다.

> 이러한 방식 안에서라면 기존의 축적된 자본은 일종의 자발적 과정에 따라 실제로 생산적인 고용에 참여한 모든 사람들의 공동의 재산이 될 수 있다. 또한 남녀 모두 동등한 권리를 지니고 조합의 활동에 함께 참여할 수 있게 될 것이다. 이러한 변화는 사회적 정의에 가장 가까이 다가서는 접근 방식이 될 것이며 지금 상황에서 실현 가능한, 보편적인 유익에 가장 도움이 되는 그런 노사관계의 질서를 만들어 낼 것이다.

# 경제학에서의 밀의 위치

존 스튜어트 밀은 사실 자신의 진보주의 정치경제학에 대한 사상보다는 경제학 그 자체에 훨씬 더 많은 기여를 했다. 그는 경제학자들의 수요와 공급에 대한 이론을 크게 발전시켰는데, 실제로 조지프 A. 슘페터는 현대 미시경제학의 토대가 되는 마셜의 수요공급곡선 공식화는 단순히 밀의 연구를 꼼꼼하게 수정한 것이라고 말하기도 했다. 그뿐만 아니라 밀은 무역수지 균형의 본질을 규명함으로써 리카도의 무역에 대한 이론을 훨씬 더 크게 확장했다. 신고전주의 경제학자 에지워스F. Y. Edgeworth(1845~1926)는 밀의 『정치경제학 원리』에 등장하는 국가 간 무역 관련 내용을 "위대하다"고 표현했고, 근대 경제학자 존 치프먼John Chipman은 밀의 '국제 가치의 법칙Law of International Value'을 "인간 지성의 위대한 성취 중 하나"라고 평가했다. 또한 밀은 통화와 금융공황에 대해서도 중요한 연구를 남겼다. 미국의 경제학자 토머스 소웰Thomas Sowell(1930~)은 밀을 "단순히 거래 수요를 넘어서 통화에 대한 수요의 가능성을 직접 탐구한 최초의 고전주의 경제학자"라고 불렀고 거시경제학자 드롱J. Bradford DeLong(1960~)은 밀이야말로 금융공황에 대한 설명을 논리정연하게 하나로 취합한 최초의 인물이라고 보고 있다. 밀은 또한 인종과 노예제도, 차용권의 경제학을 비롯해 신대륙의 아프리카계 노예와 임차인 대우까지 확대되는 개인의 자유에 대한 옹호 이론을 발전시켰다. 이에 더해 밀은 공공 재정 문제에 대해서도 광범위한 저술을 남겼다.

밀에 대한 이 짧은 글에서 우리는 다른 많은 분야들에 대한 밀의 공헌은 말할 것도 없고 경제학과 관련해 밀이 다룬 이 같은 중요한 주제들도 깊이 탐구했다고 보기는 어렵다. 사실 여기서는 『정치경제학 원리』 제4부 〈생산 및 유통에 대한 사회 발전의 영향〉만을 자세히 살펴보았는데, 나로서는 이 부분이 밀이 경제학에 미친 모든 영향 중에서 가장 흥미롭고도 중요한 부분이라고 생각한다. 가난한 사람들에게 공교육의 기회를 더 확대해 제공하고 상속을 크게 제한하며 토지 가치의 증가에 대해서는 크게 세금을 올리겠다는 그의 제안의 정당성과 함께, 협동조합 방식의 생산에 대한 옹호는 경제 분야에서는 그야말로 완전한 혁명이나 다름없었다.

하이에크를 포함한 우파 성향의 비평가들은 밀의 진보주의 정치경제학에 대해, 밀이 실제로는 진지한 고민 없이 그저 그의 아내인 해리엇 테일러가 생각한 이상주의적 사회주의를 다시 되풀이한 것뿐이라고 주장한다. 물론 그가 해리엇의 영향을 받았다는 점은 부정할 수 없다. 그렇다고는 해도 밀은 해리엇의 의견에 영감을 받아 협동 경제에 대한 설득력 있는 사례들을 모두 취합했고, 그 근간에는 자본의 축적과는 방향이 완전히 다른 '이익 감소'라는 고전적인 논리가 자리하고 있다.

그렇다면 그에 대한 비판에는 어떤 것들이 있을까? 조금 얄궂은 일이지만 밀은 지나치게 부드럽고 온순하며 심지어 순진하기까지 하다는 비판을 받고 있다. 하지만 그의 부드러움은 혁명과 국유화에 대한 그의 저항을 보여 준다. 자본가들은 결코 싸워 보지도 않고 권력을 포기하지는 않을 것이며, 협동조합은 관리하기가 대단히 어렵다. 규율과 지도, 중앙에서 모든 걸 통제하는 국가적인 계획이 필요할 것인가? 아마도 그럴 것이다. 그렇지만 이런 다른 방향에 대한 20세기의 경험은 대부분 부정적이었다. 지나간 역사를 생각해 보면 우리 모두에게 가장 유익한 약속을 하고 있는 건 여전히 존 스튜어트 밀의 진보주의 정치경제학일 수 있다.

# Karl Heinrich Marx

# 카를 마르크스

## (1818~1883)

글. 폴 프루

#자본론 #공산당_선언 #프리드리히_엥겔스
#전_세계_프롤레타리아여_단결하라!

**폴 프루**Paul Prew

미네소타 주립 대학교의 교수로 여러 이론과 환경 및 세계화에 대한 내용들을 가르치고 있다. 그의 전공 분야는 환경과 관련된 정치경제학이지만 그 외에도 자선 활동과 인종, 경찰의 의식, 그리고 집단 학살 문제와 교육학 분야 연구에도 적극적으로 참여하고 있다. 현재 폴 프루는 미국 사회학 협회 마르크스주의 분과의 재무 담당으로 활동하고 있다.

그저 '마르크스'라는 이름을 언급하는 것만으로도 친밀감과 악의, 두 가지 상반된 감정이 동시에 떠오른다. 어떤 오랜 역사를 지닌 유명한 학파의 창시자가 "나는 적어도 마르크스주의자는 아니다"라고 당당하게 주장했다면, 그는 결코 무시할 수 없는 당당한 지성으로 인정받았을 것이다. 이렇듯 19세기에 처음 등장한 이래로 마르크스의 사상이 끼친 영향에 대해서는 의심의 여지가 없으며 그의 사상이 갖고 있는 의미와 가치는 여전히 큰 논쟁거리로 남아 있다.

마르크스는 오랜 친구이자, 공동 연구자였던 프리드리히 엥겔스Friedrich Engels(1820-1895)와 대략 책 50권 분량의 저술 작업을 함께했다. 마르크스 사상에 대해 간략하게 소개를 하려면, 아니 그런 일을 가능케 하려면 결국 특정한 부분을 강조하고 동시에 다른 부분은 생략할 수밖에 없다. 이 글은 마르크스 사상을 개괄적으로 소개하는 동시에, 이미 그의 사상에 익숙한 사람들에게 그들이 알고 있는 특정한 부분에 대한 통찰력과 주의를 환기하기 위해 작성되었다.

## 마르크스, 노동계급의 투쟁에 관심을 갖게 되다

마르크스가 청년기를 보낸 독일은 사회적으로 대단히 억압적인 분위기였다. 언론의 자유를 주장하는 사소한 집회를 포함해 반정부 활동에 참여한 사람들은 모두 체포나 감시의 대상이 되었다. 이러한 환경은 분명 마르크스의 사회참여 의식을 일깨웠을 것이다. 1835년 본Bonn 대학에 입학했을 당시, 그는 이미 정치 토론 모임 등에 관심이 있었다. 그렇지만 그는 역량 있는 학생인 동시에 꽤 나 난폭한 술꾼이었다고 전해진다. 그로 인해 마르크스의 아버지 는 아들을 베를린에 있는 다른 대학으로 보내게 되고, 그곳에서 마 르크스는 미래의 아내가 될 예니 폰 베스트팔렌Jenny von Westphalen 과 약혼을 한다.

베를린에서 마르크스는 철학을 공부하며 헤겔의 사상에 관심을 갖게 된다. 그는 헤겔 사상의 종교적인 측면은 무시했지만 헤겔의 변증법적 접근 방식을 수용했다. 그러나 그 변증법을 또다시 뒤 집어 정치경제학에 적용한다. 헤겔에게 변증법은 어떻게 생각이 현실이 되는지에 대한 철학적 이해였다. 마르크스의 주장에 따르 면 헤겔은 관념적 사실에 대한 사색이라는 반복적인 과정을 통해 구체적인 사실에 도달한 듯 보인다. 그렇지만 마르크스에게 변증 법은 단순히 철학적인 것이 아니라 사회를 연구하는 수단이었다.

1841년 박사 학위 논문을 마친 마르크스는 연구를 계속했으 나 정치적 분위기로 인해 독일의 대학에서는 교수직을 얻지 못할 것이라는 사실을 깨닫는다. 실제로 그의 동료였던 브루노 바우어 Bruno Bauer(1809~1882)는 자신의 정치적 견해 때문에 본 대학에서 해 고를 당했다. 1842년부터 1843년까지 일간지《라이니쉬 자이퉁 Rheinische Zeitung》의 편집자로 일했던 마르크스는 숲에서 땔감을 마련할 수 있도록 허용하는 문제와 포도 농가의 곤란한 상황 등에 대한 기사를 썼다. 이렇듯 마르크스가 점차 노동계급의 투쟁에 관심을 갖게 된 데에는 당시 엥겔스가 노동계급이 처해 있는 끔찍한 상황을 자세히 설명하는 기사를 《라이니쉬 자이퉁》에 실었던 까닭도 있다. 이런 영향은 1845년 엥겔스가 영국 맨체스터 빈민가의 참상을 전한 『영국 노동계급의 상황Die Lage der arbeitenden Klasse in England』이라는 책을 펴내면서 절정에 달하게 된다.

> 거리는 대개 비포장에 거칠고 더러우며, 하수구나 배수로 하나 없이 푸성귀 쓰레기와 짐승들의 배설물로 가득 차 있고 거기에는 냄새나는 구정물이 고여 있다. 게다가 구역 전체의 건물들 모양이 다 제각각이라 공기조차 제대로 통하지 않는다. 너무 많은 사람들이 좁은 공간 안에 모여 생활을 하고 있기 때문에 이렇게 노동자들이 모여 사는 구역의 분위기가 어떨지는 쉽게 상상할 수 있다.

《라이니쉬 자이퉁》은 당국의 압력으로 곧 폐간되었고 마르크스는 새로운 신문을 발행하기 위해 파리로 떠났다. 그렇지만 그렇게 나온 새로운 신문은 1호 발행 후 역시 당국의 압력으로 폐간되었으며, 마르크스를 비롯한 관계자들에게는 체포 영장이 발부되었다. 그 뒤로 마르크스는 파리의 좀 더 진보적인 분위기와 환경 속에서 정치경제학 연구에 더 깊이 몰두하게 된다. 그런 마르크스에게 또 다른 영감을 준 게 바로, 자신의 논문인 「정치경제학 비판 요강」을 간략하게 정리한 엥겔스의 기사다. 그렇게 두 사람은 1844년에 실제로 처음 만나게 된다.

## 마르크스가 말하는 유적존재와 소외의 개념

마르크스는 적절한 과학적, 그리고 경험적인 근거를 바탕으로 상호 연결된 다음의 두 가지 현실을 증명하고자 했다.

(1) 유산계급의 상품 생산 과정에서 벌어지는 노동자에 대한 착취는 이들의 완전한 발전을 가로막는다.
(2) 그렇지만 이런 상황은 인간 발전의 극히 일부분에만 국한되어 있으며, 사람들이 자유롭고 창의적이며 사회적인 자아를 실현할 수 있는 그런 사회가 만들어지는 것은 가능하다.

자신의 철학과 정치경제학의 연구 기술을 결합한 마르크스는 지금의 유산계급 중심의 사회를 '유적존재Gattungswesen°'로서 인간

°　마르크스가 말하는 '유적존재'란 인간의 보편적 존재 방식을 뜻한다. 여기서 '보편적'이란, 자연적이면서 사회적 존재로서의 의미를 모두 포함한다. 또한 이는 노동과 노동 생산물을 통해 확인되고 실현된다.

이 갖고 있는 핵심적인 정수와 대조하는 작업에 착수한다.

유적존재라는 개념은 마르크스가 추상적 개념을 역사적 관점에서 어떻게 맥락화하는지를 보여 준다. 1844년 여름, 마르크스는 프랑스에서 지내며 '유산계급 사회의 경제구조'에 대한 자신의 생각들을 정리하기 위해 원고를 쓰기 시작한다. 훗날 세상에 소개된 이 「1844 경제학 철학 초고」에서 마르크스는 이른바 노동 소외에 대한 자신의 생각을 요약했고, 그중 '상품물신주의Warenfetischismus'와 관련된 부분은 결국 그의 대표작『자본론』의 근간이 되었다. 이렇게 해서 마르크스의 유적존재와 임금노동 소외의 개념은 그가 어떤 식으로 자신의 초기 연구와 원고들을 보다 정돈된 작업으로 발전시켰는지를 보여 준다.

「1844 경제학 철학 초고」에서 마르크스는 인간의 본질인 유적존재를 사회적인 맥락에서 '대상 세계에 대한 노력' 안의 '의식적인 삶의 활동'으로 묘사했다. 유적존재에 대한 마르크스의 이해는 공동체에 대한 그의 논평과 인류학적 사회에 대한 그의 연구, 특히 그가 '원시적 공산주의'라고 명명했던 사회에 대한 연구로 이어진다. 「1844 경제학 철학 초고」에서는 원시적 공산주의와의 관계 속 유적존재에 대해서 체계적으로 설명하지는 않았지만, 엥겔스가 자신의 미완성 원고인『자연의 변증법Dialektik der Natur』에서 주장한 인간의 진화적 기원에 대한 내용은 마르크스의 유적존재에 대한 개념과 확실히 유사하다. 엥겔스는 인간의 진화적 발전을 사람들이 (사회적 맥락에서) 자연과 상호작용을 하는 것으로 묘사했다.

따라서 역사에서 찾아볼 수 있는 유적존재의 그 특별한 기원은 역사상 처음 등장했던 모든 초기 공동체들의 진화적 궤적에 그 뿌리를 두고 있다. 유적존재는 인간이 손을 사용하며 진화한 결과이다. 이는 인간이 자연과 상호작용하기 위해, 나아가 사회적 요구와 그 필요를 충족시키기 위한 것이었다. 다시 말해 인간을 움직이게 하는 근본적인 동기가 '가상의 원초적 본능'이 아닌, 초기 인류 사회의 구체적 영역 안에 있다는 것이다.

마르크스는 유산계급 사회라는 역사적 맥락 속에서 유적존재의 개념을 노동자의 소외와 비교했다. 그에 따르면 소외는 각각 '노동의 산물' '생산 행위' '유적존재' 그리고 '인간과 인간 사이의 소외' 등으로 구성되어 있다. 그리하여 『자본론』은 노동자의 노동의 대상인 상품에 대한 이야기로부터 시작한다.

> 이런 사실은 노동이 생산하는 대상, 즉 노동에서 비롯된 생산품이 생산자로부터 '독립된 권력'으로서 뭔가 '이질적인 것'으로 나타난다는 사실을 표현하는 것뿐이다. 이것은 '노동의 대상화objectification'이며 노동의 실현이란 결국 노동을 대상화하는 것이다. 이러한 경제적 상황 속에서라면 노동의 실현은 노동자의 입장에서는 '실현의 상실'로 보일 것이다. 그리고 이는 '대상의 상실'이자 그에 대한 '속박'으로서의 대상화로, 또 동시에 '소외'로 전환된다.

노동의 산물은 노동자가 투입한 노동을 구체화한다. 그러한 노동의 대상이 상품이며 그 상품이 더 이상 노동자의 소유가 아닐 때, 노동은 다른 사람의 이익을 위해 스스로를 소모하고 있다는 사실을 나타낼 뿐 노동자에게 더 이상 생계의 유지를 직접적으로 제공해 주지 못하게 된다. 노동은 아름다움을 만들어 내지만 노동자 자신에게는 기형을 안겨 주며, 지능을 만들어 내지만 노동자 자신에게는 어리석음과 질병만 안겨 주게 된다.

마르크스는 『자본론』에서 '상품물신주의와 그것의 비밀'을 설명하며 노동의 구체화로서의 상품의 역할을 더 분명하게 강조한다. 그렇지만 시장에 나온 상품들은 그러한 노동의 현실을 감추고 있다. 노동자가 노동의 형태로 상품에 투입하는 것들이 애초에 상품 자체가 갖고 있던 특성으로 간주됨에 따라 상품의 품질은 노동자의 노동에서 비롯된 것이 아니라 기이하게도 상품의 속성으로 여겨진다. 이렇게 노동의 사회적 성격과 제품에서의 노동의 구현은 '상품의 신비적 특성'에 의해 가려지고 만다. 그리고 생산자와 사용자 사이의 사회적 관계는 상품의 형태에 의해 가려진다.

이를테면 펜을 구입하는 사람은 편지를 쓰는 데 도움이 될 수 있는지, 아니면 펜의 품질이 어느 정도로 좋은지에 대해서만 생각한다. 펜을 구입하는 사람은 펜을 생산한 노동자들의 노동이나 펜을 만드는 데 얼마나 많은 노동시간이 투입되었는지에 대해서는 생각하지 않는다. 소비자는 단순히 시장에서 자신의 임금과 상품을 교환할 뿐, 펜이 누군가 다른 사람의 노동이 구체화된 것이라는 사실을 이해하지 못한다. 다시 말해 돈과 펜이라는 물건의 교환이 이루어질 뿐이다. (마르크스에 따르면 이 같은 '물물교환'은 사회적 관계에 포함되지 않는다.)

상품의 소외에 이어 마르크스는 생산 행위 안에서 발생하는 소외에 주목한다. 임금노동에서 노동의 대상(상품)은 소외가 구체화된 것이다. 이러한 관점에 따르면 노동 행위는 곧 소외로 이어지는 활동이다. 유적존재의 공동의 노동에서 노동은 살아 있음을 증명해 주는 행위이지만 임금노동에서 노동은 다만 힘든 수고에 불과하다. 생산 행위는 더 이상 욕구를 충족시켜 주는 직접적인 활동이 아니라 노동자의 자아실현으로부터 분리된 부차적인 수단이 된다. 노동자들은 자신들이 제대로 된 노동이 아니라 그저 먹고 마시며 번식하는 동물과 같은 활동을 하고 있다고 느낀다.

마르크스는 유적존재의 소외를 요약하면서 소외에 대한 논의를 계속한다. 그에 따르면 인간 존재의 중심은 사람과 자연의 상호작용 속에 존재한다. 사람들은 살아남기 위해 자연과 교류해야 하지만 자연을 통한 욕구의 충족은 다른 동물들과는 다르게 가장 기본적인 욕구에만 국한되지 않는다.

동물들은 오직 자신이 속해 있는 종의 기준과 필요에 따라서만 대상을 형성하는 반면, 사람은 모든 종의 기준에 따라 생산하는 방법을 알고 있으며 또 모든 고유한 기준을 대상에 적용하는 방법을 알고 있다. 따라서 사람은 미의 법칙에 따라 대상을 형성하기도 한다.

사람들은 자연과의 상호작용을 통해 생산함으로써 자신들이 유적존재임을 나타낸다. 유산계급의 사회에서 생산 소외는 사람들로부터 의식적이고 자유로운 생산 활동을 빼앗고 이를 단순히 생존의 수단이나 그저 소외된 활동으로 변형시킨다. 이제 사람들은 더 이상 자연과 직접적으로 교류하지 않으며 더 나아가 자신들의 유적존재로부터도 분리되고 말았다.

마지막 소외는 사람들 사이의 소외다. 이런 사람들 간의 소외는 노동의 산물과 생산 행위, 그리고 유적존재의 소외로 인한 필연적인 결과이다. 상품은 생산 행위에 들어가는 실제 인간의 수고를 보이지 않는 존재로 만들기 때문에 사람들은 서로 서로, 그리고 자신들의 유적존재로부터 소외된다. 자유로운 생산 활동이라는 사회적 관계는 상품 생산이라는 소외된 관계로 대체된다. 따라서 노동 소외의 관계에서 사람들은 각자 찾아낸 노동자로서의 자신의 관계와 기준에 따라 상대방을 바라보게 된다. 사람들은 사회적 필요를 충족시키기 위한 공동 생산이 아니라 단지 자기 자신의 존재를 유지하기 위한 노동자로 전락한다. 그럼으로써 사회적 관계는 가로막히게 되며, 사람들은 자유롭고 창의적이며 사회적인 생산자가 아닌 소외된 노동자로 서로 대립하게 된다.

소외에 관한 마르크스의 주장은 유산계급 사회의 상품 생산 분석에 그 기반을 두고 있기 때문에 다른 사회에서는 일반화될 수 없다. 앞에서도 언급했듯이 마르크스는 소외를 역사적인 맥락에서 바라본다. 그리고 이렇게 결론을 내린다. "정치경제학에서 '노동 소외' 즉 '소외된 삶'이라는 개념을 깨닫게 된 것은 분명 '사유재산이 이동한' 결과이다." 다만 여기서 그가 주장하는 노동 소외는 유산계급 사회 안에 존재하는 대단히 구체적인 관계들과 연결된 개념일 뿐, 모든 노동에 내재된 일반적인 불만이나 수고로움과 혼동해서는 안 된다. 마르크스의 이러한 구분을 통해 왜 누군가는 (바느질이나 목공 같은) 임금을 받는 노동은 싫어하면서도 이를 혼자서 자유로이 할 때 성취감을 얻는지 그 이유를 이해할 수 있다고 보았다. 앞의 노동은 스스로의 존재를 부인하는 것에 지나지 않지만 뒤의 활동은 유적존재로서의 확신을 갖게 해 주는 일이기 때문이다.

마르크스는 소외된 상품과 활동이 '누구에게 속하는가?'라는 질문으로 소외 문제에 대한 논의를 종결짓는다. 이 질문에 대한 해답은 상품에 대한 그의 분석에 있다. "노동의 산물이 노동자의 것이 아니라면, 그리고 노동자를 완전히 낯선 존재로 취급한다면, 그건 그 상품이 '노동자가 아닌 다른 누군가'에게 속해 있을 때만 가능한 일이다." 마르크스는 상품에서 소유자와 노동자 사이의 관계를 찾으려 했다. 「1844 경제학 철학 초고」에서는 그 관계를 전용轉用을 통해 노동 산물로부터 노동자를 적극적으로 소외시키는 것으로 설명한다. 노동자들은 자신의 노동으로부터 적극적으로 소외되어 그로부터 기인한 산물을 (자본의) 소유주에게 넘기게 되고, 결과적으로 생계유지 수단으로서의 임금만을 받게 된다. 「1844 경제학 철학 초고」에서 '생계유지 수단의 취득'으로 인한 소외를 설명하는 부분은『자본론』속 노동시간과 가치에 대한 논의를 통해 그 관계가 더 분명하게 밝혀진다.

1867년 출판된『자본론』은 마르크스 평생의 숙원이자 수십 년을 바친 연구의 결과물이다. 사상가들이 출판을 통해 세상에 알린 저술들은 대부분 정교하게 편집된 책이나 논문들인 경우가 많지만 마르크스의 경우 미처 다 끝맺지 못한 원고나 쪽지들을 모아 한 권의 책으로 엮었다. 하지만 이런 방대한 준비 과정에도 불구하고 마르크스는『자본론』의 두 번째 판에 다시 수정과 설명을 더했고, 건강상의 이유로 결국『자본론』제1권의 개정이 완성되는 것을 보지 못한 채 1883년 3월 14일에 사망했다. 남은『자본론』원고의 편집과 완성은 엥겔스가 맡아 이어갔다.


## 자본론


『자본론』은 상품에 대한 이야기로부터 시작한다. 가치와 착취, 교환, 축적, 그리고 세계시장 등 유산계급 사회의 모든 중요한 관계를 구현하고 그 중심이 되는 것이 바로 상품이기 때문이다. 마르크스가 애덤 스미스와 데이비드 리카도로부터 받아들여 좀 더 분명하게 밝히고자 했던 가치의 개념은『자본론』에서 상품에 대한 논의의 출발 지점이 된다. 마르크스는 스미스와 리카도처럼 가치를 사용가치와 교환가치로 구분했다. 사용가치는 상품을 소비하는 사람이 생각하는 효용성으로, 상품 자체에 내재된 속성이다. 사용가치는 요구나 필요를 충족시키며, 땅을 긁는 막대기처럼 간단할 수도, 위성의 궤도를 계산하는 컴퓨터처럼 복잡할 수도 있다. 한편 교환가치는 (사용가치가 없는 생산물은 아무런 가치가 없다는 사실을 제외하고는) 사용가치와는 전혀 무관한 개념이다. (쓸모없거나 필요 없는 상품을 교환해서 가져올 이유는 거의 없으므로.) 마르크스는 교환가치를 고려하기 전에 시장에서 교환 가능한 가치를 지닌 모든 상품의 공통 요소를 밝히기 위해 애를 썼다.

> 따라서 첫째, 교환의 유효성이 있다. (교환하려는) 해당 상품의 가치가 어느 정도 동등하다는 것을 나타내야 한다. 둘째, 교환가치는 일반적으로 상품 안에 포함된 표현 방식이나 고유의 형태를 의미하지만 상품으로부터 나오는 가치와는 구분된다… 그것 외에 모두에게 적용되는 공통점이 있다면 모두가 하나의 동일한 노동, 즉 관념적으로 볼 때 인간의 노동으로 요약될 수 있다는 점이다.

마르크스가 앞에서 언급한 것처럼 노동은 상품 안에서 구체화되며 인간의 노동력이 결정화된 것이 바로 가치이다. 그는 노동 착취에 대한 자신의 분석과 함께 자유롭고 의식적이며 생산적인 사회적 존재에 대한 개념화에 노동 문제를 가져다 놓는다. 노동은 가치를 생산하며, 모든 생산품들은 노동에서 발생하는 그 가치를 공통적으로 가지고 있다. 그리고 상품은 그 가치를 통해 교환이 가능한 상품성을 갖게 된다.

이 지점에서 마르크스는 교환가치를 제외한 모든 가치의 개념을 말살하는 중상주의자와 자유무역 지지자들을 격렬하게 비난한다. "이런 사람들에게는 상품의 교환 관계에 의한 표현, 즉 매일의 가격표 일람을 통해 표현되는 것을 제외하면 결과적으로 어떠한 종류의 가치도 존재하지 않는다." 마르크스가 볼 때 그들에게는 가치에 대한 이해를 기대하기 어렵고, 따라서 시장에서 상품의 상대적 가치를 결정하는 가장 기본적인 공통의 가치 기준 역시 기대하기 어렵다.

정치경제학의 변증법적 방법과 마찬가지로 가장 단순한 개념인 상품에 대한 마르크스의 분석은 상품들의 유통이라는 더 높은 수준의 추상적 개념으로 발전한다. 그는 상품, 노동 가치의 원천, 그리고 이러한 관계에 대한 은폐부터 시작해 상품 생산에서 이익의 근원을 밝히는 일에 착수했다. 이를 위해 마르크스는 시장에서 상품이 유통되는 유형을 구분한다. 그중 첫 번째가 바로 C-M-C 유형이다. 여기에서 'C'는 상품commodity이며 'M'은 돈money이다. 이 유통 과정에서는 누군가가 상품을 돈으로 교환한 다음 다시 그 돈을 사용해 다른 상품으로 교환한다. 그리고 누군가가 상품을 교환하지 않고 소비하면 유통 과정은 끝난다. 이를테면 이런 식이다. 누군가가 도자기를 팔아 돈을 받은 다음 그 돈으로 빵을 구입한다.

그리고 그 빵을 먹음으로써 더 이상의 교환이 이루어지지 않는다.

한편 마르크스가 더 많은 관심을 보인 과정은 바로 M‒C‒M 유형이었다. 이 유형은 돈으로 상품을 구매하고 다시 돈을 벌기 위해 그 상품을 판매하는 것이다. 이 유통 과정은 얼핏 보기에 별다른 문제가 없는 것처럼 보인다. 돈은 같은 액수의 돈으로만 교환되기 때문이다. 그런데 마르크스는 유산계급 사회의 목표를 수용하기 위해 이 과정을 약간 수정한다. 바로 M‒C‒M′ 유형으로 말이다. 여기서 M′은 M에 일정 액수가 추가된 것이다. 이렇게 추가된 액수가 바로 '잉여가치'이다. 자본가의 최종 목표는 잉여가치를 재투자해 유통 과정을 갱신하고, 다시 더 많은 잉여가치를 만들어 내는 것이다. 끝나지 않는 자본 축적에 대한 열망이야말로 자본가의 가장 중요한 목표인 것이다.

> 축적하라, 축적하라! 이것이야말로 바로 예언자들의 진언이 아닌가! 축적을 위한 축적, 생산을 위한 생산! 고전 경제는 이 공식으로 유산계급의 역사적 사명을 표현했다.

유산계급 사회는 모든 자본가에게 동기를 부여하는 이러한 축적의 순환을 특징으로 한다. 다른 모든 고려 사항들은 축적이라는 동기 앞에 종속될 뿐이다. "따라서 사용가치는 자본가의 진정한 목표로 간주되어서는 안 된다." 자본가들은 앞으로의 자본 축적을 위한 교환의 가능성 말고는 상품의 효용성에 대해서는 아무런 관심이 없다.

유산계급 사회에 대한 설명에서 그다음 단계는 축적을 허용하는 잉여가치의 기원, 즉 M−C−M'의 변형을 확인하는 것이다. 마르크스는 가치와 노동에 대한 자신의 주장으로 돌아가 생산 과정에서 노동자가 수행한 노동에 대한 분석을 다시 가져온다. 그는 자신이 '저속한 경제학자'라고 부르는 사람들에 대한 비판으로 이야기를 시작한다. 이 경제학자들은 소유자가 구매 가격보다 더 높은 가격에 상품을 판매해 이익을 얻는다고 주장했다. 이 주장에 따르면 노동자는 경영자와는 달리 자신의 노동력을 노동 비용보다 더 비싸게 팔 수 없기 때문에 노동으로부터 이익을 얻지 못한다.

마르크스에게 노동시간은 이익의 기원과 잉여가치 생산의 열쇠가 된다. 상품 생산 과정이 작동하려면 먼저 반드시 '자유로운' 노동이 존재해야만 한다. 여기에서 '자유'의 의미란 노예와 같이 다른 사람에게 종속되어 있지 않음을 의미하고, 임금 없이는 살아남을 수 없음을 의미한다. 다시 말해 자유로운 개인은 스스로의 생존에 필요한 토지나 기계 등과 같은 재료를 소유하고 있지 않다. 자신의 생계에 필요한 자본을 소유하지 못한 개인은 살아남기 위해서 자신이 가진 유일한 상품인 일할 수 있는 능력, 즉 '노동력'을 판매할 수밖에 없다. 자본가는 정해져 있는 만큼의 노동을 구매하는 것이 아니라, 주어진 시간만큼 노동을 할 수 있는 노동자의 노동 능력을 구매하는 것이다.

노동시간 동안 생산되는 가치는 두 가지로 구분된다. 첫 번째는 노동자와 그 가족이 건강하게 살아가는 데 필요한 가치이다. 다른 모든 상품들과 마찬가지로 그 상품의 가치는 생산에 필요한 노동의 양과 같다. 노동시간의 일부는 노동자의 생계유지를 위해 필요한 가치를 생산하는 데 소비되며 마르크스는 이를 '필요 노동시간'이라고 불렀다.

일단 필요 노동시간을 끝마치고 나면 노동자들은 계속해서 더 많은 가치를 생산하지만, 이제 그 가치는 노동자 자신을 위한 것이 아닌 자본가를 위한 것이 된다. 노동자는 "잉여가치를 창출하며 이 잉여가치는 자본가에게는 무에서 유를 창조한 것처럼 보이는 엄청난 매력을 지닌다." 노동시간은 이렇게 필요 노동과 잉여노동으로 구분되며 또 필요 가치와 잉여가치로 구분된다. 노동 과정에서 잉여가치가 생산되는 것을 확인한 마르크스는 상품 생산 과정 안에 착취의 과정이 내재되어 있다고 보았다. "그러므로 잉여가치의 비율이 얼마가 되는가 하는 문제는 자본에 의한 노동력 착취의 정도 또는 자본가에 의한 노동자의 착취 정도를 정확히 나타내는 지표가 된다."

자본가의 목표는 앞에서도 언급했듯이 자본의 축적이다. 노동시간은 각각의 경영자가 자본 확장을 시도하는 수단 중 하나이다. 그러므로 자본가는 개인의 이해관계에 따라 노동자의 건강을 희생시키면서까지 노동시간을 가능한 한 최대한 연장하려고 시도할 것이다. 그리고 역사적 실재가 이를 증명하듯, 노동자가 자본가에 대항해 지루한 투쟁을 펼친 끝에야 비로소 최대 노동시간이 줄어들어 적절한 노동시간을 법적으로 보장받을 수 있게 되었다.

노동시간의 연장 및 노동강도 강화에 대한 사례는 현대의 사무직에서도 확인할 수 있다. 『화이트 칼라의 위기White Collar Sweatshop』의 저자 질 안드레스키 프레이저Jill Andresky Fraser는 기술이 어떻게 우리의 생산적 활동에 대한 통제권을 빼앗고, 사회생활을 위한 시간을 침해해 왔는지를 정리한 바 있다. 현대 사무직에서 노동시간이 늘어나게 된 건 기술이 노동자들의 개인 사생활 안으로 '침투'했기 때문이다. 현대의 경영자들은 점점 더 사무직 노동자들에게 개인 시간에 이메일에 응답하고 전화를 받을 것을 요구한다. 그러는 한편으로 사무직의 임금은 정체되고 있으며 규모 축소로 인한 실직의 가능성과 이에 대한 두려움은 노동자에게 더 생산적인 주체가 되라는 압력을 가한다. 이는 앞서 논의한 소외라는 주제로 다시 이어진다. 직장에서는 상사가 노동자의 시간을 통제하기 때문에 노동자는 친구 및 가족과의 소중한 상호작용을 더 이상 하지 못하게 된다. 노동의 확장과 강화는 생산 행위는 물론 다른 유적존재로부터 더 큰 소외를 만들어 낸다.

## 공산당 선언을 향하여

마르크스에게 노동자의 소외와 상품 생산 과정에 내재되어 있는 착취 문제는 단순한 학문적 혹은 철학적인 문제가 아니었다. 그는 『포이어바흐에 대한 테제Thesen über Feuerbach』 제11장에서 다음과 같이 언급했다. "철학자들은 세상을 다양한 방식으로 그저 '해석'만 했다. 중요한 건 세상을 '바꾸는' 것인데도 말이다." 1846년, 마르크스는 공산주의 연락 위원회Communist Correspondence Committee와 공산주의 연맹Communist League 같은 다양한 정치 조직들을 결성하고 참여하기 시작했다. 1847년 공산주의 연맹의 두 번째 회의가 끝날 무렵, 마르크스와 엥겔스는 그 원칙을 소개하는 선언문을 작성할 사람으로 뽑힌다. 『자본론』 이전에 만들어진 이른바 『공산당 선언』에는 공산주의 연맹의 목표와 그 무렵까지 완성된 마르크스 사상의 정수가 들어 있다.

이 선언문에서 마르크스와 엥겔스는 유산계급 사회가 어떻게 사회 자체의 미래를 훼손하는지 설명한다. "상품을 위해 지속적으로 확장되는 시장의 필요성이 전 세계의 유산계급들을 다그치고 있다." 자본의 축적이 늘어나면서 경제 분야에서 자본의 양이 증가한다. 마르크스는 유산계급 사회에서 끊임없이 증가하는 자본의 확장을 '자본의 집중'이라고 말한다. 자본의 축적은 가속화되지만, 이러한 축적 또는 확장을 통해 자본은 극히 소수의 손안에만 들어가게 된다. "한 사람의 자본가가 언제나 많은 사람들을 죽인다."

자본은 한곳에 있는 한 사람의 손안에서 불어난다. 다른 어느 곳의 수많은 사람들이 잃어버린 자본이 그렇게 모여드는 것이다. 이것이야말로 단순한 자본의 축적이나 집중과는 구분되는 엄밀한 의미의 중앙 집중화이다.

더 큰 자본가에 의한 소규모 자본가들의 말살과 소수에 의한 부의 통합이 바로 자본의 중앙 집중화라는 뜻이다.

노동계급의 조건이 악화되는 상황과 다른 한편으로 끊임없이 증가하는 자본의 집중화 사이에 갇힌 유산계급 사회는 계급투쟁이 시작되기 직전까지 치닫게 된다. 『공산당 선언』의 마지막 장에서 마르크스와 엥겔스는 이렇게 외친다. "지배계급들이 공산주의 혁명 앞에서 벌벌 떨게 하라. 무산계급이 혁명에서 잃을 것이라고는 쇠사슬뿐이요, 얻을 것은 이 세계 전체다. 만국의 노동자들이여, 단결하라!" 『자본론』에서는 마르크스는 이렇게 주장한다.

이런 변화 과정의 모든 유익을 빼앗아 독점하는 거물 자본가들의 수가 늘어날수록 비참함과 억압, 노예제도, 영락, 그리고 착취는 눈덩이처럼 늘어난다. 하지만 이런 상황 속에서는 노동계급의 저항도 증가한다. 노동계급은 항상 그 숫자가 증가하고 있으며, 자본주의 생산 과정 바로 그 구조에 의해 조직되고 단합되어 움직이게 된다… 생산 수단의 중앙 집중화와 노동의 사회주의화는 마침내 자본주의를 둘러싼 막과 양립할 수 없는 지점까지 도달했다. 이 막은 곧 부서질 것이며 착취를 일삼던 자들은 반대로 모든 것을 빼앗기게 될 것이다.

『공산당 선언』의 주제들은 모두 마르크스의 초기 연구에 그 뿌리를 두고 있으며, 훗날 출간된 저술들에서 반복되겠지만 사실상 바로 그 역사적인 순간에 특별한 정치적 선언을 하기 위해 만들어진 것이다. 하지만 동시에 『공산당 선언』은 혁명에 있어서 계급 관계와 정부의 역할을 단순화했다. 『공산당 선언』은 착취당하고 있던 유럽의 노동자 계급을 일깨워 행동에 나서도록 만들기 위한 것이지 『자본론』처럼 유산계급 사회에 대한 체계적인 연구는 아니었던 것이다.

1848년 발표된 『공산당 선언』은 당시의 역사적 상황과 아주 특별하게 맞아떨어졌다. 유럽에서는 지배 계층과 그 반대 세력들 사이에 공개적인 충돌이 일어나려 하고 있었다. 그 후 이어진 시위와 소요 속에서 마르크스는 벨기에에서 추방되어 쾰른으로 향한다. 그곳에서 그는 유럽 전역에서 진행되고 있는 혁명 활동 소식을 알리는 《노이 라이니쉬 자이퉁Neue Rheinische Zeitung》이라는 신문을 펴낸다. 그렇지만 정부로부터 또다시 여러 가지 압력이 가해지기 시작했고, 마르크스는 결국 다시 프랑스로 추방된다. 그리고 얼마 지나지 않아 이번에는 런던으로 거처를 옮긴다.

런던에 정착한 마르크스는 최근에 일어난 유럽의 혁명 활동을 돌아보고 『자본론』 집필에 필요한 연구를 진행했다. 그는 『루이 보나파르트의 브뤼메르 18일『Der 18te Brumaire des Louis Napoleon』에서 프랑스혁명이 실패한 원인을 분석했다.

> 사람들은 자신만의 역사를 만들지만 원하는 대로 만들지는 않는다. 스스로 선택한 상황 속에서 역사를 만드는 것이 아니라 과거로부터의 영향과 직접 마주치고 전달받은 상황 속에서 역사를 만들기 때문이다. 모든 죽은 세대의 전통은 살아 있는 사람의 머릿속에 악몽처럼 무겁게 내려앉는다.

마르크스에 따르면 프랑스혁명과 반혁명 사건들은 토지를 소유한 상류층 귀족과 자본을 소유한 유산계급 같은 물질 계급의 이해관계에 그 뿌리를 두고 있다. 또한 두 집단 사이의 이념적 차이는 바로 계급 차이에서 비롯된 것이라고 볼 수 있다.

> 다른 형태의 재산과 존재의 사회적 조건에 따라 각각 다르고 뚜렷하게 형성된 감정과 환상, 사고방식 그리고 삶의 관점으로 이루어진 상부 구조가 생겨난다. 계급 전체가 물질적 토대와 그에 상응하는 사회적 관계를 통해 이런 상황들을 만들어 낸다.

1848년에 발생한 프랑스 2월 혁명이 실패한 까닭은 자본가 유산계급이 노동계급과 상류 귀족 계급 모두를 반대하고 나섰기 때문이다. 유산계급과 귀족 계급의 갈등은 나폴레옹 3세와 농민들의 연합으로 이어졌고, 나폴레옹은 프랑스 황제로서 권력을 강화할 수 있었다.

프랑스혁명에 대한 마르크스의 분석은 노동자들의 반란과 공산주의로의 이행의 역사적 우연성을 강조했다. 공산주의로의 이행 과정은 노동계급이 정치적 권력을 얻는 것을 전제로 한다. 그렇지만 1848년 프랑스혁명이 입증했듯이 그 과정은 분명하지 않다. 노동계급이 권력을 얻는 데 성공할 경우, 공산주의 사회의 목표는 사유재산을 폐지하고 노동이 더 이상 고립되고 소외된 활동이 아닌 공동의 활동이 되는 그런 사회를 만드는 것이다. 마르크스의 『공산당 선언』은 그러한 과정을 시작하기 위한 특별한 조치들을 제안한다. 바로 사유재산 제도의 폐지, 누진 소득세 적용, 상속 금지, 저항 세력 재산 압류, 은행과 통신 및 교통 관리의 중앙 집중화, 토질 개선, 모든 사람들의 사회 노동 참여, (인구의 집중 현상을 줄여) 도시와 지방의 차별 철폐, 무상교육 등이다. 노동계급이 개혁을 집중적으로 실시하고, 한 계급이 다른 계급에 대한 지배를 가능케 하는 구조를 철폐하게 되면 정치권력은 저절로 소멸될 것이다.

그렇지만 공산주의는 단순히 사유재산 제도를 폐지하는 것이 아니라 인간이 유적존재임을 증명하는 것이다. 사유재산을 소유한 개인을 없애고 그 대신 공동체가 이를 소유하는 식으로 사회적 관계만 변하는 것이라면 공산주의는 조잡한 형태로만 실현될 것이다. 노동자들이 여전히 임금을 받기 위해 일하는데, 임금을 주는 주체가 공동체라면 단지 사유재산의 관계를 모방한 것에 불과하다. 완전한 공산주의를 완성하기 위해서 사람들은 반드시 유적존재가 될 수 있어야만 한다.

> 공산주의 사회의 더 높은 단계에서, 각각의 개인을 분업화된 노동에 종속시킨 후, 또 정신적 노동과 육체적 노동 사이의 대립 역시 사라지고, 노동이 삶의 수단일 뿐만 아니라 삶의 가장 큰 욕구가 된 후, 그리고 개인의 전반적인 발전과 함께 생산력이 증가하고 공동체가 소유하고 있는 부의 샘물이 더욱 풍요롭게 흘러넘치고 난 후에야, 유산계급이 누리고 있던 권리의 좁은 지평선을 뛰어넘어 사회는 깃발에 이렇게 새겨 넣을 수 있다. "자신의 능력에 따라, 자신의 필요에 따라!"

일단 초기 단계를 넘어선 공산주의는 소외된 노동을 초월해 모두의 필요를 충족시키는 동시에 사람들로 하여금 자신들이 유적존재임을 확인하는 사회적 활동에 참여하도록 만들어야 한다. 물론 이는 생각만큼 쉬운 일은 아니었다.

1848년 혁명의 여진 속에서 런던으로 이주한 마르크스는 이후 몇 년 동안 그의 중요한 저작이 될 『자본론』 집필에 집중한다. 그렇지만 출판을 준비하는 동안 마르크스는 심각한 재정적 어려움을 겪게 된다. 그는 신문 기사를 쓰고 분량이 적은 책들을 출판해 돈을 벌어 보려고 했지만 생활의 대부분을 친구인 엥겔스에게 의존했다. 최소한의 생계를 유지하려 했다면 그 자신의 수입으로도 가능했을 테지만, 그는 본래 누리던 중산층의 생활수준을 그대로 누리려 했다. 『자본론』의 집필마저도 마르크스와 그의 가족을 괴롭혔던 건강 문제로 인해 점점 그 속도가 느려졌다. 마르크스는 간이 좋지 않았고, 그의 아내 예니는 천연두를 심하게 앓았다. 그녀의 건강은 차츰 나아졌지만 마르크스는 아내에게 악필로 쓴 원고의 정리 같은 자잘한 일들을 대부분 맡기고 있는 상황이었다.

한편 마르크스는 1850년에서 1851년까지 대영박물관에서 경제사를 연구하며 시간을 보낼 수 있었다. 하지만 그는 자신의 연구와 관련 있다고 생각하는 자료들을 가능한 한 비판적으로 소화하려 했고, 그러한 성격 탓에 계속해서 집필에만 집중하기가 어려웠다. 게다가 마르크스는 국제 노동자 동맹International Workingmen's Association, The International에 참여하는 데 상당한 시간을 할애했다. 흔히 '인터내셔널'이라고 부르는 이 동맹을 마르크스가 직접 결성한 것은 아니지만, 그는 발기문을 비롯해 선언문과 규정 등을 작성했다. 마르크스는 1858년에 『자본론』의 초안 격인 『정치경제학 비판 요강』을 완성했지만, 정치경제학 연구로 인해 다시 『자본론』의 집필 작업은 지연되었다. 그 후 1867년 8월이 되어서야 완성된 『자본론』 제1권의 최종 수정본이 나왔다.

# 마르크스의 유산

마르크스가 『자본론』을 통해 남긴 유산과 그 가치는 누구도 부인할 수 없다. 『자본론』은 세계경제에 대한 현대식 분석과 통합된다. 이집트 출신의 경제학자 사미르 아민Samir Amin(1931-2018)은 『세계화 시대의 자본주의Capitalism in the Age of Globalization』에서 세계경제의 양극화를 주도하는 자본의 논리를 분석하기 위해 마르크스를 다시 찾는다. 행정부와 각 부처를 비롯해 세계은행이나 국제통화기금 같은 국제기구들의 개혁은 자본의 궁극적인 목표 때문에 이러한 양극화를 해결하기에는 충분하지 않다는 것이 아민의 주장이다. 마르크스가 말한 것처럼 자본주의 세계경제는 개혁을 원하지 않으며, 노동자들이 생산하는 잉여가치의 축적을 통한 극소수의 이익만을 지향한다.

이와는 대조적으로 조지프 스티글리츠는 단지 소비에트 연방식 경제모형의 실패를 일축하기 위해 마르크스의 이름을 다시 불러들인다. 스티글리츠는 세계경제 위기가 자본의 근본적 논리 때문이라고 말하는 대신, 각국의 정책 차이에 불평등의 근원이 있다고 말한다. 스티글리츠에게 워싱턴 합의Washington Consensus로 대표되는 여러 정책들의 시행은 전 세계 빈곤율을 줄이는 데 실패한 결정적인 요인이었다.

흥미롭게도 마르크스에 대한 최근의 연구는 환경 분야로까지 확대되었다. 자본의 축적 논리는 노동뿐만 아니라 자연에 대한 착취로도 이어지기 마련이다. "자본주의 농업에서 이루어지는 모든 발전은 노동자뿐만 아니라 토양까지 강탈하는 기술의 발전이다. 한정된 시간 동안 토양의 비옥도를 높이는 모든 발전은 비옥함의 근원을 파괴하는 행위이다." 자본주의식 농업의 결과로 환경의 자연스러운 신진대사 과정이 중단된다. 먹을거리를 생산하는 토지에서 멀리 떨어진 도시에 인구가 집중되면 생태 문제가 발생한다. "예컨대 런던에서는 450만 인구의 배설물을 그저 막대한 비용을 들여 템즈강으로 흘려보내는 수밖에 없다." 이런 도시와 지방의 차이가 자연스러운 신진대사 안에 '균열'을 만들어 낸다.

현대의 저술가들은 마르크스의 분석을 자신들의 환경 연구에 적용하는 작업을 시도한다. 『생태적 균열: 자본주의와 지구의 전쟁The Ecological Rift: Capitalism's War on the Earth』에서 존 벨라미 포스터John Bellamy Foster와 브렛 클라크Brett Clark, 그리고 리처드 요크Richard York는 특히 마르크스의 신진대사 균열의 개념을 채택해 이를 현대적 상황에 적용한다. 역시 마르크스의 이론을 환경 문제에 적용했던 니콜라스 게오르제스쿠-뢰겐Nicholas Georgescu-Roegen(1906~1994)은 엔트로피의 법칙entropy law을 경제학과 연결해 미래 세대의 전망에 대한 중대한 결론을 내린다. 엔트로피 법칙에 따르면 에너지는 어떤 형태의 작업을 수행하는 과정에서 사용 가능한 형태에서 사용할 수 없는 형태로 이동하는 경향이 있다. 예를 들어 석탄을 태우면 증기 에너지가 만들어지지만 그 과정에서 (더 이상 또 다른 작업을 수행하는 데 사용할 수 없게끔) 일부 열에너지를 잃게 된다. 그는

"내가 발전시키려고 애썼던 논제는 경제 과정의 기본적 본질이 엔트로피를 바탕으로 한다는 것, 그리고 엔트로피 법칙이 이런 과정과 그 진화를 지배한다는 것"이라고 말했다. 기술의 발전으로 인해 우리 사회는 쉽게 구할 수 있는 태양 에너지에서 훨씬 더 희귀한 지구의 광물 자원으로 소비를 옮겨갔다. 게오르제스쿠-뢰겐에 따르면 지구의 물질 자원을 소비하는 데 더 많은 기술이 적용될수록 지구의 문명은 종말에 더 가까워진다고 한다. 이후로도 환경에 대한 자본주의의 영향을 비판적으로 평가하기 위해 많은 학자들이 엔트로피와 마르크스를 결합했다.

마르크스의 방법론과 그가 다뤘던 문제들의 범위를 감안할 때 그가 계속해서 또 다른 학자들과 그들의 접근 방식에 영감을 불어넣고 있다는 사실은 그리 놀라운 일은 아니다. 마르크스의 연구는 종속이론, 프랑크푸르트학파, 구조적 마르크스주의, 레닌주의를 비롯해 여러 사상적 '학파'들을 낳았다. 그의 사상은 특히 두보이스W. E. B. DuBois(1868-1963)에 의해 성별과 인종 연구에 반영되기도 했다. 최근의 환경 문제에 대한 마르크스 이론의 적용은 그의 방법과 통찰력이 갖고 있는 유연성을 보여 준다.

# Alfred
# Marshall

## Lesson 5.

# 앨프리드 마셜

### (1842~1924)

글. 카티아 칼다리

#신고전학파 #케임브리지학파
#미시경제학 #세테리스_파리부스

## 카티아 칼다리 Katia Caldari

이탈리아 파두아 대학교에서 경제학자 마르코 파누Marco Fanno를 기려 세워진 경영경제학과의 교수직을 맡고 있다. 그녀는 피렌체 대학교에서 경제사상의 역사를 전공해 박사 학위를 받았으며 케임브리지 대학교 초빙 교수를 역임했고 피사, 피렌체, 로마, 소피아-안티폴리스, 그리고 히토쓰바시 대학교 등과도 연구를 함께했다. 칼다리는 균형과 기대, 분배, 그리고 계획 등과 관련된 경제 이론 주제 분석을 비롯해 마셜과 관련된 경제사상의 역사와 경제 방법론, 그리고 금융 위기와 국제무역, 세계화, 성장 및 개발과 관련된 국제경제학, 또 산업경제학 등에 관심을 갖고 연구를 하고 있다.

앨프리드 마셜은 1842년 7월, 윌리엄 마셜과 레베카 올리버의 다섯 남매 중 둘째 아들로 태어났다. 잉글랜드 은행의 서기였던 아버지 윌리엄은 빅토리아 여왕 시대에 볼 수 있었던 전형적인 가장으로, 규율을 대단히 중요하게 여기는 인물이었다. 마셜은 아홉 살이 되자 특히 고전 관련 과목으로 명성이 높은 성공회 계통의 학교, 머천트 테일러스Merchant Taylors에 입학한다. 그 후 1861년, 그는 옥스퍼드 대학교에서 장학금을 받게 되지만 수학을 공부하기 위해 케임브리지 대학교에 입학하기로 결심한다. 마셜은 케임브리지에서 유클리드기하학과 응용수학 및 이론물리학에 관한 논문을 썼고, 1865년 1월에 졸업 시험을 통과한다.

대학을 졸업한 마셜은 브리스톨에 있는 클리프턴 칼리지Clifton College에서 잠깐 동안 수학을 가르치다가 1868년에 다시 케임브리지로 돌아와 도덕학을 강의하기 시작한다. 수학에 대한 관심과 함께 그는 철학에도 관심을 갖게 되었고, 곧 케임브리지 철학 학회와 케임브리지 개혁 클럽 및 도덕학을 주로 연구하던 그로트 클럽Grote Club에 참석하게 된다.


## 경제학 견습생 시절 : 빈곤 문제에 관심을 쏟다

마셜은 자신의 도덕학 강사 시절을 일컬어 '경제학 견습생 시절'이라고 언급한 바 있는데, 이 기간 동안 애덤 스미스와 데이비드 리카도, 그리고 존 스튜어트 밀을 비롯해 독일의 경제학자 폰 튀넨 J. H. von Thunen(1783-1850)과 로쉐W. Rocher 같은 여러 경제사상가들의 저술들을 연구했다. 그는 특히 가치와 돈, 노동 및 자본의 개념에 대해 종종 도표나 방정식의 형태를 빌린 방대한 주석들을 연구 중인 저술들에 직접 채워 넣기도 했다.

마셜은 수학이나 경제학 못지않게 철학에도 관심이 깊었다. 1900년 케임브리지 대학교의 정신철학 및 논리학 교수였던 제임스 워드James Ward에게 쓴 편지에서 마셜은 1871년까지는 정신과학이 자신의 '마음의 고향'이었다고 밝힌 바 있다.

> 인간의 복지를 위한 수단으로써, 경제학 연구가 점점 더 중요해지고 있다는 생각이 강하게 들기 시작했습니다. 1871년에서 1872년 사이, 저는 심리학이나 경제학 중 어느 쪽에 제 인생을 바칠지 결정해야 했어요. 저는 1년간 이 문제를 고민하며 보냈습니다만, 항상 탐구의 즐거움이 있는 심리학 쪽을 더 선호했던 것 같습니다. 그래도 삶의 질과 관련해 실질적인 수단으로써 경제학의 중요성이 점점 더 중요해졌던 만큼 결국 그쪽으로 방향을 틀게 되었습니다.

빅토리아 여왕 시대의 영국에서 빈곤과 건강, 주택, 그리고 노동환경의 문제는 분명 아주 시급하고 중요한 문제들이었다. 경제학자들을 비롯해 많은 정치가와 지식인들이 이 같은 문제를 해결하기 위해 고민하고 토론했다. 이 과정에서 자본주의의 종말을 주장하지 않는 몇 가지 온건한 형태의 사회주의 사상들이 탄생했고, 그중에는 특히 페이비언Fabians°이나 노동조합, 공제 협회Friendly Societies, 그리고 다른 협동조합 등이 유명했는데, 마셜도 이런 활동에 참여했고 그 안에서 때로는 많은 갈등을 겪었다.

그렇게 해서 마셜은 자신의 모든 성찰과 저술의 중심이 될 빈곤 문제를 이해하고 해결하기 위해 경제학자로서의 경력을 시작한다. 마셜은 1893년 왕립 빈곤층 문제 해결 위원회Royal Commission for the Aged Poor에 참석해 이렇게 강조한다. "나는 지난 25년 동안 빈곤 문제에 대해 헌신을 해 왔으며… 내 연구 내용들 중 그 문제와 관련되지 않은 건 거의 찾아볼 수 없다." 그가 지적하는 빈곤의 가장 위험한 측면 중 하나는 바로, 빈곤이 각각의 개인에게 내재된 귀중한 잠재력을 무시하거나 낭비하게 만든다는 점이었다. 국가 입장에서는 크나큰 손실이 아닐 수 없었다.

마셜은 자선이나 구호 활동을 통해 빈곤 문제를 해결할 수 있다는 의견에 대해서는 대단히 비판적이었다. 그는 자선 조직 협회Charity Organization Society, COS의 회장이자 협회 소식지의 편집자이며 또 1905년에서 1909년까지 유지되었던 왕립 빈곤법 및 구제 조사 위원회Royal Commission on the Poor Laws and Relief and Distress의 위원이

---

° 고전적 마르크스주의와는 구분되는 영국식 사회주의. 토지와 산업자본을 개인이나 계급적 소유에서 해방해 공유화함으로써 사회를 재조직할 것을 목표로 한다. 국가의 존재를 인정하고, 자본주의를 수정의 대상이 아닌 극복의 대상으로 인식한다는 점이 고전적 사회주의와는 대비된다. 영국 노동당의 이론적 기초가 됐다.

었던 헬렌 보즌켓Helen Bosanquet에게 이렇게 설명했다. "빈곤과 고통, 질병과 죽음은 겉으로 보이는 것보다는 훨씬 더 대수롭지 않은 악이다. 다만 인생과 성품을 무너트린다는 점을 제외한다면 말이다. 그러니 진정한 자선 활동이란 빈곤을 줄이는 것보다 개개인이 더 힘을 가질 수 있도록 하는 것을 목표로 삼아야 한다."

그렇다면 마셜은 무엇을 통해 빈곤 문제를 해결할 수 있다고 보았을까? 바로 존 스튜어트 밀의 '인성론ethology'처럼 성품에 대한 과학적 연구를 통해 사람들의 성품을 개선하는 데에서 그 해답을 찾는다. 성품이 개선되기 위해서는 생활과 노동환경이 전반적으로 향상되어야 할 뿐만 아니라 교육의 기회도 널리 확산되어야 한다. 가난한 사람들도 교육을 받을 수 있어야 각자의 성품을 바꿔 모두 '교양 있는 사람'이 될 수 있으며, 그 영향으로 직장과 사회 환경 모두가 더 나아질 수 있다. 교육을 통해 숙련된 노동자가 된다면 노동의 효율성도 증가할 것이다. 마셜은 이렇게 '교육-숙련된 노동자-더 높은 노동 생산성'의 관계를 한 국가의 경제 발전에 있어 대단히 중요한 요소로 보았다. 바로 이러한 이유 때문에 그는 "최고의 투자는 바로 다음 세대를 교육시키는 일"이라고 자주 강조했다. 인적 자본에 대한 근대적인 개념을 예상했던 마셜은 "우리는 사람을 일종의 지적 자본으로 간주하고 그 사람의 생산성을 높이기 위해 노력해야만 한다"고 주장했다.

물론 마셜에게는 다른 요소들 역시 중요했다. 삶의 질을 결정짓는 건 무엇보다도 깨끗하고 넓은 집, 녹지 공간, 깨끗한 공기 등과 같은 주택 환경, 그리고 적절한 노동환경이었다. 1873년 케임브리지 개혁 클럽에서 마셜은 다음과 같이 연설한 바 있다. "우리가 누군가를 보고 노동계급에 속한다고 말할 때, 우리는 그가 하는 일이 그에게 미칠 영향을 생각하지 그 사람이 지금 자신이 하고 있는 일에 영향을 미친다고는 생각하지 않는다." 그러면서 그는 이렇게 지적했다. "육체적으로 버거운 일을 하면 할수록 정신적으로 더 많이 지쳐 간다."

마셜에 따르면 노동은 '잘못에 대한 처벌'이 아니라 성품을 만들어 주는 귀중한 도구, 좀 더 광범위하게 말해 발전을 위한 도구로 간주되어야 하는 것이었다. 그는 노동의 종류와 환경에 대해서도 깊은 관심을 기울였다. 문화와 책임감을, 그리고 편협함이 아닌 관대함을 장려하는 직장에서라면 직원들은 '교양 있는 사람'이 될 수 있는 것이다. 이와는 대조적으로, 장시간 신체에 큰 부담을 주는 단조롭고 반복적인 일을 시키는 직장, 그리고 정신적 기능을 제한하고 이를 지치게 하는 직장은 근로자의 성품에 좋지 않은 영향을 줄 터였다.

이러한 주제에 대한 관심은 마셜의 '사회주의적 성향'과도 관련이 있었다. 마셜은 협동조합 운동, 자선 조직 협회, 그리고 노동조합 활동 등에 적극적으로 참여했다. 중산층에게는 여전히 무시당하는 개념이었지만 마셜은 공개적으로 스스로를 '사회주의자'라고 불렀다. 그에게 사회주의자란 바로 "우리가 살고 있는 이 사회를 개선하기 위해 애를 쓰는" 사람들이었다. 1919년 발표한 『산업과 무역

Industry and Trade』의 서문에서 그는 이렇게 밝힌다. "비록 '사회주의' 가 지금 세상에서 가장 중요한 연구의 주제는 아니더라도, 적어도 나와 관계된 모든 일들에서는 그렇다는 신념하에 나는 살고 있다."

## 경제학, 드디어 독립된 학문으로 자리 잡다

마셜은 케임브리지의 세인트 존스 칼리지에서 도덕학을, 그리고 뉴햄 홀의 여학생들에게는 경제학을 가르쳤다. 그리고 1877년 그 곳에서 아내가 될 메리 페일리Mary Paley(1850-1944)를 만나게 된다. 당시 대학 규정에 따라 마셜은 결혼을 하면서 세인트 존스 칼리 지 교수직을 사임했고 브리스톨의 유니버시티 칼리지에서 학장 겸 교수로 재직하며 정치경제학을 가르쳤다. 그리고 1883년 옥스 퍼드 대학교로 다시 자리를 옮겨 베일리얼 칼리지의 정치경제학 강사가 되었다가, 1년 후 헨리 포셋Henry Fawcett의 사망으로 공석 이 된 케임브리지 대학교 정치경제학 교수 자리에 지원해 합격한 다. 당시 케임브리지 대학교의 정치경제학 수업은 도덕학의 세부 과목이었다. 마셜은 〈경제학의 현재의 위상〉에 대한 그의 첫 강의 에서 정치경제학을 도덕학으로부터 독립시킴으로써 그 위상을 강 화할 것임을 분명히 밝혔다. 그리고 이 목표를 염두에 두고 '경제 학'의 의미와 내용, 그리고 방법론 등을 신중하게 구성했다. 이제 '도덕학'이라는 꼬리표를 완전히 떼어 버릴 때가 된 것이다. 실제로 1903년 경제학은 완전히 독립된 학문으로 자리를 잡게 된다.

경제학은 부에 대한 연구의 일부분을 담당하는 과학으로 인식되어야 했지만, 한편으로는 좀 더 중요한 인간 연구의 일부가 되어야만 했다. 인간은 '관념적인 의미의 경제인economic man'이 아니라 살과 피를 가진 살아 있는 사람이기 때문이다. 경제학은 경영활동을 다루는 사회과학의 한 분야였고 당연히 (금전적 형태로 표현되는) 물질적 보상에 대한 열망을 다루는 학문이기도 했다. 그렇지만 마셜의 관점에서 인간의 활동은 경제인으로서뿐만 아니라 그들의 개인적인 애정, 의무의 개념, 그리고 높은 이상을 향한 경외심 등의 영향도 많이 받았다. 정량화할 수 있는 금전적 동기가 경제학을 사회과학의 다른 어떤 분야보다도 좀 더 정확한 학문으로 만들었을지는 몰라도 그럼에도 불구하고 경제학이 끊임없이 변화하는 인간 본성의 미묘한 영향력을 다루는 한 자연과학의 학문들과 비교해 덜 정확할 수밖에 없다. 애초에 경제학은 대단히 다면적인 주제를 다루기 때문에 매우 복잡한 과학이었고, 적절한 방법론적 접근법을 찾아내는 것 자체가 아주 어려웠다.

### 방법에 대한 문제 : 관념적이면서도 현실적일 것

신고전경제학neoclassical이라는 용어는 1900년 미국의 사회학자 소스타인 베블런Thorstein Bunde Veblen(1857~1929)이 작성한 〈경제학의 선입견Preconceptions of Economic Science〉(1900)이라는 글에서 유래했다. 그는 고전주의 경제학파와 마셜이 세운 케임브리지 학파를 관통하는 공통된 쾌락주의적 전제를 언급했다. 이 용어는 애덤 스미스와 데이비드 리카도, 그리고 존 스튜어트 밀 같은 고전주의 경제학자들과 다른 한편에 있던 마셜의 사상 사이의 연속성을 나타낸다. 마셜은 자신의 사상을 구체화하는 과정에서 밀의 영향을 받았다는 사실을 인정한다. 마셜 자신이 서문에서 언급했던 것처럼 『경제학원리Principles of Economic』(1890)는 "우리 시대의 새로운 문제들과 새로운 연구를 통해 예전 원칙들을 새롭게 고쳐 제시하려는 시도"를 나타내고 있었다. 그렇지만 마셜은 또한 리카도의 경우처럼 '과도하게 관념적인 추론에 빠지는 경향'과 같은 고전파 선배들의 한계도 분명히 짚고 넘어간다. 마셜의 눈에 그들은 인간을 '측정 가능한 일정한 분량'으로 간주하는 우를 범했고, 또 산업의 관습이나 제도들이 얼마나 변화하기 쉬운지를 간과하는 잘못을 저질렀다.

경제학이 과학적인 학문으로서 제대로 인정받기 위해서는 관념적이면서 이론적이고 또 동시에 연역적이어야 했다. 그러나 이것만으로도 충분하지 않았는데, 마셜은 항법이나 항해술과 마찬가지로 경제학에도 두 가지 측면이 충족되어야 한다고 보았다. 하나는 자연의 영원한 법칙에 기초한 분석적 측면이고, 다른 하나는 인간의 필요와 자산이 발전함과 늘어남에 따라 끊임없이 변화하는 현실적인 측면이었다. 만약 경제학을 관념적이고 연역적인 방식으로만 접근한다면 경제학 자체가 그저 '우아한 유희'가 되어 실제 사회문제를 이해하는 일에는 아무런 쓸모가 없을 터였다. 따라서 연역적인 방법뿐만 아니라 귀납적 방법도 필요했는데, 마셜은 이 두 방법을 모두 고려해야 한다고 주장하며 독일 역사학파 Historische Schule와 고전주의 경제학자 구스타프 폰 슈몰러Gustav von Schmoller(1838~1917)를 떠올렸다.

위와 같은 주장에 따르면, 경제학은 '완벽한 방법'이 아니므로 물리학과 철학, 그리고 생물학 등 과학적이라고 알려진 모든 방법들을 활용해야만 한다. 수학적 방법은 경제학이 사용할 수 있는 여러 가지 도구들 중 하나일 뿐이다. 마셜이 분명하게 지적했듯이, 그리고 그의 배경이 말해주듯 수학은 경제학적 추론의 일부 과정을 설명하는 데 놀랍도록 정확한 언어를 제공한다. 하지만 수학의 유용성은 대상이 단순화될 때만 유효하며, 그마저도 분석의 첫 단계 정도로 그 사용이 제한된다. "수학적인 설명은… 그 자체로 완벽하며 또 분명하게 정의된 범위 안에서는 대단히 정확하지만, 그런 반면 일련의 방정식들을 통해… 실제 생활의 복잡한 문제 전체를 파악하려는 시도가 있을 수 있다."

수학은 복잡한 문제에 접근하기 위해 꼭 필요했지만, 분석이 진행되는 과정에서 한쪽으로 비켜나 있어야 했다. 마셜은 리카도와 밀의 추론을 수학적 형태로 번역하는 경제학의 견습생 역할을 자처했고, 이를 증명하듯 그의 주요 저작 중 하나인『경제학원리』는 다양한 도표와 방정식들, 그리고 각주와 부록으로 채워졌다.

# 다른 조건이 일정하다고 가정한다면

경제학은 다양한 문제들과 그 사이의 관계를 다루는 복잡한 과학이며, 그 복잡성은 인간 본성으로부터 비롯된다. 인간의 본성, 그리고 인간의 삶과 밀접하게 연결된 또 한 가지 주요한 요소인 '시간'은 경제문제 관련 연구를 어렵게 만드는 중요한 원인 중 하나이다. 그런 까닭으로 마셜은 더 정밀한 방법을 개발하기 위해 이른바 '세테리스 파리부스Ceteris Paribus' 방식을 도입한다.

> 경제학자는 단계적으로 움직여야만 한다. 복잡한 문제를 풀고, 한 번에 조금씩 깨달아 가다가 마침내 부분적인 해결책들을 하나로 합쳐 수수께끼 전체에 대한 거의 완전한 해결책을 제시한다. 그렇게 해 나가는 동안, 문제 해결을 불편하게 만드는 여러 요소들을 잠시 '세테리스 파리부스'라고 부르는 조건으로 분리한다. '세테리스 파리부스'란 다른 모든 조건이 동등하다고 가정하는 것을 뜻한다. 이렇게 하면 어떤 연구를 할 때 다른 요소들의 존재를 부인하는 것은 아니지만 그들의 불편한 영향력은 잠시 무시할 수 있다.

확실히 다른 조건으로부터 자유로워질수록 문제들은 다루기 쉬워질 것이다. 하지만 그럴 경우, 그 문제는 '다른 조건'들이 대부분 똑같지 않으며 끊임없이 변화하고 있는 '실제 상황'과는 멀어지게 된다.

'단기'와 '장기'라는 기간을 구분 짓는 분석 방법은 『경제학원리』의 특징이라고 할 수 있는데, 이는 단일 상품에 대한 수요와 공급 사이의 균형이라는 개념으로 이어진다. 마셜은 '가치'와 '임금'에 대한 자신의 연구 내용들을 떠올리며 일시적 균형 현상과 단기 균형 현상, 그리고 장기 균형 현상을 구분했다. 이들 간의 중대한 차이점은 수요에 대한 공급의 조정 능력이다. 대단히 짧은 기간, 이를테면 공급이 변경될 수 없는 하루 정도의 기간 동안에는 공급의 조정이란 거의 있을 수 없다. 그보다는 조금 더 길어진 3개월가량의 단기간에는 공급의 조정이란 매우 한정적이며, 생산 규모나 경영조직의 변화까지 가능한 5년 정도의 장기간에는 공급이 크게 조정될 수 있다. 그렇지만 마셜은 이런 접근 방식에 내재된 단순화의 문제점을 잘 알고 있었다. "시간이라는 요소는 그 자체가 절대적으로 연속적이며… 자연은 시간을 긴 기간과 짧은 기간으로 완벽하게 구분할 수 없다는 사실을 잘 알고 있다." 마셜은 『경제학원리』의 '특별한 성격'이 바로 이 '연속성의 원리'에서 나온다고 생각했다. 이 원리는 '나투라 논 파킷 살툼Natura non facit saltum'이라는 말에서 유래한 것으로 '자연은 건너뛰지 않는다'를 의미한다. 이를 통해 우리는 표준 가치normal value와 '현재' 혹은 '시장' 또는 '일시적인' 가치 사이에는 중간에 비는 부분 없이 연속적이라는 사실 또한 알게 된다.

이러한 관점을 통해 마셜은 고전적인 전통과 그 전통이 주장했던 표준 가치와 시장가치 사이의 명확한 구분에서 벗어날 수 있었다. 마셜은 1879년 아내와 함께 그가 첫 번째로 펴낸 책『산업의 경제학Economics of Industry』에서 이와 같은 관점을 경유해 부분적으로나마 고전주의 경제학에 대한 자신의 불신을 설명할 수 있었다. 이 책은 임금의 원칙 같은 밀의 이론에 대해 다소 비판적이기는 하지만, 분명히 밀이나 고전주의 경제학의 방식과 유사한 부분이 있었다. 이를테면 표준 가치와 시장가치, 즉 장기간과 단기간 사이를 정확하게 구분하고 있었다. 마셜은 이후 자신의 첫 번째 책과 대단히 다른 방향으로 발전하게 되는데, 그는『경제학원리』를 발표한 뒤로 그 책의 주장은 덮어 두고 1892년에 비슷한 제목의 거의 완전히 다른 책을 발표하기에 이른다. 이 새로운 책『산업의 경제학의 요소들Elements of Economics of Industry』은 대부분『경제학원리』의 내용을 요약한 것이다.

마셜은 자신의 경제 분석에 '시간'을 도입하기 위해 이른바 '산업 공급곡선의 축소판'으로 표현되는 대표적 기업을 자세하게 소개했다. 각기 다른 성장과 노화 단계에 있는 나무들이 있는 숲을 예로 들어 보자. 나무 한 그루는 다른 모든 나무들의 대표로 선택될 수 있다. 기업도 마찬가지다. 해당 산업을 대표하는 기업의 경우는 현실적으로는 각기 다른 상황에 처해 있더라도 그 상대적인 규모 안에서 늘 일정 수준을 유지하고 있는 것처럼 보인다. 그러므로 그 대표 기업은 해당 산업에 속해 있는 여러 기업들이 불균형 상태에 있더라도 장기 균형의 문제를 다룰 수 있는 것이다.

그렇지만 그 대표 기업의 경우도 균형이라는 관점 안에서 시간의 흐름과 비가역성으로 인한 변화를 다룰 때, '조정의 문제'로부터 자유로울 수는 없다. 만일 그 대표 기업을 통해 마셜이 해당 산업을 구성하고 있는 각기 다른 기업들의 비용 함수와, 그와 구별되는 산업 공급 일정을 시각화하고 공급 일정 곡선을 분석해 낼 수 있다 하더라도, 결국 마셜은 이러한 비가역성을 자신의 분석 체계에 도입하는 것이 사실상 어렵다는 것을 인정할 수밖에 없었다. 그의 이론은 실제 삶의 조건과 동떨어져 있었던 것이다.


## 마셜의 계획과 주요 저작

『경제학원리』는 1881년에서 1889년 사이에 집필되어 1890년에 출판되었다. 이 책은 여덟 차례의 개정을 거쳤고, 마지막 개정판은 1920년에 출간되었다. 30년의 세월 동안 마셜은 개정 작업을 계속하면서 '모호한 문제들'을 해결하기 위해 노력했다. 그는 결코 만족하는 법이 없었다. 원래대로라면『경제학원리』는 2권으로 된 논문의 제1권이여야 했지만, 두 번째 책은 끝끝내 완성되지 못했다. 여덟 번째 개정판 서문에서 마셜은 결국 다음과 같이 고백할 수밖에 없었다.

이 책이 처음 출간되었을 때 곧 적당한 때에 두 번째 책을 써서 하나의 논문으로 완성하겠다는 약속을 언급했었지만, 벌써 그로부터 30년의 세월이 지났다. 나는 너무 방대한 계획을 세웠던 것 같다. 현실적인 측면에서, 산업혁명의 모든 진행 과정은 변화의 속도와 그 범위가 한 세기 전체를 통튼 것보다 빠르고 광범위했다. 따라서 나는 얼마 지나지 않아 모든 작업을 완수하겠다는 생각을 포기할 수밖에 없었다.

그 후 마셜은 총 3권으로 계획된 『국가 산업과 국제무역National Industries & International Trade』이라는 제목의 책을 『경제학원리』의 제2권 대신 집필하기 시작했다. 첫 번째 책은 1919년 『산업과 무역Industry and Trade』이라는 제목으로 출간되었고, 두 번째는 1923년에 『화폐, 신용, 그리고 상업Money, Credit and Commerce』이라는 제목으로 발표되었지만 세 번째 책은 끝끝내 완성되지 못했다. 다만 마셜은 이 작업을 끝까지 포기하지 않았고, 경제 발전에 대한 내용을 담은 그의 원고와 자료들은 현재 케임브리지 대학교 마셜 도서관 자료실에 보관되어 있다.

『경제학원리』는 마셜의 최고 업적으로 평가받고 있으며, 출간되자마자 큰 성공을 거두었다. 슘페터는 이 책을 이렇게 평가한다. "『경제학원리』는 대단한 성취다. 그리고 이 성취는 당시의 분위기와 경제학 분야의 주류 환경에 완벽하게 어울리는 가장 매력적인 내용들로 이루어져 있다. 마셜이 가진 천재성과 뛰어난 혜안을 가감없이 보여 준다." 특히 영국에서 이 책의 위치는 절대적이었는데, 적어도 1920년대까지 경제학과 관련된 저서 중 가장 중요한 책이었다. 물론 그렇다고 해서 어떤 비판도 받지 않았던 것은 아니다. 그의 저서의 한계를 지적한 날카로운 비판을 보면, 경제학에 대한 마셜의 이해와 공헌의 내용이 지나치게 단순하며 또 종종 대부분의 경제 교과서에서 여전히 발견되는 수요와 공급 곡선, 수요탄력성, 부분균형, 소비자잉여 같은 몇 가지 도구들에 대해서만 언급하고 있다는 사실을 알 수 있다. 일각에서는 일관성 없고 모호한 '정리'에 집중하는 책의 나머지 부분으로 인해 '수요와 공급, 그리고 가치의 일반적인 관계'를 주로 다루는 제5장—이 책의 핵심 부분—이 피해를 보고 있다는 주장까지 나오기도 했다.

미국의 경제학자 폴 새뮤얼슨이 이야기한 것처럼, "마셜은 현대 프로이트 학파에서 말하는 이른바 자기혐오의 희생자였다. 그는 장기 솜씨가 뛰어났지만 장기 두는 것 자체를 부끄러워했으며 탁월한 분석 경제학자였지만 경제를 분석하는 걸 부끄러워했다." 그렇지만 우리가 살펴본 것처럼 『경제학원리』는 경제학 입문용으로 만들어졌으며, 많은 사람들이 이 책을 읽었다. 사실 마셜 본인은 애초에 이 책의 제5장이 단순히 '관념적인 개념들'을 다루고 있음을 상기시킨 바 있다. 따라서 우리는 그를 비판하는 사람들이 외려 이 부분에 너무 많은 의미 부여를 하고 있지는 않은지 의심해 봐야 한다. 경제학에 대한 마셜의 진정한 공헌과 그가 자신의 역량 거의 전부를 쏟아 부었던 주제들을 이해하기 위해서는 『경제학원리』의 제5장을 넘어서 그의 다른 저작들, 특히 무엇보다 『산업과 무역』

을 비롯해 세 번째 책을 위해 준비했던 자료들을 살펴봐야 한다.

『산업과 무역』, 즉 "산업적 기술과 경영조직, 그리고 다양한 국가와 계층의 여건에 미치는 영향력에 대한 연구"는 일부 국가의 산업적 발전과 그 특징, 그리고 지도력에 대한 비교 연구서이다. 이 책의 주제라고 할 수 있는 '하나 안의 많은 것들, 많은 것들 안의 하나The many in the one, the one in many'는 『경제학원리』의 "자연은 건너뛰지 않는다"라는 주제와 밀접하게 연결되어 있으며, 이 관계에 대해 마셜은 다음과 같이 설명하고 있다.

> 나투라 아브호르트 살툼Natura abhorret saltum, 즉 '자연은 건너뛰는 것을 싫어한다'라는 말은 특히 경제 발전에 적용될 수 있다. 따라서 경제적 조건과 경향은 다른 무엇보다도 많은 것들 안의 하나, 하나 안의 많은 것들을 보여 준다. 언제 어디서든 주류는 전체 아니면 하다못해 다수의 생각과 행동, 느낌, 그리고 열망을 반영한다. 개개인은 전체의 특성에 따라 반응하지만 그 전체의 뿌리들은 장소와 시간에 따라 달라지는 인간적인 특성들 안에 깊숙이 자리 잡고 있다.

『화폐, 신용, 그리고 상업』은 마셜이 세상을 떠나기 1년 전인 1923년에 출판되었다. 이 책은 마셜의 다른 책들에 비해 주목을 덜 받았는데, 그 까닭은 이 책이 이전의 다른 책들과 비슷한 내용으로 채워진, 50여 년 전에 발표된 내용들의 일부까지 하나로 모아 편집한 책이기 때문이다. 마셜 역시 그런 점을 인정한 바 있으며, 서문에서 이 책은 원래 계획했던 '인간의 삶과 노동의 조건과 관련된 영향에 대한 연구'의 오직 '절반' 정도만 달성했다고 언급했다. 그는 계속해서 "나머지 절반에 대해서는 약간의 진전이 있었다"고 썼지만 결과적으로 그 나머지 절반이 완성되는 일은 없었다. 마셜은 1년 후인 1924년 영국 케임브리지에서 숨을 거두었다.

## 영국의 경쟁력 약화와 산업 조직에 관한 연구

1880년대 후반 영국은 독일과 프랑스, 미국처럼 빠르게 산업화되고 있는 새로운 경쟁자들과 맞서게 된다. 영국의 산업이 경쟁력을 잃고 있다는 우려 때문에 1886년, 왕립 위원회가 세워진다. 이 같은 문제를 해결하기 위해 마셜을 포함한 기업가와 전문가들이 모여 관련 자료를 제출했다. 수출과 관련한 자료에는 특히 철강 제품의 수출량이, 그리고 1890년대 후반부터는 영국의 직물 수출량이 상대적으로 감소하고 있다고 나와 있었다. 독일과 미국은 이른바 2차 산업혁명으로 이익을 얻었지만 영국은 전통적인 방식에만 의존했고 따라서 시대에 뒤쳐지고 말았다. 이것이 영국의 생산성과 경쟁력이 계속해서 악화된 이유였다. 마셜은 왕립 위원회가 생기기 전부터 이미 10년 이상 영국 경제 상황에 대해 우려를 표명해 온 많은 사람들 중 하나였다.

산업 조직에 대한 신중한 분석, 노동 조직과 기업, 산업, 상업, 그리고 특히 국제무역에 대한 상세한 연구 등 마셜의 모든 연구 활동의 배경에는 이러한 우려가 자리하고 있었다. 1875년 마셜은 삼촌에게서 물려받은 유산 덕분에 미국에서 4개월 정도 지낼 수 있었다. 그는 이 시기 여러 경제학자와 노동조합원, 일반 노동자들을 만나며 미국의 산업을 가까이에서 관찰할 수 있었다. 그는 평생에 걸쳐 독일과 영국의 공장들을 정기적으로 방문했고 그 과정에서 작업환경이 노동자의 품성이나 효율성에 어떠한 영향을 미치는지, 현대식 공장의 기계 작업이 어떻게 노동자를 공장의 부속품으로 만드는지, 나아가 사회 전체의 안녕에 어떤 부정적인 영향을 미칠 수 있는지를 연구했다. 마셜이 대규모 사업의 위험성을 지적하고 중소 규모의 기업들을 지지하게 된 것도 바로 이른바 이 '공장 편력 시대wanderjahre among factories'의 경험 때문이었다.

마셜은 '토지, 노동, 자본'이라는 고전주의 경제학의 세 가지 요소와 함께, 산업 조직을 네 번째 생산 요소로 간주한 최초의 경제학자였다. 산업 조직 관련 문제는 『경제학원리』 제4장에도 소개되어 있지만, 『산업과 무역』에서 좀 더 깊이 파고들었다. 또한 마셜은 역사 연구와 비교 연구를 통해 당시 대량생산과 대기업 중심의 발전을 기반으로 하는 주류 경제의 동향을 지적하고 표준화, 기업 규모에 대한 기술의 영향, 영업, 조직, 그리고 과학적 관리에 대한 자세한 분석을 시도했다. 마셜은 대규모 사업이 새로운 산업 시대의 신호탄이라는 사실을 인정하는 동시에 중소기업의 중요성도 강조했다. 산업계는 실제로도 그랬고 또 어쨌든 대기업뿐만이 아닌 중소기업으로도 이루어져야 한다. 갖가지 유형의 기업들은 모두 존재해야 하는 충분한 이유가 있으며 또 각기 고유한 장단점들이 있는 법이다. 마셜은 대기업과 중소기업을 비교하는 것이 아니라 허약한 기업—즉 결단력과 혁신이 없는 기업—과 그렇지 않은 기업을 비교한다. 그는 '규모'는 물론 중요하며 생산성과 기술 효율성의 측면에서 중요한 차이를 만들 수 있다는 사실을 잘 알고 있었지만, 중소기업이라도 같은 지역에 다 같이 밀집되어 있을 경우 대기업과 충분히 경쟁이 가능하다고 보았다.

영국의 랭커셔 같은 산업 지역은 그곳만의 특별한 '분위기'가 특징인데, 이러한 분위기는 해당 지역에 속한 기업들 간의 상호 소통을 활발하게 만들어 혁신을 이끄는 아이디어와 정보교환을 촉진한다. 이 '분위기'의 존재가 바로 산업 지역과 대기업의 중요한 차이점이다. 물론 산업 지역이 외부의 변화에 대처하기 위해선 적절한 경험과 지식이 누적되어야 하고, 여기에는 상당한 시간이 필요하다. 그런데 산업 지역에서 각각의 기업들은 생산 과정의 한 가지 단계만을 전문으로 하고, 또 그 각각의 단계들은 독립적인 것이 아니라 서로 연결되어 있다. 이 산업 지역 안에서 기업들은 자연스럽게 서로 경쟁할 테지만, 그들에게는 물리적 근접성과 공유된 역사, 그리고 시장의 인접성에서 비롯된 협력 정신도 분명 존재한다. 이와는 달리 규모가 큰 기업에서는 변화에 빠르게 적응하지 못하도록 만드는 구조적 경직성과 관료주의, 틀에 박힌 정례화가 만들어진다. 그런 까닭으로 마셜은 '진취적이고 유연한 스승'인 중소기업들이야말로 경기 침체를 이겨 낼 수 있는 중요한 수단으로 간주되어야 한다고 보았다.

마셜은 유연성과 경직성의 관계에도 특히 주의를 기울였다. 1860년대 후반, 그는 여전히 철학적 연구를 놓지 않고 케임브리지의 그로트 클럽 모임에서 「절약의 법칙The Law of Parsimony」과 「페리에의 첫 번째 명제Ferrier's Proposition One」, 「기계장치Ye Machine」, 그리고 「실용적인 과학적 인간과 형이상학자에 대한 논리학자와 체계 개발자의 의무The Duty of the Logician or System-maker to the Metaphysician and to the Practical Man of Science」 등의 논문들을 주제로 네 차례에 걸쳐 강연을 하기도 했다. 이 논문들은 심리학과 인간 정신의 기능, 정신 활동의 작동 및 인간 지식의 특징에 대한 연구에 중점을 두고 있다. 처음 두 논문에서 마셜은 자의식을 부정하는 전통 심리학의 기계론적 인식론을 비판했다. 「페리에의 첫 번째 명제」에서 마셜은 특히 "심리학의 일반 이론에서 진정한 자신으로 발전하도록 만들어 주는" 두 가지 요소 중 하나로 자의식을 꼽았다. 세 번째 논문인 「기계장치」에서 마셜은 인공지능에 대한 배비지의 연구와 베인, 그리고 스펜서의 진화 심리학을 결합해 정신의 기능을 연구했다. 마지막으로 네 번째 논문에서는 비유클리드 기하학의 발견으로 인해 촉발된 논쟁을 다룬다.

이렇듯 철학과 관련된 그의 초기 저작들은 여러 가지 주제들에 대한 마셜의 추론을 이해하는 데 대단히 중요하다. 지식의 성장—
일상과 혁신이 혼합된 결과물로서의—에 대한 그의 생각에서부터
신고전주의 개념에 대한 거부까지. 산업 및 사회조직에 대한 그의
관점에서부터 부분 균형 분석의 사용까지. 사회주의와 노동조합,
관료제 같은 정치적, 그리고 사회적 문제들에서 진보는 천천히 진
행되어야 한다는 그의 생각까지, 이 모든 주제들은 「기계장치」라
는 논문과 관련이 있다.

## 진보라는 중요한 주제

경제적 발전과 진보, 이는 마셜의 거의 모든 저작은 물론 끝끝내
완성되지 못했던 그의 마지막 책의 주제이기도 했다. 마셜에 따르
면 인류가 규모와 건강, 역량, 지식, 능력, 그리고 다양한 품성 면
에서 성장하는 것이 곧 모든 연구의 목적이 되어야 했다. 이렇게
복잡한 진보의 개념은 마셜이 『경제학원리』 제5장에서 진지하게
경고한 것처럼 방정식이나 정량적인 관계만으로는 완전히 이해할
수 없는 것이었다.

> 정상적인 수요와 공급의 안정된 균형이론은 분명 '우리의
> 생각에 명확성을 부여하는 데' 도움이 된다. 그리고 그 이론
> 의 기본 단계들은 실제 삶의 사실들에서 벗어나지 않는다…

그렇지만 한 걸음 더 멀리, 복잡한 논리적 결과를 향해 가다 보면 실제 삶에서 벗어나게 된다. 경제적 문제들을 유기적 성장이 아닌 정적인 균형의 문제로 취급하게 되면 불충분한 결론에 도달할 수밖에 없다.

마셜의 이러한 주장은 그가 생물학에서 빌려 온 또 다른 접근 방식의 특징을 나타내고 있다. 마셜과 동시대를 살아간 카를 멩거Karl Menger(1902-1985)와 제번스, 그리고 레옹 발라Léon Walras(1834-1910) 같은 경제학자들은 경제학을 물리학과 같은 '정확한' 과학적 학문으로 만들고자 했다. 그러나 마셜은 "경제학자를 위한 성지는 경제생물학에 있다"라고 할 정도로, 경제학을 물리학이나 역학보다는 생물학에 가까운 학문으로 보았다. 그도 그럴 게, 경제는 생물과 마찬가지로 내면의 본질과 구조는 물론 외형도 끊임없이 변하기 때문이다.

경제학자들은 생물학의 도움을 통해 '단순한 증가나 감소'가 아닌 '유기적 성장'으로서의 진보의 개념을 이해하면서 삶과 변화, 그리고 진화에 집중할 수 있다. 진화는 점진적으로 진행되며 시간이 지남에 따라 몇 가지 중요한 단계가 있을 수 있지만, 한 단계에서 다른 단계로의 이동이 갑작스럽게 이루어지지는 않는다. "나투라 논 파킷 살툼", 즉 발전이나 진보에 따른 변화의 과정에서도 어느 정도 안정성을 유지해야 한다고 마셜은 주장한다. 인간의 신체가 나이를 먹어감에 따라 일정한 수준의 안정성을 유지하면서 연속적인 신체 변화를 겪듯, (인간보다 훨씬 더 오래 존속하는) 기관이나 제도 역시 마찬가지여야 한다는 주장이다.

이는 마셜에게 대단히 중요하고 필수적인 조건이었다. "기관이나 제도는 빠르게 변할 수 있다. 그러나 오래 존속하고 싶다면 반드시 인간에게 어울리는 모습을 하고 있어야 한다. 그저 인간보다 훨씬 더 빠르게 변할 뿐이라면 안정성을 유지할 수 없다. 따라서 발전은 반드시 느리게 이루어져야만 한다." 발전이나 진보는 필연적으로 자연에 대한 인간의 지배력을 강화하지만, 인간 또한 그 힘을 올바르게 사용하기 위해 스스로의 능력을 개발해야 한다. 그러지 않을 경우, 발전은 '심각한 의혹'을 불러일으킬 수밖에 없다.

마셜은 '부의 증가'라는 측면에 한정해 발전이나 진보를 바라보지 않았다. 외려 진정한 의미의 발전이나 진보는 필요한 최소한의 물질적 부와 그밖의 다른 많은 요소들에 의해 인간 복지가 충족된 상태를 의미한다. 마셜은 공기나 물 같은 자연 자원의 수준, 주거와 근로 환경, 도시화 등 개인의 삶의 질과 관련된 다양한 측면들에 큰 관심을 기울였다. 발전이나 진보에 대한 그의 생각은 '지속 가능한 개발'이라는 현대식 개념에 대단히 가깝다.

마셜은 기본적으로 경쟁과 자유 시장을 지지했다. 그러나 동시에 공익을 위한 상품, 용역을 제공해야 하는 정부의 역할을 항상 강조했다. 그는 국가 활동의 수준이 '사적인 노력으로는 도모할 수 없는 사회적 개선'을 성취하는 데에만 적용될 것으로 예상했다. 마셜은 "모든 사람이 최선을 다해 노력하도록 만들고 무엇보다도 정부가 중요한 일, 정부만이 효율적으로 할 수 있는 일을 하도록 스스로를 일깨우는 것"이 자유방임주의를 올바로 이해하는 방법이라고 주장했다.

마셜은 경제에 대한 국가의 직접적이고 적극적인 역할에 대해 다소 회의적이었고 또 비판적이었다. 국가는 거의 아무것도 만들어 내지 못할 뿐만 아니라 심지어 그 방대한 자원을 통해 최신식 공장을 구입할 수 있다 하더라도 관료주의 구조와 그 경직성 때문에 변화에 발맞추어 나갈 수 없다는 게 그의 주장이었다. 따라서 국가의 개입은 관리나 경영 활동이 아닌 통제 활동에 대해서만 정당화될 수 있었다. 물론 예외도 있었다. 우편 사업과 철도 사업의 일부분에 대해 마셜은 정부의 개입이 가능하다고 보았으며, 심지어 이를 제안하기까지 했다.

마셜이 생각하는 국가의 역할은 그가 미완성으로 남긴 마지막 저서를 위한 자료에 잘 묘사되어 있다. "서구 국가 정부의 최우선 목표는 국민의 안녕을 증진하는 것이라고 가정하는 게 옳은 일일 것이다." 마셜이 생각하는 국민들을 위한 정부의 역할에는 거리와 공원, 전신, 전화, 수도, 가스, 전기, 농업용 배수와 관개시설, 대학, 박물관, 병원 등의 공급과 건설은 물론 심지어 육류와 과일, 그리고 소비자가 직접 확인할 수 없는 기타 물품 공급이 있었다. 국가는 또한 모든 국민들이 몸과 마음 모두 건강하게 살아갈 수 있는 적절한 주거 환경, 가장이 가족을 충분히 부양할 수 있을 만큼의 적절한 소득을 보장해 주어야 했다.

　이런 모든 일들을 수행하기 위해서 국가는 자금이 필요하고, 그 원천은 주로 조세를 통해 조달될 수밖에 없다. 이 문제는 마셜의 또 다른 중요한 연구 주제였지만 페터 그뢰네베겐Peter Groenewegen 의 지적처럼 마셜은 조세 문제를 다룬 논문은 단 한 편도 쓰지 않았고,『경제학원리』제2권 제10장에 들어갈 예정이었던 세금 관련 부분도 완성하지 못했다. 그렇지만 이 문제에 대해서는 몇 가지 흥미로운 기록들이 남아 있으며 따로 두 권의 책도 발표되었는데, 바로『국세와 지방 조세의 분류와 비율에 대한 기록The Memorandum on the Classification and Incidence of Imperial and Local taxation』(1897)과『전쟁 이후의 조세 문제National taxation after the War』(1917)가 그러하다. 마셜 은 누진 소득세 제도를 선호했지만 그밖에도 주택과 토지, 자동차, 저축, 소득 및 임금, 그리고 천연자원 등에 부과되는 세금에도 관심이 있었다. 모두 다 국민들의 복지를 위한 형평성과 효율성, 그리고 효과의 측면에서 평가받는 내용들이다.

　『전쟁 이후의 조세 문제』에서는 주로 세금 부담의 형평성 문제를 다룬다. 일단 생활에 꼭 필요한 부분이 모두에게 보장되고 나면, 세금은 '대단히 빠른 속도로' 모두에게 부담되어야 한다. 그렇지만 마셜에 따르면 너무 많은 세금은 탈세를 조장할 수 있을 뿐만 아니라 심각한 왜곡을 불러일으킬 수 있기 때문에 지양되어야 한다. 예컨대 자본에 부과되는 세금은 "그 성장을 가로막고 이탈을 가속화시킬 수 있고" 또 고소득에 부과되는 세금은 "활력과 진취성을 가로막을 수 있다." 마셜은 운용이 경제적이고, 공평하게 부과할 확률이 높은 직접세를 간접세보다 더 긍정적으로 보았다. 그는 스웨덴의 경제학자 엘리 필립 헤크셰르Eli Filip Heckscher에게 보낸 편지에서 다음과 같이 이야기한 바 있다. "나는 직접세를 훨씬 더 선호하며 영국의 노동계급에 반드시 부과되어야 하는 직접세가 늘어나는 모습을 보게 된다면 대단히 기쁠 것이오." 특히 눈길을 끄는 건 마셜이 『국세와 지방 조세의 분류와 비율에 대한 기록』에서 제안한 이른바 '신선한 공기 세금'으로, 좀 더 세금이 낮게 부과되는 외곽 지역과 구분되는 '특수지' 토지에 부과하고자 한 세금이었다. 이는 (중앙정부의 완전한 통제 아래에 있는) 지방정부가 인구가 밀집된 산업 지역 한복판에 작은 녹지를 만들고 각기 다른 도시와 외각 지역 사이에 있는 곧 사라질지도 모를 대규모 녹지를 보존하기 위해 지출해야만 하는 세금이었다.


## 마셜의 유산


마셜이 사망한 후 케임브리지 대학교 경제학과를 중심으로 한 케임브리지 학파는 영국의 학계를 장악했다. 이곳 출신들이 이룬 성과는 마셜이 마치 자기 자식처럼 소중히 여기며 알리고 발전시킨 독립된 경제학(과)의 성공을 보여 준다. 그뢰네베겐이 언급했던 것처럼 만일 "마셜이 살아서 이런 성공을 지켜봤더라면" 아마도 "깜

짝 놀랐을 것이다."

　케임브리지 학파는 특히 경제사와 통계학, 그리고 복지 문제에 중점을 둔 경영 교육과 산업 경제학으로 큰 명성을 얻었다. 마셜의 제자들 중에는 아서 세실 피구Arthur Cecil Pigou(1877-1959)와 존 메이너드 케인스, 두 사람의 이름이 특히 유명하다. 두 사람은 마셜의 통찰력과 반성으로부터 시작해 자신들만의 독창적인 접근 방식을 개발했는데, 피구는 이른바 '후생경제학'의 기초를 닦았고, 케인스는 현대 거시경제학의 아버지가 되었다. 그러나 이들의 이론은 또 다른 이유로, 정말 의도하지 않게, 마셜의 다양한 측면 그리고 그의 독창적인 공헌을 가리게 된다. 최근에 들어서야 그의 서신, 쪽지를 비롯해 특히 심리학과 관련된 미발표 원고들에 대한 새로운 연구가 이루어졌고, 그 덕분에 경제학의 아버지인 마셜을 재발견하고 그의 모든 공헌을 재평가할 수 있게 되었다.

# Joseph Alois Schumpeter

# 조지프 슘페터

### (1883~1950)

글. 마리오 그라카 모우라

#경기순환론 #창조적_파괴
#기업가_정신 #혁신

**마리오 그라카 모우라**Mario Graca Moura

포르투갈의 포르투 대학교의 경제학 교수이며 경제학 및 금융 연구소 연구원이다. 그는 포르투 대학교와 케임브리지 대학교에서 수학했고, 주로 경제학의 역사와 방법론을 연구했다. 《케임브리지 경제학회지Cambridge Journal of Economics》와 《진화 경제학회지Journal of Evolutionary Economics》 등에 조지프 A. 슘페터에 대한 논문을 다수 발표했다.

오스트리아 출신의 미국 경제학자 조지프 A. 슘페터는 동시대를 살았던 존 메이너드 케인스와 더불어 20세기 경제사상 분야에서 반드시 거론되는 중요한 인물이다. 그는 특히 자본주의를 분석하는 그만의 색다른 통찰로 주목을 받았는데, 그 중심에는 바로 혁신과 기업가 정신이 있었다. 슘페터는 일반균형이론의 아버지인 레옹 발라의 영향을 인정하면서도 경제적 생활이 단지 수동적이고 조정 가능할 뿐이라는 이른바 발라주의Walrasian에 대해서는 반대했다. 그는 이렇게 반대 의견을 밝힌다. "애덤 스미스와 존 스튜어트 밀, 그리고 앨프리드 마셜로 이어지는 계보에서 경제는 나무처럼 성장한다고 했으며 각각 상황은 앞서 벌어졌던 상황에 의해 특별하게 결정된 방식을 그대로 따른다고 했지만 실제로는 그렇지 않다. 객관적인 기회에 대한 반응은 특별하게 결정되지 않으며 또 예측이 불가능하다."


## 경제 분야에서의 창의성과 진보

슘페터의 목표는 분명 내부에서 발생한 새로운 현상으로 인해 경제가 어떻게 진화하는지 설명하는 것이었다. 마르크스처럼 슘페터 역시 경제적 진화에 대한 비전을 가지고 있었는데, 이 진화는 경제 시스템 자체로 인해 생성된 별개의 과정으로서의 진화를 의미한다. 그의 비전에 따르면 각 개인은 창의적인 대응을 할 수 있으며, 이 창의적인 대응은 창의성이 없을 때 나타날 수 있는 상황과는 전혀 다른 장면을 만들어 낼 터였다.

경제 분야에서 창의적인 대응이란, 기업가의 기능인 혁신을 의미한다. 이런 대응은 기업가의 주관성과 특정한 제도적 상황이 포함된 맥락에 따라 달라진다. 여기서 제도적 상황이란, 자본주의의 경우 지불수단을 만들어 낼 수 있는 민간은행을 포함한다. 자본주의의 혁신적이고도 독특한 자금 조달 방식이란, 다름 아닌 '신용거래'이다. 이런 방식의 혁신들이 모이는 것, 또 그에 따라 일어나는 흡수와 조정 과정, 즉 번영과 침체가 반복되는 경기순환이 바로 자본주의 과정을 구성하는 요소들의 특징인 것이다.

한편 슘페터는 자본주의 경제학뿐만 아니라 사회학에도 관심이 많았다. 혁신적인 기업과 산업이 보수적인 기업과 산업을 대체하는 경쟁 과정, 슘페터를 대표하는 핵심 개념인 '창조적 파괴creative destruction' 과정은 바꿔 말하면 개인과 가족이 사회 규모 안에서 부침을 거듭하는 과정이기도 하다. 성공한 기업가는 자본주의 안에서 높은 지위를 획득하는 반면, 새로운 변화에 적응하지 못한 자본가 계급의 구성원은 자신의 지위를 잃는 경향이 있다. 이러한 부침과 흥망성쇠를 통해 자본주의 계급은 스스로를 새롭게 바꾸며, 자본주의도 시대에 맞춰 새롭게 태어난다.

그러나 이와 동시에 자본주의는 스스로의 제도적 틀을 바꾸려는 경향이 있다. 슘페터는 이렇게 예상했다.

자본주의는 인간의 정신을 합리화함으로써 자신의 기본적
환경과 동기, 그리고 사회제도와 양립할 수 없는 삶의 형태
를 창조하며, 경제적 필요성이나 어쩌면 경제적 안녕의 희
생 없이도 새로운 질서를 따라 변할 수 있다. 그 새로운 질
서를 사회주의나 그밖의 다른 이름으로 부른다면 그건 그저
취향이나 용어 사용의 문제일 뿐이다.


## 슘페터와 그의 업적


슘페터는 1883년 모라비아Moravia에 있는 어느 작은 마을에서
태어났다. 모라비아는 현재 체코공화국에 속해 있는 지역으로, 당
시 오스트리아-헝가리 제국의 일부였다. 슘페터의 어머니는 홀몸
이 된 후 퇴역한 오스트리아의 고위 장교 출신 귀족과 재혼했고,
덕분에 슘페터도 수도 빈에 있는 고급 학교에서 교육을 받을 수 있
었다. 슘페터는 1906년에 법학 학위를 받았고 경제와 역사, 수학
과 철학을 함께 공부했다. 오스트리아학파의 저명한 경제학자인
프리드리히 폰 비저Friedrich von Wieser와 오이겐 폰 뵘-바베르크Eugen
von Bohm-Bawerk(1851~1914) 등이 그를 가르친 스승이었다.

슘페터는 대학을 졸업한 후 빈을 떠나 베를린과 런던에서 학업
을 이어갔고, 이집트 카이로에서는 얼마간 변호사로 일하기도 했
다. 카이로에서 그는 균형 경제학 이론을 방법론적으로 옹호하는

논문을 써서 첫 책으로 출판했고, 이를 통해 빈 대학교 박사과정을 통과했다. 그리고 1909년, 현재 우크라이나의 체르니프치Chernivtsi 지역인 체르노비치Czernowitz에서 일종의 '특별 겸임 교수'로 임용되어 경제학을 가르쳤는데, 그곳에서 경제 혁명 이론을 담은 자신의 두 번째 책을 쓴다. 1911년 슘페터는 오스트리아 그라츠Graz에서 경제학 교수가 되었고 1913년에서 1914년까지는 컬럼비아 대학교에 교환교수로 초빙돼 미국에서 생활하기도 했다. 1914년에는 경제학의 역사를 다룬 자신의 첫 번째 역사서를 출판했는데, 이 책은 사회학의 창시자 중 한 사람으로 일컬어지는 막스 베버Max Weber(1864-1720)의 의뢰로 집필되었다.

1914년 제1차 세계대전이 발발하자 슘페터는 정치에 관심을 갖게 된다. 그는 합스부르크 왕조가 지배하던 오스트리아-헝가리 제국을 위해 보수적 성향을 띤 독일 반대 계획 보고서를 작성했고, 당시 귀족들이 이 보고서를 비밀리에 돌려 보았다고 한다. 그러는 한편 1919년에는 독일 정부가 석탄 산업 국유화를 연구하기 위해 만든 이른바 '사회화 위원회Sozialisierungskommission'에 참여하기도 한다. 그리고 얼마 지나지 않아 사회주의자와 보수파의 연합 정권이 이끌게 된 오스트리아의 재무부 장관으로 임명된다. 하지만 사회주의와 보수주의, 어느 쪽에도 속해 있지 않았던 그는 불과 7개월 만에 장관직에서 물러나게 된다. 이후 슘페터는 1921년부터 1924년까지 어느 은행의 은행장으로 일했지만 이 은행은 구조조정에 들어가게 되고, 슘페터 본인도 (비록 훗날 다 갚기는 하지만) 큰 빚을 지는 등 씁쓸한 경험을 하게 된다. 그는 1925년이 되어서야 비로소 다시 학계로 돌아와 독일 본에서 교수로 일하게 된다.

이 같은 격동의 시기, 슘페터는 본 대학에서 학생들을 가르치는 한편, 독일 사회과학 분야의 주요 학술지였던《사회과학과 사회정책Archiv für Sozialwissenschaft und Sozialpolitik》의 공동 편집자로 활약했다. 그는 화폐, 그리고 전쟁 이후의 자본주의 국가의 생존 가능성과 제국주의, 사회주의의 가능성을 비롯해 사회 계급 등에 대한 소논문, 그리고 독일 역사학파를 이끌던 구스타프 폰 슈몰러에 대한 방법론적 평가서를 집필하기도 했다. 그리고 자신의 두 번째 책의 개정판을 내기도 했는데, 이 책이 바로 슘페터 이론의 정수를 담고 있는『경제발전의 이론Theorie der wirtschaftlichen Entwicklung』이다.

본 대학에서 교수 생활을 하는 동안 슘페터는 1927년에서 1928년까지, 그리고 다시 1930년에 하버드 대학교에서 교환교수로 몇 학기 정도를 보내게 된다. 1931년에는 일본에서도 강의를 했는데, 그곳에서도 큰 반향을 불러일으켰다고 한다. 이런 그의 '편력 시대Wanderjahre'는 1932년 그가 하버드 대학교의 교수로 임명이 되고 나서야 완전히 막을 내린다. 슘페터는 1939년 미국 국적을 취득했고, 1950년 세상을 떠날 때까지 하버드에서 지냈다. 하버드 시절 그는 다음 세 권의 책을 출간했다. 먼저『경기순환론Business Cycles』은 다소 한계가 분명하긴 했지만『경제발전의 이론』의 내용을 더 깊게 파고든 방대한 저작이며, 다음으로『자본주의, 사회주의, 민주주의Capitalism, Socialism and Democracy』는 자본주의가 사회주의로 진화하는 경향과 사회주의가 어떻게 제대로 성공할 수 있을지에 대해 이야기하는 저작이다. 그리고 마지막으로 그의 사후에 편집되어 발표된 미완성의 저작 『경제 분석의 역사History of economic analysis』가 있다.

슘페터는 1948년 전미경제협회American Economic Association 회장을 역임했으며 그 이전에는 창립될 때부터 참여했던 계량경제학회 Econometric Society 의 회장도 역임했다. 그뿐만 아니라 1950년에는 국제경제협회International Economic Association 의 초대 회장이 될 예정이었다. 그럼에도 불구하고 슘페터는 그의 말년에 다소 고립된 듯한 느낌을 받았을 것이다. 1940년대로 접어들자 그를 제외한 대부분의 경제학자들은 케인스의 경제학을 따르고 있었기 때문이다.

실제로 현대 경제학에 미치는 슘페터의 영향력은 20세기 위대한 경제학자들 중 하나라는 그의 명성과는 어울리지 않는다. 경제학에 대한 그의 역사적, 진화론적 관점이 현재 주류의 위치에 있는 수학적-형식주의적 접근 방식과는 어울리지 않기 때문이다. 1980년대 이후 큰 주목을 받게 된 혁신이나 기업가 정신에 대한 논의를 할 때를 제외하고는 그의 이름은 그저 형식적인 수준으로 인용될 뿐이다.

물론 경제사상의 역사라는 면에서 살펴볼 때, 많은 주요 인물들이 이 같은 상황을 벗어나지 못했다. 하지만 그런 많은 다른 학자들과는 달리 슘페터는 자신의 이름을 딴 학파가 만들어지는 일

자체를 상상하지 못했다. 수많은 학생과 동료들에게 자신의 족적을 남겼지만 자신의 사상을 이어받은 진정한 후계자가 단 한 사람도 없었던 것이다. 물론 진화 경제학자들은 1970년대 이후 확실히 슘페터가 남긴 유산을 바탕으로 형성되기는 했다. '슘페터 경쟁Schumpeterian competition'과 '장기적 파동long waves'에 대한 그의 글들은 분명 많은 사람들에게 영감을 주었다. 하지만 그렇다 하더라도 그의 작업은 여전히 제대로 연구되지 않은 채로 남아 있다. 이는 그의 이론들이 그가 살았던 시대를 너무나 앞서갔기 때문이다.

슘페터의 방대한 저작들 중 극히 일부만이 경제적 진화 이론과 자본주의의 과정에 대한 그의 개념, 그의 경기순환이론, 사회계급이론, 후기 자본주의와 자기 파괴에 대한 그의 성찰, 그리고 경제사가로서의 그의 특별한 업적을 논의하는 자리에서 언급될 뿐이다.

## 경제적 진화와 자본주의의 과정

방법논쟁Methodenstreit이란 1880년대 사회과학 분야에서 '정확한' 이론의 역할을 두고 오스트리아학파의 카를 멩거와 구스타프 폰 뵘-바베르크에 의해 시작된 논쟁을 말한다. 이와 관련해서 정확한 승자나 합의 같은 건 찾아볼 수 없는데, 이런 역사적 맥락에서 1908년 발표된 슘페터의 첫 번째 책은 지금 봐도 여전히 도발적이다. 슘페터는 균형경제학을 '순수한' 이론 내지는 '정확한' 이론이라고 소개하면서 자신의 독자들에게 이 이론이 갖는 장점을 납득시키려 했다. 그는 '역사적' 접근 방식과 '추상적' 접근 방식 사이에는 모순이 없다고 주장한다. 각각의 접근 방식은 그저 다른 문제들을 다루고 있으므로 보편적 타당성을 주장하는 것은 아무런 의미가 없다.

하지만 순수한 이론에 대한 그의 개념은 오스트리아학파 스승들의 생각과는 달랐다. 도구주의 과학철학의 영향을 받은 슘페터는 밀턴 프리드먼의 등장을 예상이라도 한 듯 순수한 이론의 가정들은 그저 편리한 가설일 뿐이며 특히나 심리적인 중요성은 없다고 공언한다. 슘페터에 따르면 순수한 이론은 '사람들의 행동'이 아니라 그들이 가지고 있는 상품의 수량에만 관심이 있으며 '마치 자동적으로 발생하는 것처럼' 이러한 수량의 변화를 설명한다.

슘페터의 두 번째 책의 경우, 1912년에 초판이 출간되어 1926년에 제2판이 나오기까지 상당한 수정 작업이 있었다고 한다. 이 제2판은 1934년에 『경제발전의 이론』이라는 제목으로 영어로 번역되었다. 이 책은 슘페터의 경제적 '진화' 이론을 보여 주고 있다. (그러나 그는 훗날 '진화'라는 용어보다는 '발전'이라는 용어를 더 선호하게 된다.) '경제생활의 순환적 흐름'을 다루는 이 책의 첫 장은 독자들을 놀라게 할지도 모른다.

우선 순환적 흐름은 일상적인 순서에 의존하며 최적화를 가정하지 않는다. 슘페터는 "행동이 신속하고 합리적이라는 가정은 모든 경우에 있어 허구다"라고 주장한다. 그는 또 이 허구가 "인간에게 논리를 주입할 만한 시간만 있다면" 현실에 충분히 가까워질 수 있다고도 주장했다. 그렇지만 그는 적응적 대응에는 항상 시간이 걸리며 예상하지 못했던 수많은 장애물과 수단의 부족 등을 마주하게 된다는 사실을 인정했다. 둘째, 순환적 흐름은 실제로 가능한 행동의 규칙들을 가정하지만 실제 행동과는 혼동이 될 수 없다. 개인은 규칙에 의존할 수 있지만 항상 스스로 생각하고 결정해야만 한다.

슘페터가 가장 관심을 가진 행위자는 기업가나 혁신가이다. 그들이 어떻게 기계적인 균형 체제 안에서 자체적으로 탄생하게 되는지는 알기 어렵다. 그렇지만 순환적 흐름에 대한 우리의 해석이 기계적인 것이 아니라면 적응과 혁신은 다른 관점에서 나타나기 시작한다. 지금 내린 결정조차도 그동안 이어져 온 일상적 순서에 포함되지 않은 요소를 포함할 수 있기 때문에 적응적 대응과 혁신적 대응 사이에는 어떠한 명확한 구분이 없을 뿐더러 '기업'과 그렇지 않은 것 사이에도 분명한 경계가 없다.

그렇지만 『경제발전의 이론』에서 슘페터는 기업가가 '그 균형 체제 안에서' 나온다고 주장하며 둘 사이의 경계를 강조한다. 발전, 혹은 진화에 관해서는 "체제 내부에서 발생하는 자발적인 변화로, 균형점을 대체한다. 그러므로 이전의 존재는 아주 미미한 움직임으로는 새로운 존재로 도달할 수 없다. 발명과 혁신을 구분할 때 회자되는 그의 명언—"마차를 연결한다고 기차가 되는 게 아니다"—처럼 말이다. 다시 말해 진화는 혁신의 수행이자 새로운 상품 및 새로운 생산 방식의 도입, 새로운 시장이나 새로운 자원의 소개, 그리고 새로운 형태의 산업 조직의 구현을 포함하는 개념이라 할 수 있다.

## 경제 발전에서 혁신은 왜 중요한가

새로운 계획을 수행하는 것과 관습에 따라 행동하는 것은 길을 만들어 가는 것과 그저 길을 따라 걷는 것만큼이나 다른 것이다. 기업가의 임무가 특별한 까닭도 바로 이 때문이다. 일련의 순환적인 흐름을 넘어서면 개인에게는 "자신이 결정을 내리기 위해 필요한 자료와 보통 대단히 정확하게 알고 있는 행동의 규칙들이 사라지게" 된다. 그러므로 개인은 평상시보다 훨씬 더 의식적으로 합리적인 행동을 해야만 한다. 슘페터는 "일상의 경계가 사라지는 곳에서 대부분의 사람들은 더 이상 앞으로 나아가지 못하며 몇몇의 사람들도 대단히 변칙적인 방법으로만 그렇게 할 수 있다"라고 이야기한다. 바로 이런 이유 때문에 '지도력'의 사례 중에서도 기업가 정신은 특별한 의미를 지닌다.

그렇다면 과연 기업가는 어떻게 움직여야 할까? 혁신이 일어나려면 슘페터가 말하는 완전고용이라는 가정하에 지금 현장의 생산수단들을 퇴출시킬 수 있는 명령권이 필요하다. 그렇게 하려면 또한 자금이 필요하다. 그렇지만 슘페터가 예상하고 있는 것처럼 순환적 흐름 안에서는 새로운 사업이나 기술에 투자할 만한 충분한 여력이 없다. 그런 여력은 주로 진화로 인한 결과로 쌓인다. 이러한 상황에서 혁신을 위한 자금 조달에는 신용이 필요하며, 그 신용을 보증할 권한이 있는 곳이 바로 은행이다. 이러한 자금 조달은 자본주의만의 독특한 방법이다. 따라서 은행은 기업가가 사업계획을 세우는 데 가장 중요한 역할을 한다. 슘페터는 자본주의 진화의 역사에서 일어나는 대부분의 '재난'은 "자본주의라는 기계가요구하는 방식을 제대로 따라가지 못한 은행 집단의 실패"로 설명될 수 있다고 주장했다.

일단 신용을 통해 자금이 조달되고 그렇게 자금이 서서히 늘어가면 자본주의만의 특성들과 함께 자본주의의 과정이 시작된다. 이 과정 속에서 슘페터가 설명하는 자본의 개념은 기업가가 이용할 수 있는 구매력이며, 생산의 요소가 아니라 기업가와 생산 요소들 사이에 있는 '별개의 존재'다. 은행은 남아 있는 잔고를 통해 필요한 자본을 만들어 낼 수 있다. 그리고 기업가는 자본을 이용해 성공을 거두고 이익을 얻는다. 이익에는 독점적 요소가 있지만 그 역시 결국은 이익을 내기 위한 각자의 경쟁 과정 속에서 사라진다. 그렇지만 기업가는 자본에 대한 이자를 지불해야만 한다. 그리고 혁신은 사업 영역에서 이익을 발생시키는 유일한 (최소한 충분한) 이유가 된다.

슘페터의 자본의 이론과 짝을 이루는 이익의 이론에서, 이익은 "상품과 서비스를 얻기 위해 지불하는 (가치의) 값이지, 상품과 서

비스 그 자체에 대한 값이 아니다." 하지만 슘페터의 이런 주장은 그의 스승이었던 뵘-바베르크에게 바로 공격을 당했고, 다른 많은 사람들 역시 의문을 품었다. 그뿐만이 아니다. 슘페터의 경기순환 이론도 논란의 대상이었다. 그의 경기순환이론은『경제발전의 이론』에도 나오지만 1939년에 발표된『경기순환론』에 가장 정교하게 다듬어진 내용이 실려 있다.

## 불황은 결국 진화를 불러일으킨다

슘페터는 처음부터 경제적 변동이 자연적, 정치적 원인들을 포함한 여러 가지 원인들로 인해 발생할 수 있음을 인정한다. 그러면서 그는 자신의 진화 이론에 따라 경쟁적 균형에서 시작해 은행이 창출한 자본을 바탕으로 새로운 기업을 설립하는 '신인' 기업가를 데려온다. 그는 다음과 같이 기록했다. "혁신은 원칙적으로는 기존의 기업에서 나오지 않고 보통은 바로 옆에서 생산을 시작하는 새로운 기업에서 구현된다… 일반적으로 마차를 만들던 기업이 갑자기 기차를 만들어 내지는 못한다."

물론 세상에는 수많은 기업가들이 존재한다. 슘페터의 순환이론에서 기업가는 시간에 따라 골고루 나타나는 것이 아니라 갑자기 무리를 지어 나타난다. 그리고 그렇게 점점 늘어나는 기업가들은 한동안 혁신의 길을 따라간다.

기업 활동이 이렇듯 동시다발적으로, 하나로 뭉쳐서 이루어지는 건 서로 비슷하거나 관련된 분야에서 혁신이 더 쉽게 일어날 수 있기 때문이다. "경험을 축적하고 장애물을 제거함으로써 후발 주자들은 점점 더 쉽게 혁신의 길을 따라올 수 있다." 물론 그는 특정한 방향으로 계속해서 함께 움직인다면 언젠간 한계에 부딪칠 것이라는 경고 또한 잊지 않았다.

기업가들이 한꺼번에 무리를 지어 등장하고, 그들의 활동이 점차적으로 느슨해지거나 중단이 되면서 번영과 불황은 번갈아가며 나타나기 시작한다. 새로운 구매력의 창출은 새로운 지출을 불러오지만, 혁신적인 계획들이 결과를 내기까지는 시간이 걸리기 마련이다. 생산자의 추가적 지출은 소비자의 추가적 지출로 빠르게 이어질 것이다. 남는 노동력이 없기 때문에 생산에 필요한 요소의 가격이 상승하고 현금 수입과 소비재 가격도 아울러 상승할 것이다. 따라서 비용은 증가하겠지만 기존 기업들의 수익도 증가할 것이다. 하지만 곧 새로운 상품들이 시장에 유입됨에 따라 기존의 상품들과 경쟁하며 상황이 바뀌기 시작한다. 경쟁이 심화되는 동안 지출은 줄어들 것이다. 기업가들은 은행 대출을 상환하기 시작하고, 새로운 기업가들의 대출은 결국 완전히 중단될 것이다. 기존의 많은 기업들은 고통스러운 현대화 과정을 거쳐야 하며 그중 일부는 살아남지 못할 것이다.

적응하지 못하는 부분들의 제거, 혁신의 결과를 체제 안으로 재흡수, 경제적 생활을 재구성해 기업에 의해 변경된 데이터에 맞게 만들기, 가치 체계의 개조, 부채 청산들을 포함한 새롭게 만들어진 상황들에 대한 적응 등이 일어날 것이다… 이전의 균형 상태로부터 벗어나도록 해 주었던 기업가적 활력이 움직임을 멈추자마자 체제는 새로운 균형 상태를 향한 투쟁을 시작한다.

이 새로운 균형 상태에서는 산출물이 변하고 절대가격은 낮아지며 가격 체계가 달라진다. 또한 처음에는 기업가의 이익으로 보이던 것이 결국은 다른 계급의 실질 소득을 영구적으로 증가시키는 결과로 이어지기도 한다. 이러한 균형 상태로부터 기업이 다시 새롭게 일어선다.

슘페터의 경기순환에 대한 기본적인 모형은 실제 경기순환을 재현하기 위한 것이 아니라는 사실을 기억할 필요가 있다. 이 모형에는 (실제) 경기순환, 자본주의의 과정과 관련된 여러 특징들이 존재하지 않으며, 그중 일부는 그의 이른바 두 번째와 세 번째 근사치 모형 안에서 다시 고려된다.

슘페터는 두 번째 근사치 모형에서 또 다른 번영의 파동을 보여 준다. 이렇게 추가로 일어나는 번영은 사실 앞서 있었던 번영에 의해 시작된 것이지만 양적인 측면에서는 훨씬 더 중요하다. 다만 이 과정에서 부분적으로는 여러 실수들이 쌓이게 되지만, 슘페터의 기본 모형에서 실수나 오류는 치명적인 문제는 아니다. "언제나 기복은 있으며… 애초에 그런 실수가 없어도 손실은 발생하기 때문이다." 혁신은 새로운 지출을 초래하며 기존의 많은 기업들은 더 나은 상황이 계속해서 이어질 것이라고 예상하고 새로운 상황에 대응한다.

> 제한된 의미에서 투기가 시작되고 사업이 제대로 충분히 번창하기도 전에 호황이 시작될 것이다. 더 이상 기업가들만 새로운 대출을 받는 것이 아니며 '자금'이 형성되어 경제가 전반적으로 확장되는 방향으로 흘러간다. 각각의 대출은 또 다른 대출을 유도하게 되고, 가격 상승은 또 다른 가격 상승을 낳는다.

어쨌든 앞서 있었던 파동의 영향으로 또 다른 번영의 파동이 일어난다. 재조정의 고통스러운 과정과 시대에 뒤처진 기업들의 퇴장은 늘 있던 일이지만 이제는 조정하고 제거해야 할 훨씬 더 많은 것들이 있다. 경기 후퇴recession는 불황depression으로 발전할 수 있으며 불황은 또 다른 불황을 낳는다. 이때 경제는 가치의 하향 조정과 규모의 축소, 그리고 균형 상태 이하의 대단히 비정상적인 감소를 경험하게 된다. 어쩌면 살아남을 수 있었던 기업들조차 더 버티지 못하는 상황이 된다.

한편, 그의 세 번째 근사치 모형에서는 다른 부분이 부각되는데,

이는 바로 그가 혁신이 단지 한 번의 파동만을 불러일으킬 이유가 없다는 사실을 관찰한 데에서 시작한다. 자본주의의 역사적 기록을 고려해 슘페터는 그런 사실을 제안한 연구자들의 이름을 붙여 동시에 발생하는 세 가지 다른 파동을 소개한다. 여기에는 파동의 기간이 60년이 조금 안 되는 콘드라티에프 순환Kondratieff cycles, 파동의 기간이 7~11년 정도 되는 주글라 순환Juglar cycles, 마지막으로 40개월 미만의 기간 동안 일어나는 키친 순환Kitchin cycles이 있다. 참고로, 이 키친 순환(혹은 파동)은 혁신과는 무관할 수도 있다.

　슘페터의 이론은 다른 이론들이 놓치고 있는 순환의 중요한 특징들을 강조하고 있다. 그의 이론은 순환을 자본주의 과정의 구성적 특징으로 묘사한다. 순환은 우연히 일어나지는 않지만 그렇다고 꼭 마구잡이로 일어나는 것도 아니다. 이와 관련하여 슘페터는 순환이 돈과 신용의 영역에서 시작된 순수한 통화 현상이라는 개념을 거부한다. 순환이 일어나는 주요 원인은 "돈과 신용이라는 구조와는 무관하게, (순환이라는) 그 본질 안에" 있다. 비록 순환이 "돈과 신용이 빚어 낸 구조 없이 특정한 종류의 효과를 만들어 낼 수는 없다고 해도 말이다." 슘페터의 이론은 거시경제적 이론을 바탕으로 한 사고—혁신의 과정을 모호하게 만드는—에 대한 강력한 경고라고 볼 수 있기 때문에 중요하다.

# 창조적 파괴와 진부(합리)화 과정

슘페터의 (경제) 진화 이론은 처음부터 그가 언급하고 있는 경쟁적 자본주의, 즉 새로운 기업을 세운 새로운 사람이 활동하는 자본주의가 '독점적' 자본주의로 진화하는 경향이 있다는 사실을 분명하게 상기시킨다. 이럴 경우 혁신은 "더 이상은 새로운 기업에서 '평소처럼' 구현되지 않으며 새롭게 등장한 대규모 기업 집단들 사이에서 종종 개인과는 무관하게 진행된다." 일단 기업의 소유주이면서 동시에 관리자가 되면 그 기업가는 이런 새로운 상황을 제대로 판단하기 어려울 수 있다. 그렇게 기업의 대표는 단순한 조정자나 또는 상징적인 대표만 될 수도 있다. 실제로 혁신은 "'자동 현상' 처럼 되어 점점 더 비인격적인 모습이 되어 가며, 지도력이나 개인의 주도성 등의 문제는 뒤로 물러나게 된다."

슘페터의 경기순환이론은 불완전한 경쟁이 지속된다는 가정을 포함하지는 않는다. 불완전성을 조정하기 위한 어떠한 상황도 벌어지지 않다가 결국 독점적 자본주의로 합쳐지는 것이다. 슘페터는 금융시장과 직접 접촉할 수 있는 대기업의 세계에서는 신용 창출이 비교적 덜 중요하고 경제 변동이 심하지 않다는 점을 지적하면서 이러한 주제들과 관련된 자신의 주장들을 펼친다.

그는 독점적 자본주의의 혁신에 대해 비록 단편적이기는 하지만 강력한 표현을 포함한 설명을 제공한다. 그런 설명은 『자본주의, 사회주의, 민주주의』에도 등장하며 그 이후로도 논의는 계속

이어진다. 경쟁적인 조건과 독점적인 조건하에서 일어나는 혁신의 차이에 대한 슘페터의 설명은 진화 경제학을 비롯한 그밖의 다른 분야에서 마주하게 되는 두 가지 모형으로 구현이 되어 있으며, 이는 슘페터 마크1과 슘페터 마크2로도 알려져 있다. 마크1에서 혁신은 외부에서 이루어지며, 따라서 혁신가는 '외부인'이다. 마크2의 경우 '내부인'은 시장을 지배할 수 있는 힘과 지위를 다시 찾기 위해 연구 개발 활동에 참여한다.

『자본주의, 사회주의, 민주주의』에 실린 슘페터의 주장은 총 세 가지 내용으로 구성된다. 첫째, 그는 자본주의를 경제적 변화의 한 가지 형태 혹은 방법으로 보았다. 이와 더불어 자본주의를 두고 '항상 변하며 또 언제든 변할 수 있다'라는 자신의 개념을 다시 한번 확인한다. 자본주의의 본질적 특징은 "경제적 구조를 '내부로부터' 끊임없이 변화시키는" "창조적 파괴"의 과정이다.

둘째, 슘페터는 주류 경제학 이론—주로 애덤 스미스, 케인스학파의 이론—은 진화의 과정을 배제하고 있다고 지적한다. '세테리스 파리부스'라는 전제에 의존해 자본주의 경쟁의 본질을 포착하지 못한다는 것이다. 그는 그런 이론이 "비극 작품이 빠진 셰익스피어에 더 가깝다"라고 경고한다.

슘페터는 세 번째로 불완전한 경쟁이나 독점에 대한 이론을 비판한다. 그에 따르면 '독점적 관행'은 지엽적인 문제가 아니며 창조적 파괴의 끊임없는 폭풍 속에서 새롭고 중요하게 부상하고 있는 문제였다. 그는 또한 이런 불확실한 환경 속에서 투자를 하는 건 갑작스럽게 움직이는 잘 보이지 않은 목표물을 겨냥해 화살을 쏘는 것과 같다고 주장하며 특허와 같은 보호 장치의 확보가 중요함을 역설한다.

사실 창조적 파괴의 과정에서 '독점적 관행'은 종종 피할 수 없는 문제, 그 이상의 의미가 있다. 슘페터는 '대기업'이 가장 강력한 발전 동력이 되었다고 주장한다. 자체적인 연구부서가 있는 대기업들은 생활수준 향상에 큰 도움을 줄 수밖에 없다. 경제학자들이 선호하는 완벽한 경쟁 상황에서도 어쩌면 기대하기 불가능한 그런 도움을 말이다.

그렇지만 이런 성과는 자본주의의 미래에 또 다른 중대한 결과를 가져온다. 관료화된 기업에서 혁신은 숙련된 전문가의 업무가 된다. 개성이 사라진 그런 일상화된 업무가 되는 것이다. 그로 인해 기업가의 사회적 지위, 즉 자본가 계급의 사회적 지위는 중세시대의 기사들이 그랬던 것처럼 크게 약화된다.

> 자본주의 기업은 진보가 당연하게 이루어지고 있다고 생각하는 경향이 있다. 그런 까닭으로 우리 중 몇몇은 혁신이나 진보가 불필요하다고 생각하게 될 수도 있다. 완벽하게 관료화된 거대 산업 단위는 중소기업들을 몰아내고 소유주들을 '흡수'할 뿐만 아니라 결국에는 기업가들도 몰아내게 될 것이다. 그리고 그 과정에서 유산계급을 소득뿐만 아니라 갖고 있던 원래의 기능까지 잃어버린 그런 계급으로 만들

어 흡수해 버린다.

　기업가의 기능에 대한 문제를 다루는 이런 내용은 마르크스의 주장처럼 자본주의가 실패했기 때문이 아니라, 슘페터의 유명한 역설—자본주의는 그 스스로의 '성공' 때문에 무너질 것이다—처럼 성공했기 때문에 등장한 것이다. 비록 그 의미가 분명하지는 않지만 기업가 기능의 문제점으로 지적된 노후화, 혹은 진부화는 일부 베버의 이론이 함축하고 있는 것처럼 '합리화rationalization' 과정의 특별한 신호로도 볼 수 있다.

　이런 식으로 자본주의의 과정은 자본주의 이전에 있었던 제도들을 무너뜨리는 경향이 있는데, 사실 그중 상당수는 자본주의를 보호해 주는 역할을 하고 있었다. 자본주의의 합리주의적이고 비판적인 사고방식은 왕권과 신권의 자격 문제에만 그치지 않고 사유재산과 유산계급 가치 체계 전체를 공격하기도 한다. 자본주의는 그 자체로 높은 세금이나 규제 같은 자본주의를 반대하는 정책들, (불평등을 해결하기 위해) 자본주의에 적대적인 입법과 행정 및 사법적 관행 등을 만들어 낸다. 슘페터는 자본주의에 내재되어 있는 이 같은 자기 파괴의 성향이 사회주의가 출현할 수 있는 조건을 만들어 낸다고 보았다. 이렇게 해서 자본주의는 "속박을 당한" 자본주의가 된다.

# 경제학의 역사

그럼에도 불구하고 슘페터는 분명 위대한 경제학자이자 경제학의 역사를 연구했던 최고의 역사학자였다. 그는 평생에 걸쳐 경제학이라는 주제를 두고 다양하고 흥미로운 글들을 끊임없이 써 냈다. 미완성으로 남았으나 그의 사후에 편집되어 1954년에 발표된 『경제 분석의 역사』는 그의 가장 중요한 업적 가운데 하나이다.

『경제 분석의 역사』는 분량이 거의 1200쪽에 달하는 저작으로, 고대 그리스에서부터 중세 스콜라 철학과 자연법 철학자들을 거쳐 1940년대까지 이어지는 내용들을 다룬다. 게다가 슘페터 특유의 문체나 전개 방식이 돋보이는 저작으로 다루는 범위, 그 안에서 확인할 수 있는 박식함은 타의 추종을 불허한다. 이를테면, 1790년부터 1870년까지를 다룬 제3부에는 특히 각 시대의 철학과 시대정신, 로맨티시즘과 역사 기록학, 그리고 진화론 및 심리학, 논리를 논하는 '지적 풍경'에 대한 장이 포함되어 있을 정도이다.

『경제 분석의 역사』에서 가장 잘 알려진 부분은 연구의 범위와 방법에 대해 정리하고 있는 제1부이다. 슘페터는 여기에서 나중에 추가되는 경제사회학을 포함해 경제사와 통계, 이론을 다루는 경제 분석의 기술을 제시한다.

슘페터는 이 제1부에서 전미경제학회에서 회장으로서 했던 연설의 주제이기도 한 과학과 이념 사이의 관계를 설명한다. 이념에 대한 문제는 과학적 진화가 순수한 지적 과정이 아니라는 인식에서 시작된다. 과학자들이 선택한 문제와 이에 대한 접근 방식들은 사회적 조건에 따라 달라지며 이러한 맥락에서 보면 이념적이라고 할 수 있다. 마르크스 방식으로 말하자면 상부구조의 일부인 것이다. 특정한 한 시대를 대하는 과학적 사고는 주어진 사회적 환경에서 과학자들의 위치가 어디쯤인지를 반영해 다른 것들보다 특정한 대상들을 특정한 관점에서 바라보도록 하고, 또 어쩌면 특정한 관점에서 보고 싶다는 갈망을 잠재의식 속에 부여할 수도 있다.

『경제 분석의 역사』와 관련해 자주 논의되는 또 다른 부분은 "순수 이론에 관한 한 모든 경제학자들 중에서 가장 위대한 인물"이라는 레옹 발라에 대한 평가이다. 이 책 속에서 발라의 균형 체계는 "이론 물리학의 성과와 비교될 수 있는 경제학자의 유일한 연구"로 평가를 받는다. 발라가 이 같은 평가를 받는 이유는 슘페터가 자신의 첫 번째 책에서 전달하려 했던 내용과 일치한다. 슘페터에 따르면, 가장 근본적인 과학적 질문은 경제 현상의 결과물들 사이의 상호 의존성을 분석함으로써 경제적 '체계'를 구성하는 상품과 용역의 모든 가격과 수량에 대해 고유한 결정을 내릴 수 있는지에 대한 여부와 관련이 있다.

슘페터의 이른바 '리카도의 악덕'이라는 개념도 잘 알려져 있다. 리카도의 악덕이란 데이비드 리카도가 직접적이고 명확한 결과에만 관심을 두었다는 사실을 의미한다. 그런 결과를 얻기 위해 리카도는 '주어진' 자료들만 최대한 많이 수집해 단순화된 가정들만을 쌓아 올려 "원하는 결과만 거의 반복적으로 나오도록" 했다고 슘페터는 주장한다. "그는 자료들 사이에서 단순한 관계들만을 설정한 다음 누구나 인정할 만한 그럴듯한 결과만을 도출하는 버릇이 있었다. 그러는 사이 정말 중요한 것들은 이러한 자료들 안이나 밖에 감춰져 있는 경우가 많았다." 또한 슘페터는 케인스 역시 이와 유사한 과정을 따랐다는 비판을 하기도 했다.

이렇듯 『경제 분석의 역사』는 이전에 있었던 분석의 성과들을 요약하고 통합하는 동시에 우리가 흔히 생각하는 경제의 '고전적인 상황' 역시 결국 투쟁과 논쟁을 통해 나온다는, 복잡한 과정을 설명하고 있다. 하지만 역사서로서 이 책은 중대한 결함을 지니고 있는데, 슘페터 그 자신에 대한 명시적인 언급은 거의 없으며 암시적인 언급조차 찾아보기 어렵다는 점이다. 일반적인 독자는 이 책의 저자가 경제사에서 대단히 중요한 인물 중 한 사람이라는 사실을 깨닫지 못할 수도 있다.

그런데 그는 중요한 인물인가? 확실히 슘페터에 대해서는 그의 위치가 어느 정도인지 정확하게 파악하기 어려운 부분도 존재한다. 그건 그의 유산이 어떤 학파나 깔끔하게 정리된 이론적 체계로 남지 못했고, 정책과의 연관성도 비교적 적기 때문일 것이다. 물론 다르게 말할 수도 있다. 슘페터는 일종의 진화적 계획을 제안했고 그에 대해 일정 부분 기여를 했다. 그의 작업은 근본적이지만 다소 불투명한 질문들을 우리에게 설득력 있게 상기시킨다.

# John Maynard Keynes

Lesson 7.

# 존 메이너드 케인스

(1883~1946)

글. 빅토리아 베이트먼

#거시경제학 #케인스주의 #대공황
#자본주의에_중대한_수정을_가하다

## 빅토리아 베이트먼 Victoria Bateman

영국 케임브리지 대학교에서 경제학을 가르치고 있으며 『근대 초기 유럽의 시장과 성장Markets and Growth in Early Modern Europe』(2016)의 저자이자 《가디언》, 《컨버세이션》, 그리고 《텔레그래프》 같은 매체들에 정기적으로 경제 관련 논평을 싣고 있다. 베이트먼은 최근 영국 BBC 라디오에 출연해 영국의 유럽연합 탈퇴에서 복지 개혁에 이르기까지 다양한 주제로 논쟁을 벌였으며 경제학에서의 성 혁명에 대한 공개 논의를 요구하기도 했다. 가장 최근에 발표한 책은 『성적 요소The Sex Factor』(2019)이다.

존 메이너드 케인스는 그가 살았던 시대의 산물이다. 그가 살았던 시대는 두 차례의 세계대전과 세계 대공황이 일어난 시기였고, 새롭게 떠오르는 민족주의로 인해 세계화로부터 후퇴했던 혼란의 시대였다. 케인스는 숙명론자라기보다는 더 밝은 미래를 상상했던 이상주의자였으며, 무엇보다 자신과 같은 지식인들이 그런 미래를 적극적으로 만들어 나갈 능력과 도덕적 의무가 있다고 믿는 인물이었다.

케인스는 경제학자로서의 삶은 물론 학문 밖에서의 삶 모두에서 현재의 상황에 도전하는 것을 두려워하지 않았다. 1919년에 열린 파리강화회의에서 함께했던 미국 재무부 관료 러셀 레핑웰Russell Leffingwell에 따르면 케인스는 "언제나 자기 고집이 강했지만 장난기도 많았으며 신은 물론 십계명의 존재에 대해서까지 의문을 제기해 사람들을 놀라게 했던 영민한 인물"이었다. 1936년에 발표된 그의 책『고용, 이자 및 화폐에 관한 일반이론The General Theory of Employment Interest and Money』에서 구체화된 그의 주요 업적은 자본주의 경제가 수요가 부족한 상황에 빠질 수 있으며, 이는 궁극적으로 자유민주주의 사회의 구조를 위협할 수 있다는 주장을 두고 다른 경제학자들과 대립한 것이었다. 케인스는 실업 문제와 관련해 노동자들을 비난하는 대신, 그 비난의 대상을 시장 제도로 옮겨 궁극적으로 국가와 노동력이 보다 협력적인 관계를 구축해 가도록 촉구했다. 또한 두 차례의 세계대전 기간 동안 정부를 위해 일하면서 새로운 국가 계정 제도를 탄생시켜 국가의 경제 상황을 적절하게 확인하고 이를 관리하는 데 필요한 측정 도구를 제공했다. 그는 통화 안정과 무역 장벽 완화와 같은 경제적 목표를 지원했을 뿐만 아니라 국제 인권 의제와 탈식민화를 뒷받침하는 완전히 새로운 개념의 국제기구들을 제안해 세계경제를 지켜 나가는데 도움을 주기도 했다.


## 케인스에 관한 오해와 진실

케인스는 종종 자본주의를 반대한 인물로 오해받기도 했는데, 실제로 그는 자본가들로부터 자본주의를 구해 냈다는 말까지 들을 정도로 자본주의의 궁극적인 보호자였다. 미국의 경제학자 헨리 시몬스 Henry Simons(1899~1946)에 따르면 그의 『고용, 이자 및 화폐에 관한 일반이론』은 "전체주의 운동에서 경제 문제에 대한 경전"이 될 수도 있었다고 한다. 민주주의와 전체주의 세계 모두에서 택할 수 있는 최선의 방법으로 시장과 국가를 효과적으로 합칠 능력이 있다는 희망을 일반 대중들에게 불러일으킬 수 있었던 건 케인스만의 능력이 아니었을까. 케인스의 말을 따랐다면 전체주의와 공산주의는 20세기 중반에 이룰 수 있었던 수준보다 훨씬 더 발전했을지도 모른다. 케인스는 이른바 제3의 길을 제시했지만 주류 자유 시장경제나 사회주의자들 그 어느 쪽에서도 크게 환영받지는 못했다.
　페이비언이었던 영국의 사회학자 비어트리스 웹 Beatrice Webb (1858~

1943)은 "케인스는 경제 문제에 대해 진지하지 않았으며 마치 남는 시간에 경제학이라는 주제를 두고 장기라도 두는 사람 같았다. 케인스가 유일하게 깊은 관심을 기울였던 분야는 미학이었다"고 밝힌 바 있다. 아마도 사회주의와 자유 시장 주의의 통합을 꿈꾼 유일한 단체의 입장에서는 케인스를 진지하게 받아들일 수 없었던 것 같다. (적어도 처음에는 그랬다.) 그의 주장은 이후 고전주의 경제학파라는 이름으로 정리가 될 주류 경제학이었지만, 처음 등장했을 때만 해도 다른 경제학자들로부터 사이비 취급을 받을 뿐이었다. 시카고학파의 창시자로 알려져 있는 경제학자 프랭크 나이트 Frank Knight(1885-1972)는 케인스를 "일반 대중들의 편만 드는 반지성인"이며 "적과 아군조차 구분하지 못하는 사람"이라고 생각했다. 정부의 지출 확대와 중앙은행의 추가 자금 창출을 지지했던 케인스는 주류 경제학자들을 격분하게 만들었으며 대중을 선동하는 일에만 영합하는 것처럼 보였다. 하지만 아이러니하게도 그는 읽기 어려울 뿐만 아니라 따분하고 극소수만 이해할 수 있는 글을 썼다. 도저히 일반인들이 그런 글을 읽고 케인스를 따랐다고 생각하기 어려울 정도로 말이다. 경제학자 폴 새뮤얼슨은 『고용, 이자 및 화폐에 관한 일반이론』이 마치 "예상치 못한 독성을 가진 질병이 남태평양의 고립된 섬 부족들을 공격해 학살하는 것처럼" 경제학 분야를 휩쓸었다고 말했다.

당시 케인스가 모든 사람에게 깊은 인상을 심어 주지 못한 건 분명해 보이지만, 그는 젊은 세대 경제학자들에게 새로운 희망을 제시했다. 1920년대에서 1930년대를 지나는 동안 자본주의는 공산주의와 전체주의라는 머리가 둘 달린 괴물과 맞닥뜨리게 되는데, 두 체제 모두 국가권력의 강력한 압제를 내세웠다. 여기에 대해 케인스는 한 가지 대안을 제시한다. 기존의 자본주의를 개혁해 완전고용과 번영을 약속하고 "정치범 수용소와 처형, 혹은 잔혹한 고문이" 필요 없는 환경을 만들자는 것이었다. 1930년대에 케임브리지 대학교를 다녔던 한 학생은 "케인스가 제시한 자본주의의 개혁은 페이비언 세대가 사회주의를 통해 추구했던 모든 것, 아니 그 이상을 담고 있었다. 그의 이상은 도덕적으로는 평등주의를 주장하는 것이었고 또한 완전고용과 같은 관대함과 너그러움까지 내세웠다"고 밝힌 바 있다.

자신의 학문을 이론적으로 정립하는 동시에 국가 정책 결정 과정에도 참여하는 등 역동적인 삶을 살았던 케인스는 사후에 더 큰 명성을 얻어 1965년에는 《타임》의 표지 인물로 선정되기에 이른다. 《타임》은 "전 세계 자유 경제 체제에 막대한 영향을 미쳤다"며 케인스를 기렸다. 정부와 시장의 역할을 뒤섞은 그의 특별한 처방은 정책 결정자들은 물론 수많은 학계의 경제학자들로부터 찬사를 받았고, 1971년 미국의 37대 대통령 리처드 닉슨은 "이제 우리는 모두 케인스주의자이다"라는 선언까지 하기에 이르렀다.

이제부터 우리는 케인스의 인생과 그가 살았던 시대를 살펴보고 전쟁과 대공황, 그리고 그에 이어 나타난 세계화에 대한 경험이 그의 연구에 얼마나 큰 영향을 미쳤는지를 알아볼 것이다. 또한 케인스의 경제적 사고와 더불어 이 사고가 자본주의 체제 안에 살고 있는 자유 시장경제학자들의 믿음을 어떻게 뒤흔들었는지를 대략적으로나마 확인해 볼 것이다. 곧 알게 되겠지만 케인스가 세운 업적의 중심에는 '미래는 예측이 전혀 불가능하다'라는 믿음이 있었다. 이러한 예측 불가능성은 투자와 더불어 경제 자체를 본질적으로 불안정하게 만든다.

하지만 이 같은 미래의 불확실성에 대한 고민은 케인스만의 것은 아니었다. 그는 오스트리아학파와 그런 고민을 함께 나누었는데, 다만 오스트리아학파는 (경제에서의) 정부의 역할을 두고 케인스와는 다소 다른 결과에 도달하게 된다. 케인스는 경제를 안정시키기 위해서는 정부의 역할이 막중하다고 보았지만 오스트리아학파의 경제학자들은 그렇게 생각하지 않았다. 따라서 케인스에 대한 가장 큰 도전은 일반적인 자유 시장의 사고가 아니라 오스트리아학파의 모습을 하고 나타났다.

케인스가 받았던 도전 중 가장 취약한 부분은 시장에 대한 그의 비판이 아니었다. 곧 살펴보게 되겠지만, 그는 자유 시장을 가장 열렬하게 지지하는 사상가들의 공격 정도는 막아 낼 수 있었다. 하지만 그의 약점은 국가와 정치가들에게 기대했던 그의 믿음 안에 있었다. 앞으로 어떤 미래가 펼쳐질지 결코 알 수 없다고 하면서 정부는 그럴 수 있다는 말을 어떤 식으로 납득시킬 수 있단 말인가? 만일 정부에게 그런 능력이 없다면, 단기적이거나 상대적으로 제한된 국가의 개입을 제외한 모든 행위는 경제 전반을 잘못된 방향으로 이끌 위험이 있었다.


## 세계화, 전쟁, 공황, 그리고 반동


케인스는 시장이 승리를 거두던 시대, 즉 세계화의 시대에 태어났다. 산업혁명은 유럽의 이류 국가 영국을 세계 최고의 경제 대국으로 발전시켰다. 19세기 후반에 이르자 영국은 바다를 지배하고 식민지 제국을 건설했을 뿐만 아니라 금융기관들을 통해 전 세계를 연결하는 국제적인 운송망을 건설했으며, 이를 통해 곡물에서 의류에 이르기까지 온갖 상품들이 사방으로 퍼져 나갔다. 산업혁명에서 시작된 새로운 증기기관과 강철 제련 기술로 증기선과 기차가 등장해 운송 비용도 파격적으로 낮아졌다. 세상은 말 그대로 더 좁아지고 더 평평해졌다.

　1820년 이후 약 1세기에 걸쳐 약 3000만 명의 사람들이 유럽에서 미국으로 이주했으며, 영국은 자본 수출을 통해 사회간접자본 시설 구축에 자금을 지원하고 또 국제시장을 감당할 상품들을 생산할 수 있는 대규모 토지를 확보했다. 1982년 어느 경제 역사학자는 한 국가의 경제가 전 세계에 그토록 많은 투자를 한 적은 없었다고 언급했다. 1914년까지 전 세계는 서로 밀접하게 연결되어 있었다. 어떤 국가가 감당할 수 없는 군사행동을 일으켜 현재의 우호적인 무역 관계를 망칠 것이라는 상상은, 그 누구도 할 수 없는 시기였다. 그렇지만 제1차 세계대전은 이 조화로운 관계에 파괴와 혼란을 가져왔다. 케인스 역시 이로 인한 혼란을 피할 수는 없었는데, 그의 정치적 견해에는 이와 관련된 흔적이 영원히 남게 되었다.

자유분방한 생활과 평화주의적 가치로 유명했던 영국의 예술가 모임인 '블룸즈버리 그룹'의 친구들과 달리 케인스는 전쟁에서의 승리를 위한 노력에 동참하기로 마음먹고 국가 정책 결정이라는 세계에 첫 발을 내디딘다. 그는 케임브리지에서의 학업을 뒤로하고 재무부에 들어갔고 영국 정부에 전쟁 자금을 마련할 수 있는 최선의 방법을 조언했다. 1919년, 전쟁이 끝나자 케인스는 전후 보상과 관련된 협상을 포함한 평화 협상에 참여했다. 이 협상은 사실상 패전국들로부터 가능한 한 많은 보상금을 받아 내겠다는 협상이었다. 이 협상에 참여한 많은 정치가들이 강경한 태도로 일관했지만 케인스는 지속적인 평화를 위해서는 경제적으로 보다 관용적인 태도가 필요하다고 주장했다. 그의 눈에 독일을 심한 궁지로 내모는 일은 장기적으로는 독일뿐만 아니라 다른 유럽 국가들에도 좋지 않은 영향을 미칠 것으로 보였다. 1919년에 발표한 〈유럽의 재건을 위한 제안Proposals for the Reconstruction of Europe〉에서 케인스는 이렇게 경고한다. "우리가 중부 유럽의 몰락을 의도적으로 노리고 있다면 감히 예견하거니와 곧 보복을 당하게 될 것이다." 1919년에는 『평화의 경제적 결과들Economic Consequences of the Peace』도 출간되었는데, 여기서 케인스는 평화 협상에 대해 보다 관대하고 협력적인 결과물을 요구했다. 하지만 결국 그는 자신이 원했던 방식으로 협상을 진행시키지 못했고, 보복성 협상의 결과에 대한 그의 예측은 놀랍도록 정확하게 적중했다.

1920년대로 접어들자 독일은 막대한 전쟁배상금을 물어내기 위해 고군분투했고 다른 유럽 국가들 역시 재건을 위해 애를 썼다. 전쟁 중 발행했던 단기 국채를 갚아야 할 시기가 다가오자 대부분의 유럽 정부들은 이 문제를 해결할 수 없다는 사실을 알게 되었다. 배상금과 관련된 논쟁이 제대로 합의되지 못한 채 이어진 탓도 있지만, 어쨌든 각국 정부의 상환 능력을 확신할 수 없었던 국채 소유자들이 즉시 돈을 돌려받을 것을 고집했다. 1922년이 되자 국채를 매입하려는 사람은 거의 찾아볼 수 없었고, 또 세금을 더 올릴 수도 없는 상황에서 유럽 대륙 국가들은 필요한 자금을 마련하기 위해 인쇄기를 더 가동하기로 결심했다. 종이돈을 마구 찍어 내기로 한 것이다. 그 결과로 독일과 프랑스, 그리고 벨기에를 뒤흔든 초인플레이션이 발생하게 된다.

이와는 대조적으로 케인스와 재무부를 앞세워 세금과 장기 채권 발행을 통해 훨씬 더 성공적으로 전쟁 자금을 조달할 수 있었던 영국에서는 정반대로 디플레이션 문제가 발생했다. 전쟁이 승리로 끝났을 때는 잠시나마 경기 호황이 있었지만 얼마 지나지 않아 낙관주의는 깊은 비관주의와 불황으로 바뀌게 되었다. 1921년까지 영국의 실업률은 10퍼센트 이상 치솟았고 수출산업은 붕괴되었다. 대륙은 물론 영국까지 경제가 큰 혼란에 빠지게 되면서 지난 전쟁은 전 유럽에 길고 어두운 그림자를 드리웠다. 케인스에게 전쟁으로 인한 이런 경제적 파괴는 자신과 그의 블룸즈버리 그룹 친구들이 소중하게 여겼던 자유롭고 열린사회에 큰 위협이 되었다. 1922년 일간지 《맨체스터 가디언》을 통해 케인스는 이렇게 주장했다.

> 19세기 전반기와 마찬가지로 오늘날의 진정한 갈등은 자유주의 혹은 급진주의라는 세계관 사이에 자리하고 있다. 이를 해결하기 위해 정부는 평화와 교역 및 교류의 자유, 그리고 경제적 성공을 고려하고 있을지도 모른다. 또 어쩌면 군국주의나 좀 더 외교적인 측면에서는 국력과 위신, 국가나 개인의 영광, 문화와 전통, 혹은 인종적 편견의 전파를 생각하고 있을지도 모른다. 선량한 영국의 급진주의자들에게 후자는 그 무용함과 사악함의 결합으로 인해 너무나 비현실적이고 또 너무나 정신 나간 짓으로 보일 텐데, 그러다 보니 그런 일이 실제로 존재한다는 사실을 잊거나 믿지 않을 위험에 처해 있는 것이다.

## 케인스가 바라본 실업과 시장의 관계

자본주의의 결함을 정직하게 받아들이고 경제학자들에게 그 결함들을 바로잡을 책임을 부과해야 자유주의를 구할 수 있다. 하지만 대부분의 케인스 동시대 사람들에게 경제적 문제는 자본주의의 활성화 때문이 아니었다. 그들은 자본주의가 너무 소극적으로 작동하는 탓에 이 모든 문제가 생기는 것으로 보았다. 노동자들을 도우려 했지만 좌파 성향 정책이 주도한 시장 개입은 정반대의 결과를 야기하고 말았다. 높은 실업률은 노동조합주의의 득세에서 줄어든 노동 의지에 이르기까지 그 책임 공방이 치열했지만 사실 이는 당시 영국의 수상이었던 데이비드 로이드 조지David Lloyd George가 전쟁 전부터 실시했던 복지 수당 확대의 결과일 가능성이 컸다.

당시 대다수의 경제학자들은 노동자들이 겪는 곤경을 두고, 이는 모두 노동자 스스로가 자초한 문제라고 비난했다. 그러나 케인스는 모든 것이 시장의 잘못이라고 주장했다. 당시의 경제적 상황과 관련해 가장 강력한 도전일 수밖에 없었던 이러한 생각의 뿌리는 〈처칠의 경제적 결과들The Economic Consequences of Mr Churchill〉이라는 제목의 소책자로부터 출발한다. 1925년 당시 영국의 재무부 장관이었던 윈스턴 처칠은 영국을 국제적인 고정환율제도°인 금본위제로 되돌리기로 결정한다. 전쟁 전 기준으로 따지면 영국의 1파운드는 약 4.86달러였다. 영국 경제가 전쟁으로 크게 약화되었다는 점을 감안할 때, 이 오래된 기준은 너무 높았다. 케인스

---

° 　　외환시세의 변동을 인정하지 않거나 극히 작은 변동 폭만을 인정하는 제도. 고정환율제도는 경제활동이 안정적으로 이루어지는 것을 보장해 대외적인 거래를 촉진시키기도 하지만, 환율 변동에 따른 국제수지 조정이 불가능해져 외부로부터 충격이 발생할 경우 물가, 나아가 경제를 불안정하게 만들기도 한다.

는 영국의 경쟁력이 전쟁 전과 동등하게 유지되려면 환율이 적어도 10퍼센트는 더 낮아져야 한다고 생각했다. 그는 이 소책자를 통해, 너무나도 높게 설정된 환율이 영국의 수출 수요를 가로막았고, 그렇게 과대평가된 환율을 지키려는 욕심으로 이자율을 높게 책정한 것이 결국 높은 실업률로 이어진 거라고 주장했다. 그는 노동자들이 직면한 실업 문제에 대해 노동자들을 비난하는 대신 정부 정책을 비난한 것이다.

케인스의 이런 생각은 당시의 경제적 사고와 정면으로 부딪혔다. 많은 경제학자들은 케인스의 주장이 그럴듯하다고는 생각했지만 절대적으로 옳다고 확신하지는 못했다. 당시 경제학자들의 생각에 높은 환율은 상품의 가격은 떨어뜨리고 영국산 상품의 상품성을 다시 한번 끌어올릴 수 있을 것만 같았다. 그런데도 상품의 가격이 떨어지지 않는다면 그 이유는 단 한 가지, 노동자들 때문일 것이다. 노동자들이 임금 삭감을 거부하면 상품의 가격은 올라가고 기업의 비용도 따라서 높아진다. 그러면 또 일자리가 줄어드는 건 불을 보듯 뻔한 일이다. 이런 식으로 자유 시장이 아닌 노동자들이 직접적인 비난의 대상이 되었다.

1929년이 되자 실업 사태와 불황은 영국뿐만 아니라 전 세계로 퍼져 나갔다. 위험이 더 커짐에 따라 이제 케인스는 지금의 경제적 사고에 더 적절하게 도전하기 위해 자신만의 본격적인 이론이 필요했다. 그로서는 꼭 근로자나 기업의 잘못이 아니더라도 지출, 즉 '수요'가 모든 사람들이 일을 계속하도록 만드는 데 충분하지 않은, 그런 경제적 상황이 올 수 있다는 사실을 보여 줄 필요가 있었다.

1930년에 출판된 그의 『화폐론A Treatise on Money』과 뒤이어 출판된 『고용, 이자 및 화폐에 관한 일반이론』(1936년)에서 케인스는 자신만의 주장을 펼치며 경제학에 혁명을 불러일으켰다. 그는 시장이 갖고 있는 기능에 모든 걸 맡기기만 하면 시장이 알아서 원하는 모든 사람이 일자리를 찾을 수 있도록 해 준다고 믿은 주류 경제학자들과는 달랐다. 케인스는 오직 우연에 의해서만 경제가 완전고용 상태로 나아갈 수 있을 뿐이라고 주장했다. 그는 자유방임주의 사상에서 주장하듯 정부가 그저 뒷전으로 물러나 있는 것이 아니라, 국가 경제의 지출 수준을 적극적으로 관리할 의무가 있다고 주장했다. 경제가 생산할 수 있는 모든 재화를 소비할 수 있는 충분한 수요를 만들어 내야 한다는 것이었다. 이로 인해 단순히 매년 수지 균형을 맞추는 것 이상을 책임지는 정부 재정 정책이 전면에 등장하게 되었다. 케인스는 정부가 경기 침체기에는 지출을 더 많이 하고 호황기에는 지출을 줄여야 하며 경기순환 주기 전체에 걸쳐 세금과 정부 지출 계획을 균형 있게 조정해야만 한다고 주장했다.

제2차 세계대전이 시작되면서 이제 문제는 너무나 많은 수요로 옮겨가게 되었다. 영국 정부는 전례 없는 수준의 지출을 하게 되는데, 어쩌면 트라우마로 남아 있는 초인플레이션 시절을 의식한 결과일지도 모르겠다. 정부는 케인스의 경제학 이론을 활용해 수요를 관리하는 데 도움을 받으려 했지만, 수요가 상승이 아닌 하강 방향으로 나아가기를 강력하게 바랐다. 문제는 두 가지였다. 첫째, 수요 측면에서 볼 때 전쟁으로 인해 남녀 모두 전장이나 군수품 공장으로 징집되었기 때문에 맞벌이 소득 가정이 일반적인 기준이 되었다. 둘째, 정부가 앞장서서 생산을 지휘하고 공장들의 보유 자원을 전차나 화기 같은 무기 생산으로 전환하도록 지시하면서 판매되는 소비재의 양이 크게 줄어들었다. 이렇게 수요는 늘어나고 공급은 줄어드는 두 가지 요소가 합쳐지면 시장 가격은 관리할 수 없는 수준까지 치솟을 위험이 있었다. 그리하여 과도한 가격 상승을 피하기 위해 경제의 수요를 계산하고 또 그 수요가 어떤 수단을 통해 얼마만큼 억제될 수 있는지를 검토하기 위해 케인스는 다시 재무부로 소환되었다. 그리고 전쟁이 끝나자, 케인스가 경제정책 결정에 미쳤던 영향들이 결실을 맺기 시작했다. 리처드 스톤Richard Stone(1913~1991)이나 제임스 미드James Meade(1907~1995) 같은 경제학자들과 함께했던 그의 업무는 현대적인 방식의 국민소득회계를 탄생시켰다.


## 종전과 새로운 국제 질서

그러나 분명한 건 케인스는 결코 공산주의자가 아니었다는 사실이다. 케인스는 시장을 완전히 없애는 방식을 주장하다 다른 중요한 것들까지 잃게 되는 것보다는 약간의 시의적절한 개입을 통해서 시장이 합리적으로 제 기능을 잘할 수 있도록 만들어야 한다고 믿었다. 거기에는 물론 누구나 원하는 일자리를 하나 정도는 찾을 수 있도록 해 주는 기능도 포함되어 있었다. 케인스는 개인 선택의 자유를 포함해 많은 이점을 누릴 수 있도록 시장을 지켜 내는 한편, 시장의 어두운 측면들은 경기 호황과 불황이 연속적으로 이루어지는 상황 속에서 처리하려고 했다. 케인스는 자유주의의 가치를 옹호하는 사람이었고, 안쪽보다는 바깥쪽을 바라보는 사람이었다. 실제로 그는 국내 경제정책에 영향을 미쳤을 뿐만 아니라 제2차 세계대전 이후 등장한 새로운 국제경제 질서를 구축하는 일에도 도움을 주었다.

케인스가 생각한 새로운 국제 질서는 세계화의 이점을 인정하는 그런 체제였다. 그는 각 국가들이 서로 등을 돌릴 때 어떤 일들이 일어날 수 있는지 잘 알고 있었다. 19세기 후반에 새롭고 놀라운 발전을 이룩했던 국제시장은 제1차 세계대전과 제2차 세계대전 사이, 놀랍도록 빠른 속도로 붕괴되었다. 관세는 1930년대에 발생한 대공황의 영향으로 크게 올라갔으며 혁명과 전체주의 사상을 통해 문을 걸어 잠그고 자급자족을 추구하는 국가의 숫자도 늘어났다. 경제성장은 위축되었고 세계무역도 함께 타격을 입게 되면서 악순환이 꼬리에 꼬리를 물었다. 전 세계 무역이 붕괴되면서 이민정책을 포함한 노동시장에 대한 제한도 증가했다. 세계경제는 세계화와 반대되는 방향으로 나아갔다. 이 전간기戰間期 동안의 경험으로 인해 정책 결정자들은 제2차 세계대전 이후 두 가지 결론에 도달하게 된다.

우선, 국가 내부적으로 봤을 때 시장에만 의존할 경우, 완전고용을 보장할 수 없다는 것이었다. 따라서 국가의 개입을 주장하는 케인스학파 경제정책과 복지국가가 탄생했고, 완전한 자유 시장경제 전략이 아닌 일종의 '혼합된' 전략이 추구되었다. 둘째, 기존의 관세 정책이 자멸적인 정책으로 드러나면서 국제적인 수요가 줄어들었고 영국을 비롯한 전 세계경제가 큰 타격을 입었다. 따라서 국제 상품 시장은 여러 통제 정책들로부터 해방되어야 했다. 케인스는 미국의 경제학자 해리 덱스터 화이트Harry Dexter White(1892-1948)와의 공동 작업을 통해 이른바 브레튼 우즈 체제를 탄생시킨다. 브레튼 우즈는 국제연합 통화 금융 회의가 열렸던 장소의 이름이다.

브레튼 우즈 체제는 케인스가 1920년대 영국의 심각한 경기 침체 상황을 책임지던 시절, 즉 이전 시대의 고정환율제도에서 한 걸음 더 나아간 것이다. 우선, 각 국가가 자국 통화의 가치를 평가절하할 수 있는 유연성이 더 커져 과대평가된 통화가치를 하향 조정할 수 있게 되었다. 또한 국가 간의 자본 흐름이 제한되어 투기성 공격의 가능성과 함께 각국 정부가 국제 자본의 변덕에 노출돼 휘둘리는 일도 줄어들었다. 이로 인해 정부는 국내 경제정책에 대해 이전보다 더 큰 통제력을 가질 수 있게 되었다. 요컨대, 이 새로운 체제는 상품의 자유로운 흐름에는 의존했으나 자본의 자유로운 흐름에는 의존하지 않은 것으로 볼 수 있다. 관세 장벽은 제거되었지만 자본 흐름에 대한 장벽은 제거되지 않았던 것이다.

이 새로운 국제경제 질서의 주의 깊은 감시 아래, 세계경제는 1950년대와 1960년대로 접어들면서 황금기를 맞이하게 된다. 특히 유럽이 가장 큰 혜택을 맛보았는데, 인플레이션과 실업률이 낮아졌고 무역과 투자는 호황을 누렸다. 그렇지만 1960년대 후반부터 고정환율제도는 큰 압박을 받게 되었고, 1970년대로 들어서면서 변동환율제도로의 대대적인 전환이 일어나게 되었다. 그와 동시에 자본시장에 대한 규제도 완화되기 시작했다. 이제 국제시장은 19세기 후반에 있었던 첫 번째 거대한 세계화 이후 처음 보는 수준의 통합에 자유롭게 도달할 수 있었다. 그렇지만 중앙은행의 무분별한 화폐 발행 능력을 제한하는 고정환율제도가 사라졌기 때문에 곧 인플레이션이 감당할 수 있는 수준을 벗어나게 된다. 따라서 오래 지나지 않아 유럽의 국가들은 자본의 자유로운 이동을 허락하는 동시에 고정환율로 돌아갈 수 있는 방법을 찾게 되는데, 그 최종 결과가 바로 유로화였다.

케인스로서는 브레튼 우즈 체제가 결국은 실패할 것이라는 사실은 물론 지금의 유로화가 겪고 있는 시련과 고난 역시 완벽하게 예측이 가능했을 것이다. 브레튼 우즈 체제는 케인스가 원했던 내용과 덱스터 화이트가 미국의 이익을 위해 원했던 내용 사이의 타협점이었다. 이 과정에서 케인스가 그토록 바랐던 소망 하나가 결국 받아들여지지 못했는데, 그게 바로 '잉여 재활용surplus recycling' 제도였다. 잉여 재활용 제도란, 경제력이 강한 국가가 경제력이 약한 국가를 돕는 것이다. 제2차 세계대전을 겪고 난 후의 미국 입장에서 그러한 제도는 전쟁으로 폐허가 된 유럽을 돕는 작업과 다름없었고, 현대 유로화의 관점에서 보면 수출 강국 독일이 남유럽 국가들을 지원하는 과정과 똑같은 것으로 볼 수 있다.

케인스는 경제 강국이 언제든 어려운 국가를 도울 준비가 되어 있어야만 고정환율제도가 유지될 수 있다고 보았다. 고정환율제도하에서 각국은 환율이나 이율을 마음대로 변경할 수 없다. 안정은 공짜가 아니었고 반드시 그 대가가 있는 법이다. 더 강력한 국가가 상호 협력의 규칙을 따르지 않는 상황이라면 불안정이 곧 일상이 되어 버린다. 브레튼 우즈 체제는 분명 케인스가 비난했던 전간기 시절 영국의 실수였고, 배리 아이켄그린Barry Eichengreen의 생각처럼 경제 대공황의 직접적인 원인인 금본위제를 개선한 것이지만, 그저 거기까지였다.


## 경제학 이론: 케인스와 고전학파


케인스의 경제적 사고는 그를 둘러싸고 있던 경제적 상황들뿐만 아니라 19세기 후반 세계화의 절정에서 전쟁과 전간기 불황의 시대로, 또 제2차 세계대전과 그 이후의 세계경제 재건 시대로 그를 몰아갔던 상황들에 대한 반응이었다. 케인스의 『고용, 이자 및 화폐에 관한 일반이론』에는 당대의 경제학자들의 대한 그의 직접적인 공격이 드러난다.

고전주의 경제학에 따르면 자유 시장은 일종의 '안정력stabilizing force'을 제공해 주었다. 사람들이 일자리를 찾지 못하는 시기가 있더라도 필사적으로 일을 해야만 하는 그런 상황은 일어나서는 안 된다. 시장이 자유롭게 제 기능을 할 수 있다면 가격과 임금은 일자리를 원하는 모든 사람이 취업을 하고 모든 기업이 원하는 수량만큼 상품을 생산할 수 있는 수준에 맞춰 자연스럽게 조정되어야 한다. 소비자들이 씀씀이를 줄여 기업이 고통을 겪고, 결국 노동자들을 정리해고할 수밖에 없는 그런 상황은 절대로 일어날 수 없는 것이다. 케인스학파 이전의 이런 사고방식에 따르면 한 국가 경제의 생산량과 소득은 경제의 생산 능력에 따른 '공급의 측면에서' 결정되었다. 그리고 이 공급의 측면에서 결정이 된 생산수준은 경제의 타고난 능력, 즉 기술 수준과 기계 설비의 규모, 그리고 일을 하고자 하는 사람들의 숫자에 의해 판가름 난다.

다음의 도표는 왜 노동시장이 일하기를 원하는 사람들의 숫자와 일자리 숫자가 정확히 일치하는 지점에 도달해야 하는지 보여 준다.

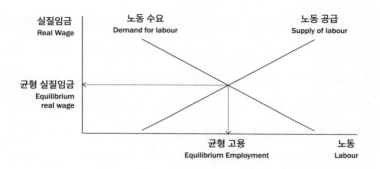

## \<노동시장\>

The labour market

실질임금
Real Wage

노동 수요
Demand for labour

노동 공급
Supply of labour

균형 실질임금
Equilibrium
real wage

균형 고용
Equilibrium Employment

노동
Labour

　'노동 공급'의 선은 가능한 임금률로 일하기를 원하는 노동자들의 숫자를 나타낸다. 임금이 상승함에 따라 점점 더 많은 노동자들이 일을 하는 쪽을 선택하기 때문에 이 선은 위로 올라가게 된다. '노동 수요'의 선은 기업이 가능한 임금으로 고용하고자 하는 노동자들의 숫자를 나타낸다. 임금이 떨어지면 노동자들을 고용하는 게 '더 저렴해지기' 때문에 이 선은 아래로 내려간다. 따라서 임금이 유연하다면 두 선이 교차하는 지점에서 자연스럽게 조정이 될 것이다. 이 마법의 지점에서 노동자들이 하고 싶은 일, 즉 공급하고자 하는 노동량과 기업이하고 싶은 일, 즉 요구하고 싶은 노동량은 정확히 동일하다. 경제학에서는 이 지점을 '시장 청산 임금market-clearing wage'이라고 부른다.

　한 국가의 경제가 자연스럽게 이 지점에 도달하는 이유를 알고 싶다면 임금이 이 시장 청산 수준 이상으로 상승한다고 한번 가정을 해 보자. 그렇게 되면 노동에 대한 수요는 실제 공급보다 적을 것이다. 임금이 올라가면 기업 입장에서는 이전과 같은 숫자의 노동력을 고용하기에는 비용이 너무 많이 들어간다. 일하고 싶은 일부 노동자의 경우 필연적으로 일자리를 잃게 되는 것이다. 그들은 이제 기꺼이 자신들을 고용해 줄 직장을 찾을 수 없다. 일자리 부족에 직면한 노동자들은 모두가 다시 일자리를 찾고 임금이 시장 청산 수준으로 돌아갈 때까지 임금 삭감을 받아들일 것이다.

고전주의 경제학의 관점에서 경제의 수요 측면은 스스로를 책임질 수 있었다. 시장이 자유롭고 유연하며 사람들이 충분한 정보를 제공받고 있는 한, 경제의 지출 금액은 생산할 수 있는 모든 재화를 정리하는 데 필요한 수준으로 자연스럽게 조정된다. 다시 말해 생산수준이 공급 측면에 의해 완전하게 결정이 되는 것이다. 지출 금액은 언제나 공급 측이 결정한 산출량과 일치하는 수준으로 자연스럽게 조정된다. 따라서 결과적으로 산출물의 수준은 항상 모든 기계 설비가 가동되고 일자리를 원하는 모든 사람들이 일을 할 수 있는 수준에 맞춰질 것이다.

자유 시장경제의 지출 부문이 스스로를 책임질 수 있다면 정부는 경제가 불황에 시달리는 상황 같은 건 전혀 걱정할 필요가 없다. 정책 결정자들은 그저 뒤로 물러나 있기만 하면 되는 것이다. 깔끔한 '균형'으로부터 발생하는 오차는 아주 드물고 또 일시적이어야 한다. 실제로 그러한 오차가 발생하는 부분에 대해서 고전주의 경제학자들은 그 책임을 자유 시장의 기능을 가로막은 정부 혹은 노동자들에게 물었다. 그들의 생각에 국가가 경제를 위해 할 수 있는 최선은 시장을 가능한 한 자유롭게 내버려 두는 것이었다.

이 고전적인 경제적 사고방식을 충실히 따랐던 1920년대와 1930년대의 경제학자들은 실업률이 치솟기 시작하자 두 가지 영향에 대해 그 책임을 돌렸다. 우선 경제에 대한 간섭으로 임금과 가격이 적절하게 조정되지 못했다는 점을 들었다. 이러한 간섭이 일어난 이유로는 흔히 제1차 세계대전 기간 동안 힘을 키운 노동조합과 또 전쟁 후 그 보장 범위가 확대된 실업 급여가 꼽힌다. 여기서 궁극적인 비난의 대상이 된 건 노동조합에 가입했거나 혹은 지나치게 경제에 개입하려는 정권의 편을 든 노동자들이었다. 실업률 상승에 영향을 미친 두 번째 잠재적 원인은 경제의 '공급 측면'에 대한 전쟁의 영향력이었다. 전쟁은 노동자들과 함께 기술과 기계를 사용해 상품을 생산하는 경제의 능력에 영향을 미쳤다. 생산량이 줄어들면 기업은 이전과 같은 수준으로 임금을 지불할 수 없다. 임금이 낮아지면 일부 노동자들의 경우 일한 만큼의 임금이 지급되지 않는다는 사실을 깨닫고 그 결과 자의적으로 퇴직을 선택하게 된다. 그 결과가 바로 '자발적 실업'이다. 그렇지만 실업률 상승의 이유가 무엇이든 그 비난의 대상은 일자리를 잃은 노동자였지 시장경제 자체가 아니었다.

케인스는 실업 문제에 대한 이런 설명에 전혀 만족할 수 없었다. 실업자들이 겪고 있는 가난과 불행을 보고 있으면 실업 문제가 노동자들의 문제가 아니라 시장 자체의 실패에서 비롯된 것이라는 확신만 들 뿐이었다. 수요가 충분하지 못한 상황은 언제든 가능하며 그로 인해 기업들이 노동력을 거의 필요로 하지 않을 수 있다는 그의 지적은 현실적인 측면에서는 명쾌했지만 경제학자들을 확신시키기에는 충분치 않았다. 고전주의 경제학의 입장에서는 경제에서 생산되는 모든 재화를 구매할 수 있는 충분한 수요가 항상 있어야 했고, 어떤 사업체나 근로자도 필요한 것 이상을 원하지 않아야 했다.

고전주의 경제학 이론은 사람들이 경제에서 생산되는 모든 상품을 구매할 수 있는 '잠재력'이 항상 '실제' 지출로 이어질 것이라고 말한다. 물론 사람들이 자신의 임금과 이익에서 지출하기를 원하는 양은 (어떤 사람들은 자연스럽게 그중 일부를 저축하고 싶어 할 수 있기 때문에) 경제가 생산하는 양보다 낮을 수 있다. 하지만 기업들이 소비자가 저축하기로 결정한 만큼의 액수를 그대로 차입, 그러니까 투자하기로 하는 이상 그 액수도 그대로 소비력이 되어 경제로 흘러 들어갈 것이다. 고전주의 경제학자들의 주장에 따르면 이자율은 투자가 저축과 같아지도록 언제나 조정될 것이며, 이를 통해 경제의 총 지출은 생산되는 총 가치와 동일해진다.

만일 사람들이, 그러니까 노동자들이 기업이 차입하고자 하는 액수보다 더 많이 저축을 하는 경우에는 은행이 저축으로 넘쳐 나게 되니 은행은 낮은 이율로 대출을 제공할 것이다. 그렇다면 기업은 여기에 호응해 더 많은 액수를 차입해 그렇게 은행으로 들어간 저축 액수를 흡수하게 된다. 이와 똑같은 원리로, 사람들이 저축하고자 하는 액수에 비해 그 저축액을 투자금으로 대출하고자 하는 기업의 수요가 너무 많으면 이자가 상승해 대출을 원하는 기업이 줄어들 것이다. 이런 식으로 경제에서 발생하는 투자 금액은 언제나 사람들이 저축하려는 금액과 정확하게 일치한다. 따라서 결론은 경제에서 생산되는 모든 것들이 언제나 구매되고 있기 때문에 자유 시장경제에서는 실업률이 올라가지 않는다는 것이다.

케인스에게 이 같은 희망적인 생각은 경제에서 가능한 수많은 결과들 중 하나에 불과했다. 한 쪽 정도 분량의『고용, 이자 및 화폐에 관한 일반이론』제1장은 아마도 어떤 책과 비교해도 가장 짧은 장일지도 모르지만 그는 최선을 다해 다음과 같은 점을 지적했다.

나는 이 책의 제목을『고용, 이자 및 화폐에 관한 일반이론』이라고 지으며 '일반'이라는 표현에 중점을 두었다. 제목을 그렇게 지은 건 내가 자라났으며 실질적으로, 또 이론적으로 이 세대의 정계와 학계의 경제학 사상을 지배하는 주제인 '고전' 이론과 내가 주장하고 결론 내린 내용을 서로 대조하기 위해서이다. 나는 고전 이론의 가설이 특별한 경우에만 적용될 수 있다고 주장할 것이다. 또한 그것이 가능한 한 평형 위치의 한계점이라고 가정하는 상황에는 적용되지 않는다고 주장할 것이다. 게다가 고전 이론에서 생각하는 특수한 경우의 특성은 우리가 실제로 살고 있는 경제 사회의 특성이 아니기 때문에 그런 이론을 경험적 사실에 적용하려고 하면 오해와 재앙을 불러일으킬 수 있다.

## 무엇이 투자를 이끄는가?

케인스의 생각을 이해하는 핵심은 무엇보다도 미래를 예측하는 일이 거의 불가능하다는 사실을 인식하는 것이다. 케인스는 경제 학자일 뿐만 아니라 유능한 수학자였고, 주식 투자에도 열심이었다. 그는 매일 아침마다 금융 관련 기사들을 읽으며 주식 동향을 파악하기 위해 애썼다. 자신을 위해서가 아니라 자신이 일부 관리를 맡았던 케임브리지 대학교의 자산 투자를 위해서였다. 그의 투자 전략은 1929년 어느 날 아무도 예상치 못한 시점에 주식시장이 폭락하기 전까지는 아무런 문제가 없는 것 같았다. 당시의 경험을 통해 그는 고민을 거듭했고, 결국 아무리 애를 써도 미래는 예측할 수 없다는 사실을 깨달았다.

그런 까닭으로 케인스는 그의 선배들과는 대단히 다른 투자 이론을 제시했다. 고전적 투자 이론은 금리에 반응해 투자하는 것이 기본이었다. 한 국가의 경제에서 저축이 너무 많고 지출은 너무 적어 모든 사람이 일을 계속할 수 없다면 금리는 자연스럽게 떨어지기 마련이다. 그렇게 되면 은행은 사람들이 저축한 돈으로 넘쳐나게 되는데, 이 경우 기업의 입장에서는 대출이 더 쉬워지기 때문에 투자가 증가한다. 이렇게 투자를 위한 추가 지출이 늘어나면 소비자의 지출 부족이 상쇄되어 사람들이 일자리를 잃는 것을 방지한다. 그렇지만 케인스는 저축 금액이 넘쳐 날 때 금리가 자연스럽게 떨어질 것이라는 전제 자체의 허점을 찾아낸다.

돈은 케인스의 사고에서 중심적인 역할을 한다. 예측할 수 없는 미래에 직면했을 때 돈은 어느 정도의 안전을 보장해 준다. 따라서 저축을 하는 사람이 미래에 대해 걱정하기 시작한 경우, 주식이나 은행을 통해 간접적으로 기업에 대출을 해 주는 방식으로 투자를 하는 대신, (실제 돈의 형태로) 현금 그 자체를 보관하게 될 가능성이 높다. 저축이 돈의 형태로 저장이 된다는 건 결국 저축이 자동적으로 투자로 이어지지 않는다는 것을 의미한다. 그 결과 경제는 지출이 너무 적은 상황에 빠질 수 있다. 케인스는 사람들이 저축을 할 때 사라지는 소비력이 투자를 통해 자동적으로 경제로 다시 흘러들어갈 것이라는 고전적 견해, 즉 저축이 투자자의 손안에서 재활용될 것이라는 이론 자체가 잘못되었다고 주장했다.

케인스는 사람들이 저축을 너무 많이 해 금리가 하락하더라도 경제가 돌아가는 데 필요한 투자 금액이 다시 나타날 것이라고는 생각지 않았다. 케인스에 따르면 금리는 투자의 주요 동기가 되지 못했다. 미래에 대한 투자자의 '신뢰 상태'가 무엇보다 가장 중요한 '야성적 충동'과 함께 훨씬 더 중요했다. 일단 기업이 미래에 대해 걱정할 만한 이유가 있다고 느끼게 되면 아무리 대출이자가 낮아도 활용 가능한 모든 저축액을 대출해 투자를 하도록 유도하기가 어려울 수 있다. 결국, 아무리 대출이 쉽고 그 비용이 저렴하더라도 소비자가 지출을 하지 않는 상황이라면 기업 입장에서는 굳이 대출을 해서 생산력 확장에 투자할 이유가 없다는 뜻이다. 그렇게 되면 경제 안에 축적된 저축액을 모두 다 흡수할 만큼의 투자가 이루어지지 않기 때문에 경제의 총 지출 규모가 시장에 나와 있는 모든 판매 가능한 상품을 처리하는 데 필요한 만큼에 미치지 못할 수 있다. 전국의 창고와 공장에는 그런 식으로 처리되지 않은 상품들이 쌓여 가면서 기업에서는 정리 해고가 발생한다. 그러면 이 새로운 실업자들이 또 지출을 줄이면서 팔리지 않은 상품의 재고량은 더욱 증가하는 악순환으로 이어진다.

이때 정부는 필요한 경우 수요를 늘리기 위해 개입하겠다고 약속함으로써 미래에 대한 확신을 고취시키는 역할을 떠맡게 된다. 물론 소비자와 기업 모두 정부가 이런 식으로 행동할 것이라는 믿음이 있는 곳이라면 미래에 대한 낙관적인 전망도 실현 가능하므로 경기 침체를 피할 수 있을 것이다.


## 이론적 해결책: 가격과 임금의 경직성 문제

케인스는 수요의 부족으로 경제가 불황에 빠질 수 있다고 생각했지만 고전주의 경제학자들은 시장이 항상 탈출구를 찾을 것이라고 믿었다. 그들은 자유 시장경제가 가격과 임금의 자연스러운 조정을 통해 불황으로부터 자동적으로 헤어날 것이라고 주장했다. 따라서 불황이 닥쳐왔을 때, 모든 정책 결정자들은 가격과 임금이 하락할 때까지 가만히 앉아서 기다려야만 했다. 케인스가 제안한 정부의 강력한 개입은 필요치 않았다.

상품의 가격이 낮아지면 낮아질수록 사람들은 더 풍족함을 느끼게 된다. 저축, 혹은 축적이 된 '부'를 통해 사람들은 그 어느 때보다도 더 많이 구매를 할 수 있게 될 것이고 이는 곧 더 많은 지출로 이어질 것이다. 무엇보다 가격이 낮아지면 국가의 경제는 더욱 경쟁력을 갖게 될 것이며, 따라서 세계시장에 개방되어 있는 한 경기 침체에서 벗어나 '수출'을 할 수 있게 된다. 가격은 총 수요가 이전 수준으로 돌아가고 모든 재고 상품들이 다시 판매되는 시점에 도달할 때까지 계속해서 하락할 것이다.

이때 유일한 문제는 가격이 하락할 경우 노동자를 고용하는 '실제' 비용이 증가할 수 있다는 점이다. 만약 기업이 이전과 동일한 임금을 지불하고 있는데 노동자가 만들어 내는 가치는 전보다 더 낮아진다면, 즉 판매되는 상품의 가격이 낮아질수록 노동자를 고용하는 비용은 사실상 더 비싸지게 된다. 그렇지만 일자리를 잃는 것을 피하기 위해 노동자는 합리적인 수준에서 낮아진 상품 가격에 맞춰 임금의 삭감을 받아들일 것이며, 그렇게 된다 해도 살 수 있는 상품의 수량은 이전과 마찬가지일 것이다. 노동자들은 경기 침체가 있기 전과 마찬가지로 만족스러울 것이며, 가격과 비용이 적절하게 조정된 기업도 마찬가지이다. 경제는 다시 균형 상태로 돌아간 것이다.

여기서 우리가 알 수 있는 건 가격과 임금이 자유롭게 조정될 수 있는 한 수요의 감소—경제에서의 지출과 관련된—는 문제를 일으키지 않는다는 사실이다. 오직 가격과 임금의 조정을 가로막는 자유 시장에 대한 수요 충격이나 간섭에 대한 인식 부족만이 자연스러운 조정 과정을 중단시켜 장기적인 경제 침체로 이어지게 만든다.

케인스가 세상을 떠난 뒤 경제학자들은 케인스학파와 고전학파의 사고방식 사이에 있는 타협점에 도달했다. 케인스가 이야기하는 수요 부족의 문제는 가격과 임금이 '고정'될 경우 단기적으로만 발생할 수 있는 것으로 받아들여졌고, 장기적으로는 고전주의 경제학의 주장이 옳은 것으로 생각되었다. 따라서 수요 충격이 발생했을 때 경제가 이겨 낼 수 있도록 만들기 위해서는 가격과 임금이 가능한 한 '유연'해져야 한다는 주장이 제기되었다. 그렇게해서 1970년대로 들어서자 자유 시장 정부들이 노동조합의 힘을 줄이고 임금을 더 유연하게 만드는 동시에 공기업 같은 일부 거대 독점 기업들을 해체해 사기업으로 만들려고 했다.

그렇지만 케인스의 지지자들은 이러한 타협에 만족하지 않았고, 타협으로 인해 가능해진 것처럼 보이는 자유 시장으로의 복귀에 만족하지 않았다. 강경한 케인스학파의 입장에서 보면 가격 하락은 그로 인해 해결되는 것보다 더 많은 문제들을 불러일으켰다.

사실, 가격 하락은 상황을 나아지게 만들기보다는 더 나쁘게 만들 가능성이 컸다. 우선 내수 가격 하락에 의존해 상품을 국제적으로 경쟁력 있게 만들어 국내 경제가 불황에서 벗어날 수 있도록 하는 전략은, 다른 국가 역시 불황 상태에 있거나 세계화가 잘 진행되지 않을 경우 적용하기 어려우며, 수출을 통해 성장하는 일 자체가 실현 불가능해질 수 있다.

그뿐만이 아니다. 수출 수요가 아닌 내수를 끌어올리기 위해 가격 하락에 의존하는 것 역시 위험부담이 큰 일인 것은 마찬가지다. 재산을 가진 사람들은 물가하락에 따라 더 부자가 되었다고 느끼고 기꺼이 지출을 더 늘릴 수도 있겠지만, 부채가 있는 사람들의 경우엔 어떻게 될까? 이런 사람들에게 가격 하락은 부채의 '실제' 가치를 올리는 역할만 할 뿐이다. 이를테면 주택 담보 대출로 부채를 지고 있는 노동자의 경우, 가격과 임금이 떨어지면 대출금 상환이 예상했던 것보다 훨씬 더 어려워질 것이며, 경우에 따라서는 체납이나 파산의 가능성도 높아진다. 마찬가지로, 이전에 대출한 액수가 10만 달러인 기업이 있다면 이 기업은 대출 금액을 상환하기 위해 처음에 예상했던 것보다 더 많은 상품을 판매해야만 한다. 미국의 경제학자 어빙 피셔Irving Fisher(1867~1947)에 따르면 이렇게 기업이나 개인이 빚을 갚아 나가는 데 어려움을 겪게 될 경우, 은행 제도의 안정성 자체가 흔들릴 위험이 있다. 따라서 경제 안에 상당한 규모의 부채가 있다면 가격 하락은 실제로 지출을 늘리기보다는 더 낮출 수 있으며 심지어 본격적인 금융 위기까지 불러올 수 있다.

가격 하락은 주류 경제학자들이 주장하는 것처럼 지출을 장려하는 것이 아니라 실제로는 그 반대로 경제를 악순환에 빠져들게 만들 수 있다. 여기에 숨은 의미는 경제가 항상 자체적으로 균형을 잡아 가는 건 아니라는 사실이다. 자유 시장의 조정 능력을 맹목적으로 믿고 뒷짐을 지고 경제가 자연스럽게 회복되기를 기다리는 정부는 더욱 심각해지는 경제 문제와 점점 커지는 사회적 불안을 감당하면서 어쩌면 영원히 그때가 오기만을 기다려야 할지도 모른다. 케인스학파에 따르면, 1929년의 경기 침체가 결국 대공황으로 번진 이유 역시 바로 정부의 그런 방관 때문이었다. 결국 전 세계는 제2차 세계대전 당시 있었던 강제적인 정부 지출과 그와 관련된 재무장rearmament을 통해서 대공황이라는 참극에서 벗어날 수 있었다.

## 케인스의 진정한 숙적: 하이에크와 오스트리아학파

실제로 케인스의 생각은 1970년대와 1980년대 들어 고전주의 사상의 재탄생으로 인해 도전을 받았지만 그의 진정한 숙적은 바로 오스트리아학파였다. 자유 시장을 옹호한 다른 학파들과는 달리 오스트리아학파는 시장경제의 타고난 불안정성과 그 예측할 수 없는 미래에 대한 케인스의 신념을 공유하고 있었다. 그렇지만 그들은 정책 결정자들이 민간인들보다 더 많이 알고 더 잘할 수 있다는 관점에 대해서는 케인스와 생각이 달랐다.

케인스와 마찬가지로 오스트리아학파의 경제학자들은 자본주의 경제가 안정되는 것이 자연스러운 현상이라고 가정하지는 않았다. 하지만 이들은 경기 침체의 원인을 과소 투자가 아닌 호황기에 있었던 과잉 투자의 결과물로 보았다. 그런 오스트리아학파의 눈에 호황기에 다른 좋은 기회를 놓쳐 버린 투자자들은 결국 확실하게 장담할 수 없는 투기성 투자를 이끄는 세력이 된다. 케인스학파가 내놓는 투자를 자극하는 정책들은 그저 상황을 더 악화시키는 역할만을 할 뿐이다. 경제가 비생산적인 투자를 털어 내고 제자리를 찾기 위해서는 경기 침체가 주기적으로 일어날 필요가 있다.

또한 오스트리아학파의 경제학자들은 여러 가지 측면에서 미래를 예측할 수 없다는 케인스의 주장에는 동의했지만, 그렇게 되면 정부와 정책 결정자들 역시 미래에 대해 알 방법이 없다고 주장했다. 이때 필요한 것은 정부의 개입이 아닌 자본주의가 제공하는 다양성이다. 미래에 대해 서로 다른 생각을 갖고 있는 기업과 투자자가 각자 자신의 일을 한다면 둘 중 하나는 올바른 결정을 내리거나 양측의 결정이 결과적으로 서로를 보완할 수 있을 것이다. 반면에 국가가, 혹은 단 한 사람만이 항상 올바른 결정을 내릴 것이라고 가정한다면 완전히 잘못된 길로 빠질 수 있다. 정책을 결정하는 사람 역시 미래가 어떻게 될지 예측할 수 없기 때문에 납세자들의 세금을 전혀 쓸모없는 정책들에 계속해서 쏟아부을 수도 있다. 케인스는 시장에 대해서는 수긍이 갈 만한 공격을 했지만 정부가 그보다 훨씬 더 잘할 수 있다고 믿을 만한 충분한 사례는 제공하지 않았다.

물론 케인스의 이론에서도 국가의 활동에 대한 감시 기능을 이야기하는 부분이 있긴 하다. 하지만 이 기능은 더 넓은 맥락에서 케인스의 연구를 다룰 때만 이해할 수 있다. 케인스는 경제학자일 뿐만 아니라 세상 물정에도 밝았고 안에만 집중하기보다는 더 넓은 바깥을 바라보려 하는, 자유롭고 개방적인 사회와 국가를 믿는 자유주의자였다. 그는 종종 반세계화적 사고와 연관되기도 하지만 특히 상품과 용역 및 인간의 자유로운 이동의 형태 안에서 국제적인 통합이 가져올 수 있는 강력한 이점을 잘 알고 있었다. 19세기 후반, 세계화 시대가 시작되는 시점에 태어나 제1차 세계대전 이후 그 세계가 붕괴되는 것을 목격한 케인스는 브레튼 우즈 같은 국제적인 기구나 체제가 세워지는 데 도움을 주었다. 세계화는 수요적인 측면에서 좋은 환경을 조성해 경기 침체를 피하는 데 도움이 될 뿐만 아니라, 유권자가 부여한 권력을 정책 결정자가 남용하지 못하도록 방지함으로써 각국의 정부들을 견제하는 역할을 한다.

시장을 기반으로 하는 국가 간 경쟁은 기업들 사이의 경쟁만큼이나 일종의 강력한 질서가 될 수 있다. 따라서 케인스가 내세운 국가와 시장이 혼합된 방식이 가장 유익한 것으로 증명될 수 있는 건 역시 세계화를 지향하는 그런 세상이다. 세계가 불황으로 주춤할 때 우리는 케인스가 주장하는 국가 개입주의가 완전히 다른 모습으로 바뀌는 것에 주의를 기울여야만 한다. 정말 얄궂은 일이지만 그 모습은 케인스 사상이 정말 피하고 싶어 했던 공산주의와 전체주의의 세계다.

# Friedrich August von Hayek

## Lesson 8.

# 프리드리히 하이에크

## (1899~1992)

글. 스콧 쉘

#오스트리아학파 #노예의_길 #케인스와의_세기의_대결
#중앙_관리식_경제계획에_반대하다

## 스콧 쉘Scott Scheall

애리조나 주립대학교에서 박사 학위를 받은 후 현재 같은 대학교 과학 예술 통합 대학에서 강의를 하고 있다. 쉘은 듀크 대학교 정치경제학 역사 연구소 연구원, 그리고 조지 메이슨 대학교 F. A. 하이에크 철학, 정치학, 경제학 고급 연구 과정 연구원을 역임했다. 또한 학술지《경제사상 및 방법론 역사 연구Research in the History of Economic Thought and Methodology》의 공동 편집자이며, 오스트리아학파 경제학의 역사와 방법론에 대해 광범위한 저술 활동을 하고 있다.

프리드리히 아우구스트 하이에크는 1899년 5월 8일 오스트리아 빈에서 빌둥스뷔르가툼Bildungsbürgertum, 즉 교양 있는 유산계급 가정에서 태어났다. 하이에크의 아버지는 의사이자 식물학자였으며 빈 대학교에서 시간강사로도 활동하며 자신의 장남에게 대학교수라는 직업에 대한 깊은 존경심을 심어 주었다. 하이에크의 어머니는 잘 알려진 통계학자의 딸이었고, 또 저명한 철학자인 루트비히 비트겐슈타인Ludwig Wittgenstein(1889-1951)의 먼 친척이기도 했다.

## 세기말의 빈

세기가 바뀔 무렵 빈에서 태어났다는 사실은 본디 사회과학자이기도 한 하이에크에게는 큰 의미가 있었다. 팡 드 시에클fin de siècle, 즉 세기말 빈의 그 문화적인 화려함은 지금까지도 널리 알려져 있는데, 당시 빈에는 말러나 쇤베르크 같은 세계적으로 유명한 작곡가, 화가인 클림트를 주축으로 한 빈 예술가 집단, 츠바이크와 무질, 크라우스, 그리고 슈니츨러 같은 작가, 브렌타노와 마이농 같은 철학자, 로스나 바그너 같은 건축가, 마흐, 볼츠만, 그리고 슈뢰딩거 같은 자연과학자, 프로이트 같은 심리학자들이 활약하고 있었다. 그중에서도 특히 카를 멩거가 주축이 되고 뵘-바베르크, 프리드리히 폰 비저, 그리고 훗날 조지프 A. 슘페터와 루트비히 폰 미제스로 이어지는 이른바 오스트리아학파는 20세기 초반 경제학 분야에서 국제적인 정점에 오르게 된다.

당시에 빈에서 태어났다는 건 이전에는 한 번도 보지 못한 일련의 사회적인 대격변을 경험한다는 것을 의미했다. 가장 영민한 지식인조차 한 치 앞을 내다볼 수 없었을뿐더러 그러한 변화를 막아낸다는 건 사실상 불가능했다. 상상할 수 있는 모든 공포와 함께 제1차 세계대전이 발발했으며 전후에는 오스트리아-헝가리 제국이 해체되고, 11세기부터 중부 유럽의 대부분을 지배해 온 합스부르크 왕가가 무너졌다. 또한 전후 빈에서는 고통스러운 상황들이 연이어 벌어졌다. 하이에크의 후기 경력에서 서술할 재앙에 가까운 초인플레이션이 유럽 대부분을 휩쓸고 특히 독일과 예전 오스트리아-헝가리 제국을 강타한 것도 바로 이 무렵의 일이다. 초인플레이션은 전쟁 비용을 조달하기 위해 독일을 중심으로 한 동맹국들이 내린 정치적 결정 때문이었다. 감당할 수 없을 만큼 많은 돈을 찍어냄에 따라 빌둥스뷔르가툼은 자신들의 저축과 미래가 연기처럼 사라지는 모습을 그대로 지켜봐야만 했다.

경제사를 연구하는 에르빈 데커Erwin Dekker에 따르면 오스트리아학파의 경제학자들을 가장 잘 설명할 수 있는 소개는 다음과 같다. "두 차례에 걸친 세계대전의 재난이 어떻게 학파의 고향인 중부 유럽에서 발생했는지를 개인주의와 관용, 평화주의, 그리고 국제주의라는 소중한 가치와 함께 이해하고자 했던 '문명의 학생들'로 가장 잘 설명될 수 있다."

이들 오스트리아학파 학자들에게 문명이란 우리와는 다른 사람들에게 우리를 따를 것을 강요하고 우리에게 부과된 실질적인 책임과 윤리적 의무는 회피하려는 본능처럼, 우리의 가장 깊은 곳에 숨어 있는 본능적인 욕구를 자제하려는 엄청난 노력으로만 이룩할 수 있는 것이었다. 빈의 비교적 자유로운 문화가 유지되기 위해서는 각기 다른 국적과 종교를 지닌 제국의 수많은 구성원들이 서로를 예의 바르게 대하고 상호 존중해야만 했다. 다시 말해 빈에서의 생활은 계약상의 약속은 반드시 지키고, 다른 사람의 신체와 재산을 보호하며 시민 사회와 민주적 절차에 평화적으로 참여하는 식으로 이루어져야만 했다.

하지만 불행하게도 바로 그 순간 정치적 의견을 달리하는 양 극단에서 사람들을 유혹하는 소리가 들려왔다. 이러한 원시적 본능을 참지 않고 마음껏 분출한다면 합리적으로 재건되고 개선된 사회를 만들 수 있다는 약속이었다. 사회주의socialism와 국가 사회주의National Socialism가 의도된 압제를 통해, 그리고 필요하다면 의미 없는 다른 '대상들'의 제거를 통해 새로운 이상향을 약속한 것이다. 그 대상들이란, 사회주의자들에게는 기존의 유산계급이었고 전체주의자들에게는 비주류 인종들이었다. 이 두 가지 정치철학은 시기심과 편협함, 민족주의 및 폭력과 같은 인간의 최악의 성향에 대해 면죄부를 부여하고 말았다.

# 빈 시절: 방법론, 통화 이론, 그리고 미제스

1918년 말, 군복무를 마친 하이에크는 빈 대학교에 입학한다. 입학 첫해 하이에크는 심리학 연구에 관심을 갖게 된다. 1920년 그는 학계에 자신을 처음 알리게 되는 논문 한 편을 완성했는데, 바로 그 당시 빈에서 영향력 있는 물리학자이자 철학자인 에른스트 마흐Ernst Mach(1838-1916)의 심리학 이론을 바탕으로 그 이론을 비판하는 내용의 논문이었다. 하이에크의 지도 교수들은 그의 이론을 더 발전시켜 보라고 격려했지만 그는 심리학 연구는 잠시 미뤄 두고 원래 하던 전공 공부에 집중했다. 그가 심리학을 다시 연구하게 된 건 30년에 가까운 세월이 흐른 뒤였다.

하이에크는 미래에 대한 전망이 더 좋을 것 같다는 합리적인 이유로 심리학보다는 경제학을 공부하기로 마음먹는다. 하이에크에게 오스트리아학파를 처음 소개한 건 빈 대학교의 경제학 교수 오스마 슈판Othmar Spann이었다. 슈판은 하이에크에게 자신이 갖고 있던 멩거의 『경제학의 원리Grundsatze der Volkswirtschaftslehre』 초고를 내주었다. 이 책은 오스트리아학파의 창립 헌장이나 마찬가지였다. 그렇지만 슈판은 사회의 실체를 두고 전체론적이고 집합적인 접근 방법에 따라 연구하려는 경향이 강했다. 그리고 이는 전체론적 접근 방식의 가치를 오랫동안 부정해 온 오스트리아학파 경제학자들에게 큰 거부감을 불러일으켰다.

오스트리아학파의 방법론은 개인주의적이다. 멩거와 그의 지지자들에 따르면 사회현상에 대한 모든 적절한 설명은 개인의 행동에서 시작되어야만 했다. 오스트리아학파의 관점에서 보면 국내총생산, 즉 GDP와 같은 총체적 개념을 사용해 사회현상을 분석하는 것은 사과와 오렌지 혹은 드라이버를 컴퓨터와 구별하지 않고 한 국가의 경제가 생산하는 모든 것들을 단순히 합치는 것에 불과한 것, 경제 현상과 관련된 중요한 많은 부분들을 그냥 무시하는 것이나 마찬가지였다. 또한 오스트리아학파의 방식은 철저하게 주관적이다. 개인의 모든 행동은 주관적 관점의 결과라는 점을 감안하면, 사회적 분석은 이러한 주관적 인식에 대해 알려진 것들과는 가능한 멀리 거리를 두고 진행되어야 한다. 오스트리아학파가 다른 경제사상 학파와 항상 구별되어 온 까닭도 이러한 독특한 방법론적 조합의 영향이 컸다.

## 미제스와의 만남

자신의 첫 번째 박사 학위를 마친 하이에크에게는 직업이 필요했다. 그는 나중에 두 번째 박사 학위 지도를 받게 되는 프리드리히 폰 비저에게 조언을 구하는데, 비저는 소개장을 써서 하이에크에게 주고 루트비히 폰 미제스를 찾아가라고 말했다. 미제스는 당시 오스트리아 회계 사무국에서 임시로 일하며 전쟁과 관련된 국제 채무를 관리하고 있었다. 유대인이라는 혈통과 종교, 그리고 극단적인 자유주의를 지지하는 정치적 성향에 까다로운 성격까지 곁들여져 미제스는 결국 임용 예정이었던 빈 대학교 강단에는 죽을 때까지 오르지 못했다. 하이에크가 회계 사무국에 나타났을 때 그가 보인 거만한 반응은 지금까지도 전설로 회자된다. 비저의 소개장에는 하이에크를 재능 있는 젊은 경제학자로 소개하고 있었는데, 미제스는 하이에크를 보고는 다짜고짜 이렇게 물었다. "그렇게 뛰어난 사람을 왜 내 강의나 강연에서는 본 적이 없을까?" 사실 하이에크는 미제스의 강연회에 몇 번인가 참석했었지만 고전적 자유주의에 대한 미제스의 열렬한 지지를 보고 등을 돌렸던 것이다. 하이에크의 정치적 성향은 당시 마르크스주의와는 전혀 다른, 좀 더 관대한 페이비언 사회주의 쪽으로 기울어져 있었다. 하지만 그건 미제스와의 업무와는 아무런 상관이 없었고, 하이에크는 그 자리에서 사무국에 채용되었다.

미제스는 곧 사회주의에 대한 하이에크의 미숙한 열정을 완전히 바로잡아 준다. 1920년에 처음 논문으로 발표되고 1922년에는 책으로 출판되어 그의 이름을 알리게 되는 『사회주의Die Gemeinwirtschaft: Untersuchungen über den Sozialismus』에서 미제스는 시장 활동으로부터 고립되어 있는 사회주의 연방의 지도자들은 수요에 맞춰 적절하게 상품을 공급하는 데 필요한 지식을 결코 갖출 수 없다고 주장했다. 모든 사유재산이 국가에 의해 몰수된 사회에서는 시장도 가격도 당연히 존재하지 않는다. 사회주의 지도자라 하더라도 가격 없이는 국가 경영의 손익을 제대로 계산할 수 없다. 그렇다면 그들이 무슨 수로 수요에 맞춘 공급을 유지할 수 있을 것인가? 하이에크는 훗날 미제스의 책으로부터 받았던 깊은 영향에 대해 기록했다. "세계대전 이후 대학으로 돌아가게 된 많은 젊은 이상주의자들의 관점이 차근차근, 하지만 근본적으로 바뀌게 되었다. 어떻게 그 사실을 아느냐고? 나도 그 이상주의자들 중 하나였기 때문이다."

하이에크는 미국으로 연수를 떠나는 1923년 초까지 회계 사무국에서 일했다. 미국에 도착한 그는 그 즈음 설립된 미국의 연방 준비 은행의 통화정책과 경제적 영향력에 대한 통계적 조사를 수행했다. 1927년 빈으로 돌아온 그와 미제스는 오스트리아 경기순환 연구소Österreichisches Institut für Konjunkturforschung를 세웠고 하이에크는 연구소의 초대 소장에 오른다.

경기순환 이론에 대한 그의 첫 번째 연구서가 완성된 것은 1929년의 일이다. 또한 같은 해, 미국 월 스트리트에서는 주식시장이 붕괴되는 비극이 발생하며 대공황이 시작되었다. 하이에크는 『통화이론과 경기순환Geldtheorie und Handelszyklus』에서 경기순환 이론화에 대한 방법론을 고민했다. 하이에크가 자신의 초창기 연구에서 다루었고 또 이후 계속해서 언급했던 문제가 여기에서도 주요 문제로 제시되는데, 바로 경제학의 주요 이론적 장치인 균형이론 혹은 '수요와 공급의 이론'은 경제적 '불균형', 즉 경기 침체와 경기 과열의 '인플레이션 상황들'을 설명하기에 근본적으로 적합하지 않다는 것이었다. 개인이 완전한 지식을 가지고 있고 모든 기술적 변화가 가능하며 또 저축과 투자 같은 모든 경제의 중요 요소들이 완벽한 균형을 이루고 있다고 가정함으로써 균형이론은 경기순환을 특징짓는 변동의 가능성들을 배제한다. 그러면 경제학자들은 균형이론을 수정해 경기순환 분석을 위한 더 나은 도구로 만들거나 아니면 모든 경제학에 가장 기본적으로 적용될 수 있는 이론을 새롭게 만들어 내는 것 중 하나를 선택해야만 한다. 하이에크는 첫 번째 접근 방식을 채택하기로 마음먹는다. 그는 일반적인 균형이론에 화폐 사용을 비롯해 은행의 역할에 관한 다양한 가정을 보완하면 경제 변동을 설명할 수 있다고 주장했다. 하지만 하이에크는 결국 더 과감한 조치가 필요하다고 믿게 된다.

## 런던 시절: 친구들과 우호적인 경쟁자들

하이에크의 연구는 곧 런던정경대학의 젊은 학장인 라이오넬 로빈스Lionel Robbins의 관심을 끌게 된다. 특히 케임브리지 대학교 경제학과를 중심으로 외국 경제학파들의 가치 있는 사상들에 대해서는 무지한 것으로 악명이 높았던 다른 많은 영국의 경제학자들과는 달리 로빈스는 비엔나를 여러 번 방문했으며 오스트리아학파의 독특한 접근 방식에 공감했다. 로빈스는 1931년 초 하이에크를 초청해 연속으로 강의를 맡겼고 그 내용은 그해 말, 『가격과 생산Prices and Production』이라는 제목으로 발표되어 경기순환 이론에 대한 하이에크의 걸작으로 평가받고 있다.

　하이에크가 런던에 도착했을 때 전 세계는 대공황의 깊은 고통 속에 빠져 있었다. 지난 2년 동안 세계경제가 붕괴된 이유와 방식, 그리고 공황을 해결하기 위해 무엇을 할 수 있는지에 대한 설명이 진정으로 필요한 시점이었다. 하이에크는『통화 이론과 경기순환』에서 처음 제시한 분석 방법을 확장했다. 이 초창기 저술에서 그는 의도적인 통화 공급 조작만이 산업 변동을 일으킬 수 있다는 미제스의 결론을 거부했다. 그 대신 하이에크는 은행의 결정과는 관계 없이 경제활동의 변동은 탄력적인 통화를 가진 모든 경제의 변하지 않는 특성이며, 따라서 통화 공급이 소비자와 생산자의 결정과는 무관하게 독립적으로 변할 수 있다고 주장했다. 하이에크는 의도적인 통화정책이 경기순환을 일으킬 수 있으며 역사적 사례처럼 실제 세계에서 가장 주기적으로 일어나는 사건들의 원인이 될 수 있다는 점에서 미제스의 의견에 동의했다. 그렇지만 하이에크는 은행의 동기와 상관없이 경제에서 균형을 유지하는 실질적인 문제는 궁극적으로 인식론적인 문제라고 지적했다. 은행은 실제 경제활동에 자신들의 대출 활동을 중립적 위치로 유지하는 방법을 알지 못하기 때문이다. 유일한 '해결책'은 은행의 신용 활동을 완전히 없애는 것이었지만, 그렇게 되면 더 빠른 경제성장의 가능성을 포함해 상당한 유익을 포기하는 일이 되고 만다. 따라서 하이에크는 대공황 문제에 대해 실행 가능한 간단한 해결책은 없다고 결론지었다. 통화 공급의 탄력성으로 인해 발생하는 왜곡은 오직 시간만이 바로잡을 수 있었다.

정책적인 시사점은 분명하지 않았지만 어쨌든 그의 강의는 호평을 받았고 로빈스는 즉시 런던정경대학의 강사 자리를 제안했다. 잠시 동안이나마 영국 경제계의 모든 사람들이 하이에크의 지지자가 되었지만 그런 상황이 영원히 지속될 리는 만무했다.

로빈스는 하이에크의 작업이 케임브리지 학파를 비롯해 특히 점차 커지고 있는 케인스의 영향력에 대한 균형추 역할을 할 수 있을 것이라고 생각했다. 로빈스는 곧 하이에크에게 정식으로 임무를 부여했는데, 그건 바로 케인스와 케임브리지 학파에 대한 공격이었다. 그렇지만 하이에크와 케인스 사이에서 오갔던 논쟁은 그 유명세에 비해 특별할 게 없었고 궁극적으로는 사람들에게 아무런 감흥을 주지 못했다.

제1차 세계대전에서 패배한 국가들의 국민들 대부분과 마찬가지로 하이에크 역시 케인스를 우상처럼 바라보았다. 한 세대 이전, 케인스는 『평화의 경제적 결과들』(1919)에서 승전국들이 합의한 감당할 수 없는 배상 규모는 패전국들에게 경제적, 도덕적으로 비참한 결과를 가져다줄 것이라고 주장했다. 이러한 입장 때문에 케인스는 독일어권 세계에서, 심지어 그의 후기 경제 이론과 정책적 의미에서 대립을 하게 될 오스트리아학파 경제학자들 사이에서도 영웅이 되었다.

케인스는 1920년대 후반을 자신의 대표적 이론이 될 만한 내용을 증명하기 위해 노력했고, 1930년 출판된 『화폐론』에서는 저축과 투자의 불일치성이 경제적 변동의 원인이라고 주장했다. 하이에크는 주로 방법론과 관련해 이 책의 주장을 반박했다. 케인스는 자신의 분석에 대한 근거를 정교한 자본 이론에 두지 않았는데, 하이에크는 반대로 저축과 투자의 관계에 대한 논의에서 자본 이론이 꼭 필요하다고 주장했다. 하이에크의 비판에 대해 케인스는 적절한 자본 이론의 토대 위에 경제 변동의 분석을 구축하는 것이 좋을지 모르지만 반드시 필요한 건 아니라고 주장했다. 이에 대해 하이에크는 케인스가 오스트리아학파의 자본 이론의 중요성을 오해하고 있다고 맞받아쳤다. 거기서부터 논쟁은 자본 이론에 대한 세부 사항과 하이에크의 접근 방식의 타당성에 대한 질문으로 이어졌고, 그 후 얼마 지나지 않아 두 사람의 인내심이 서로 바닥이 나면서 논쟁은 사그라들고 말았다.

하이에크의 입장에서 보면 아마도 전투에서 이기고 전쟁에서는 진다는, 그러니까 적어도 여론전에서 패배했다는 비유가 이 경우에 적절할지도 모르겠다. 『화폐론』이 수많은 학술지에서 광범위하게 다뤄지고 있던 1930년대 초반, 대부분의 독자들은 하이에크와 그밖의 다른 많은 경제학자들이 케인스를 지나치게 비난하고 있다고 생각했다. 그렇지만 케인스의 경우 본인 스스로가 자신의 책에 대한 불만을 표시했기 때문에 다른 사람들의 비판이 별반 충격적이지는 않았을 것이다. 케인스는 그로부터 몇 년 후인 1936년 자신의 진정한 걸작인 『고용, 이자 및 화폐에 관한 일반이론』을 발표한다. 아쉬운 일이지만 하이에크는 이 새로운 책에 대한 의견을 내놓지 않았고, 단 한 번도 그에 대한 만족스러운 설명도 한 적이 없다. 그는 이후 수십 년에 걸쳐 이 문제와 관련해 다양한 설명을 내놓았지만 결국 『고용, 이자 및 화폐에 관한 일반이론』을 자신이 『화폐론』에 했던 것과 똑같은 비판적 분석을 통해 다뤘어야 했다는 의견을 받아들이게 된다. 1963년 그는 약간의 후회와 함께 이렇게 고백한다. "나는 지금까지도… 내게 주어진 당연한 의무였던 것을 회피했다는 느낌을 지울 수 없다."


## 노예의 길 : 중앙 관리식 경제계획을 반대하다

1935년 하이에크는 이른바 사회주의 경제 계산socialist economic calculation 논쟁에 대한 논문들을 편집해 한 권의 책으로 엮었는데, 그중 대부분은 이전에 영어로 소개된 적이 한 번도 없었다. 하이에크는 독자들에게 역사적 개관을 제공하고 최근 미제스가 제기한 계산 문제를 해결하기 위해 등장한 몇 가지 제안을 비판했다. 미제스는 모든 시장 제도, 그중에서도 가장 중요한 시장이 결정하는 모든 가격 제도와는 완전히 단절되어 완벽하게 집단화된 사회주의 경제를 가정했다. 하이에크는 이러한 조건이 조금 완화되더라도, 그러니까 예컨대 사회주의 경제 체제에서 경쟁의 요소가 허용된다고 해도 의식적인 정치적 통제가 시장 청산의 방법으로서 가격 제도를 압도할 수 있다는 주장은 거의 믿을 수 없다고 보았다. 실제로 하이에크는 경제를 관리하려고 하는 어떤 시도도 관리되지 않은 시장이 달성하는 성취에 이를 수 없을 것이라고 주장했다. 정책 결정자들은 시장이 실제로 존재하지 않는 곳에서 시장이 무엇을 할 것인지 알 수 없다.

하이에크는 그의 가장 유명한 저서인『노예의 길The Road to Serfdom』(1944)에서 중앙 집중식 계획에 대한 다른 방식을 제시했다. 영국에서는 제2차 세계대전 기간 동안 계획경제의 이점에 대한 많은 이야기가 나왔다. 하이에크는 이런 많은 영국 친구들을 포함해 중앙에서 주도하는 경제계획을 갈망했던 사람들을 두고, 만약 그들이 자신이 주장한 것은 나치 독일을 병들게 했던 질병과는 다른 변종이라고 생각했다면 그건 사회주의 계획경제를 완전히 잘못 알고 있는 것이라고 주장했다. 사회주의와 나치의 정신은 모두 경제를 중앙에서 관리하는 사회체제였고 유일한 차이점은 그러한 계획을 통해 혜택을 받거나 반대로 고통을 받는 대상들뿐이었다. 사회주의자들은 유산계급의 재산을 몰수하고 노동계급의 이익을 추구하는 경제계획을 제시했고, 독일의 나치는 다른 모든 민족으로부터 모든 것을 빼앗아 자신들이 생각하는 순수 혈통인 아리아인에게만 주려고 했다. 하이에크는 두 정치 체제의 경제계획을 구분하는 데 있어 그밖에는 차이점이 거의 없다고 주장했다.

『노예의 길』에 등장하는 하이에크의 주장은 중앙 계획의 방향 쪽으로 조금만 움직여도 가차 없이 전체주의의 노예제도로 이어질 것이라는 '미끄러운 경사면 오류'의 사례로 자주 언급된다. 하지만 그의 주장의 요점은 이런 간략한 설명이 제시하는 것보다는 더 정교하다. 중앙의 계획을 통해 진행되는 과정들은 아마도 민주적 합의와 심의를 통한 계획의 채택에서 그렇게 채택된 계획의 실행에 이르기까지 각 단계마다 저항에 직면하게 될 것이다. 세상에는 중앙에서 결정하는 모든 계획들에 대해 거부감을 갖는 사람들이 있기 마련이다. 계획은 필요로 하지만 채택된 계획을 거부하는 사람들이 있는가 하면, 또 채택된 계획이 마음에 들어도 그 계획을 실행하는 데 필요한 모든 것들에 반대하는 사람들이 있다. 문제의 핵심은 이러한 반대나 거부에 대해 계획을 세운 중앙정부와 당국이 어떻게 대처를 해야 하는가이다.

만일 계획이 실제로 실행된다면 정부는 다소 올바르지 않더라도 이러한 정치적인 저항을 극복할 수 있는 방법을 찾아야만 한다. (어디까지나 이런 계획을 언제든 포기하고 순수한 시장경제로 되돌아갈 가능성이 있다는 전제하의 이야기이다.) 따라서 하이에크의 주장은 사회주의를 향해 나아가는 단 한 걸음만으로도 불가피하게 전체주의에 빠진다는 것은 아니며, 노예로 가는 길에도 여러 진입로와 교차로가 있을 수 있음을 보여 준다. 하이에크 주장의 요점은 불가피한 저항에 직면했을 때에도 물러서지 않고 그런 계획을 추구하기 위해서는 정치적 자유와 다양한 실행 구조에 대한 억압이나 침해가 불가피하다는 것이었다.

『노예의 길』은 영어권에서 하이에크를 일약 유명 인사로 만들어 주었고 특히 잡지 《리더스 다이제스트》를 통해 소개된 요약본

이 유명하다. 이 저서를 통해 그는 미국에서 순회강연을 다니는가 하면, 또 다른 유명 잡지《룩Look》에서는 이를 만화로 만들어 발표하기도 했다. 심지어 제2차 세계대전의 영웅 윈스턴 처칠조차도 1945년 5월, 전쟁 후 실시된 첫 번째 총선 전날 연설에서 이 책에 실린 주장을 언급한 바 있다. 그밖에도『노예의 길』은 광범위하게 다루어졌으며 주로 열렬한 찬사와 격렬한 비난이라는 양극단에 치우친 평가만을 받았다.

어쨌든 이런 인기에도 불구하고 (혹은 부분적으로는 이 같은 인기 때문에) 1950년 하이에크가 영국을 떠나 미국의 시카고 대학으로 갔을 때, 그는 의미심장하게도 그 유명한 시카고 대학 경제학과가 아니라 따로 독립되어 있는 사회사상 위원회Committee on Social Thoughts에 고용되었다. 하이에크가 지금까지 어떤 전투들을 승리로 이끌어 왔는지에 대한 의견은 분분하지만, 하이에크를 비롯해 그가 대표하는 오스트리아학파는 결국 케인스학파, 그리고 사회주의자들과의 모든 전쟁에서 패배했다는 것이 일반적인 세상의 견해였다. 케인스의 지지자들은 경제학 분야 전반에 걸쳐 승승장구했으며, 영국은 전체주의로 빠져드는 일 없이 복지국가로 자리를 잡아 갔다. 따라서 하이에크는『노예의 길』로 받았던 모든 관심을 뒤로하고 훨씬 더 적은 수의 독자들만을 대상으로 계속해서 글을 쓰고 발표하는 일종의 기나긴 고난의 길로 접어들게 되었다.

## 시카고와 프라이부르크 시절: 하이에크의 부활

그가 긴 고난의 시기를 겪으면서 사회 이론가로서 진정한 자신의 모습을 드러내게 된 건 하이에크의 경력에서도 대단히 흥미로운 부분이다. 하이에크는 이후 계속 경제학과 방법론뿐만 아니라 심리학, 생물학, 철학, 역사 및 법학 등 여러 분야의 요소들을 하나로 합쳐 사회현상에 접근할 수 있는 새로운 방식을 개발했다. 이러한 변화의 토대는 1936에서 1948년 사이에 출판된 일련의 획기적인 논문들 안에서 마련되었다.

그 첫 번째 논문인 「경제학과 지식Economics and Knowledge」에서 하이에크는 특정한 경제 문제에 대한 균형이론의 중요성에 대해 이전까지 표명했던 회의론을 더 발전시켰다. 그는 균형의 개념이 한 가지 경제적 객체의 맥락에서는 분명한 의미를 가지고 있다고 언급했다. 이를테면 어떤 사람이 '균형 상태에 있다'라는 건 내부적으로 일관된 행동의 계획을 가지고 있으며, 같은 사람이 동시에 두 장소에 있지 않고서는 발생할 수 없는 그런 모순 없이 행동할 수 있음을 의미한다. 그런데 하이에크는 이렇게 반문한다. 한 사람이 모든 것을 알지 못하고, 우리들 각자가 서로 다른 신념을 갖고 있는 사회나 경제 전체가 균형을 이루고 있다는 것은 무슨 의미일까? 사회적 차원에서의 행동이 모순 없이 진행될 수 있다는 것은 무엇을 의미하는가? 그렇다고 해서 모든 사람들이 각각 개별적으로 균형을 이루고 있다고 말할 수 있을까? 우리들 각자의 계획이 내부적으로 일관된 상태라도 다른 사람들과는 서로 일치하지 않을 수 있다. 예를 들어 우리가 만약 상대방의 차를 1000파운드에 구매하려는 계획을 세웠다고 가정했을 경우, 상대방은 자신의 계획과는 다르더라도 우리의 계획에 맞춰 행동을 해 주어야 할지도 모른다. 하지만 상대방이 1500파운드에 차를 팔기로 계획을 세우고 그것을 지키려 한다면 우리 모두 각자의 계획을 성공적으로 실현할 수 없다. 양측 모두 경제적 균형 상태에 도달할 수 없는 것이다. 양측이 서로 합의를 보기 위해서는 둘 중 한 사람, 혹은 두 사람 모두 자신의 계획을 수정해야만 한다.

게다가 각자의 계획이 다른 사람의 계획과 관련해 내부적으로 일관되고 또 서로 일치하는것만으로는 충분하지 않을 수 있다. 계획만으로는 내부적으로, 그리고 서로 일관적이고 일치할 수 있지만 관련된 계획에 정확하게 반영되지 않은 여러 가지 고려 사항들에 의해 모순이 발생할 수도 있기 때문이다. 다시 예를 들어 보자. 우리는 서로의 계획을 조정하고 일치시켜 1250파운드에 차를 거래하는 계획을 세울 수 있다. 그런데 만일 거래를 성사시키기 전에 누군가 차를 훔쳐 다른 곳에 팔아 버렸다면 또다시 우리는 우리의 계획을 성공적으로 실행할 수 없으며, 균형 상태에 도달하지 못한다. 따라서 하이에크가 「경제학과 지식」에서 내린 결론은, 균형이란 각 개인의 계획이 계획의 실행과 관련해 각자 내부적으로, 그리고 다른 사람들과 서로 일관되고 그밖으로도 아무런 문제가 없는 상태를 나타낸다. 이러한 조건들이 충족될 경우에만 사회에 소속되어 있는 각각의 개인은 자신들의 계획을 실제로 실행에 옮길 수 있다.

균형 상태가 정말로 실현된다면 그것은 우리 모두가 서로 충돌하거나 혹은 세상에서 일어나는 일들에 영향을 받지 않고 자신의 계획대로 행동할 수 있다는 것을 의미한다. 하지만 어느 누구도, 심지어 주류 경제학자조차도 그러한 상태가 현실 세계에 존재할 수 있다고 믿을 만큼 어리석지는 않다. 오히려 경제 이론에서는 상황이 계속해서 변하는 현실 세계에서는 절대로 실현될 수 없는 그런 균형을 지향하는 '경향'이 있다고 가정하는 것이 일반적이다. 하이에크는 이런 균형을 지향하는 경향이 단지 가정에 머무를 뿐만 아니라 현실 세계에 실재하고 있음을 보여 주는 분명한 증거가 있다고 주장했다. 그런 경향이 없다면 한 구역 정도 떨어져 있는 두 곳의 주유소가 똑같은 양의 휘발유를 완전히 다른 가격으로 판매하는 모습을 흔히 볼 수 있게 될 것이다. 하지만 그런 모습을 거의 찾아볼 수 없다는 사실 자체가 일반적인 상황이나 조건 아래에서 균형을 지향하는 경향이 작용하고 있다는 증거이다.

시장 경쟁에서 각 개인은 자신의 경제활동을 계획하고 동시에 다른 사람들의 계획에 맞게 조정을 해야만 한다. 그런데 사회주의 제도 안에서 모든 경제활동은 중앙정부에서 계획되고 지시된다. 이 지점에서 하이에크는 경제 균형을 지향하는 경향을 가장 잘 돕거나 혹은 최소한도로 방해하는 경제계획 제도는 과연 어느 쪽인지를 묻는다.

사회의 모든 지식이 과학적이며 일반적인 규칙이나 법칙의 형태로 표현이 가능하다면 사회주의가 단순한 경쟁 제도보다 우월하다는 것에는 의심의 여지가 없다. 그리고 만일 이것이 사실이라면 아마도 중앙에서 계획을 세우는 정치인들이 사회의 모든 지식들을 모아 마음대로 처리할 수 있게 맡길 수 있을 것이다. 그렇지만 하이에크는 정부로서는 절대로 하나로 모아 전달할 수 없는 대단히 중요한 지식이 있다고 지적했다. 그것은 우리들 각자의 각기 다른 경제적 상황과 이에 대해 각각이 갖고 있는 지식이며 또 하이에크의 표현을 빌리자면 "특정한 시간과 장소의 상황"에 대한 지식이다. 이러한 종류의 지식과 관련해서는 중앙의 통제를 벗어나는 계획이 사회주의에 비해 결정적으로 유리한 점이 있다.

하이에크의 '주석의 사례tin example'는 가격을 자유로이 조정하는 개인의 계획의 역할을 설명하는 것으로, 20세기 경제학에서 가장 유명한 내용 중 하나이다.

세계 어딘가에서 주석과 같은 원료를 사용할 수 있는 새로운 산업이 시작되었거나 아니면 주석의 산지 중 한 곳이 사라졌다고 가정을 해 보자. 이 두 가지 상황 중 어떤 것이 주석의 공급을 더 어렵게 만들었는지는 그다지 중요하지 않다. 모든 주석 소비자들이 알아야 하는 건 지금까지 소비해 왔던 주석의 일부가 이제는 다른 곳에서 더 수익성 있게 사용된다는 것이며, 따라서 이제부터는 주석을 절약해야 한다. 주석 소비자들의 대다수는 새로운 산업이 어디에서 시작되었는지 알 필요도 없고 또 공급을 유지하기 위해 또 다른 필요가 발생한 것을 기꺼워할 필요도 없다. 그들 중 일부만이 새로운 수요가 발생한 것을 직접 확인하고 필요한 자원을 주석에서 다른 것으로 바꾸거나, 혹은 이렇게 발생한 새로운 공급의 격차를 알고 있는 사람들이 다른 주석 산지를 찾아 필요한 수요를 채울 것이다. 하지만 그 효과는 경제 전반에 걸쳐 빠르게 퍼져 나갈 것이며 주석의 모든 사용뿐만 아니라 그 주석의 대체물, 혹은 대체물의 대체물, 그리고 주석으로 만든 모든 상품과 그 대체 상품의 사용에 영향을 미치게 될 것이다. 그리고 변화가 일어난 진짜 원인에 대해 전혀 아는 바 없이 그저 이러한 대체물이나 대체 상품이 사용되는 것에 도움이 되는 역할을 하는 사람들이 대다수라 할지라도 결과는 마찬가지이다. 사회의 모든 구성원들이 전체 분야를 조사하기 때문이 아니라 각자의 제한된 분야들이 충분히 겹치면서 많은 중개자들을 통해 관련 정보가 모두에게 전달되기 때문에 전체가 하나의 시장으로서 작용하게 된다.

가격체계는 전지전능한 독재자만이 관리할 수 있는 일을 해낸다. 가격은 우리가 다른 사람들의 계획과 끊임없이 변하는 상황에 맞춰 자신의 계획을 조정하는 데 필요한 지식을 요약된 형식으로 우리 모두에게 제공해 준다. 이로 인해 알 수 있는 중요한 사실은, 가격이 더 많이 통제되고 조작될수록 가격이 갖고 있는 이러한 기능이 제대로 발휘되지 못한다는 사실이다. 가격은 가격이 제공하는 지식을 효과적으로 만드는 데 필요한 시간과 장소와 관련된 지식을 충분히 확보하지 못한 (중앙의) 통제 세력에게는 그저 제한된 가치일 뿐이다. 이 지식은 경쟁을 통해서만 필요한 경우, 언제 어디서나 사용할 수 있다. 중앙에서 세운 계획이 가격 변화에 미칠 수 있는 영향은 경쟁 과정에서 달성될 수 있는 것과 비교하면 언제나 너무 느리다.

## 다시, 심리학으로

하이에크는 그가 항상 명성을 쌓고 싶었던 진지한 연구의 분야보다 좀 더 규범적이고 '정치적'으로 생각되는 『노예의 길』을 통해 대중들의 관심을 받게 돼 조금 당황했던 것 같다. 1940년대 후반, 더 정밀한 과학 연구에 다시 한번 천착하기로 결심한 하이에크는 그가 처음 관심을 가졌던 심리학으로 돌아와 1920년 학생 시절에 썼던 의식에 관한 오래된 논문을 다시 살펴보았다. 그 결과, 정신적 현상에 대한 그의 논문의 핵심 내용은 변하지 않았지만, 학계에서 30년을 보낸 하이에크에게는 그런 내용을 더 적절히 표현할 수 있는 능력이 생겼다. 그렇게 해서 하이에크의 공식 논문이나 저술들 중에서도 중요한 평가를 받는 저술인 『감각적 질서The Sensory Order』(1952)가 탄생하게 된다. 하이에크의 인지심리학은 인지, 혹은 의식을 설명하는 현대의 '연결주의자'의 선구자쯤 되며, 이에 따르면 정신적 현상은 신경세포 발화 연결망 사이의 연결 고리에서 나타난다. 하이에크의 언어에서 감각적 혹은 정신적 질서는 자생적인 질서이며, 계획되지도 또 의도되지도 않은 신경세포 활동의 결과물이다.

하이에크는 1950년에서 1975년 사이 사회적 현상에 대한 이 새로운 접근 방식을 개발하는 데 놀라운 성과를 거두었다. 자연과학과 방법론적으로 구분되는 사회과학에 대한 오스트리아학파의 오래된 개념에서 벗어난 하이에크는 사회과학과 자연과학의 방법은 궁극적으로 동일하다고 주장했다. 그렇지만 그는 질서가 잡혀 있는 현상들의 각기 다른 수준을 예측하고 설명하는 우리의 능력에서 중요한 차이가 있음을 지적했다. 질서는 상대적으로 덜 알려진, 혹은 잘 알 수 없는 요소들의 활동에서 비롯된 단순한 질서와 요소와 그 요소들 사이의 관계가 인간 지식의 한계를 초과할 정도로 방대한 복잡한 질서로 구별될 수 있다. 사회적 규율이란 복잡한 현상에 대한 과학이며 우리는 이러한 분야에서 각 요소들의 활동을 규제하는 원리를 설명하거나 혹은 복잡한 사건들에서 발견되는 유형을 예측하는 데 제한을 받는다. 다시 말해 우리는 복잡한 현상의 과학에서 각 사건들을 절대로 완전히 설명하거나 정확하게 예측할 수 없다.

하이에크는 단순한 현상과 복잡한 현상들 사이의 범위를 각 현상들에 대한 인지적 취급의 용이성 혹은 '순리성'의 범위와 연결시켰다. 단순한 질서는 구성주의적 관점에서 합리적이며 우리는 단순한 질서들을 완전히 재구성하는 데 필요한 지식을 가지고 있다. 더 복잡한 질서는 또 다른 의미에서 합리적인데, 나중에 하이에크 지지자들은 이를 두고 '생태학적'이라고 표현했다. 실제로는 가지고 있지 않지만 어쨌든 만일 우리가 원인과 결과를 통해 관련된 모든 지식들을 갖게 된다면 그러한 질서 역시 완전히 재구성될 수 있다는 것이다. 구성주의적 합리주의자들은 그 복잡성에 관계없이 모든 질서를 인지적으로 다루기 쉬운 것으로 취급하며, 반면에 생태학적 합리주의자들은 질서의 복잡성 때문에 질서가 우리의 인지능력을 능가할 가능성이 있다고 이야기한다.

구성주의적 합리주의자들은 종종 중앙에서 세우는 계획이나 정부가 개입하는 경제정책을 지지한다. 그렇지만 생태학적 합리주의자들은 그러한 정책과 관련된 인식론적 어려움이 우리의 인지능력을 넘어서는 것으로 보는 경향이 있다. 하이에크는 대부분의 사회적 현상들이 구성주의적 합리성과 생태학적 합리성의 조합에서 비롯된다고 보았다. 완전히 의도되었거나 혹은 완전히 자생적인 사회질서 어느 쪽도 대단히 드물 테지만, 하이에크는 경제학자들이 자생적으로 질서가 잡힌 사회현상의 가능성조차 대부분 고려하지 않게 되었다고 주장했다. 하이에크는 어떤 이유로 해서 애덤 스미스의 심오한 생태학적 합리주의라는 근본을 놓치게 된 대부분의 경제학자들이 결국 구성주의를 받아들이게 되었다고 생각했다.

주류 경제학계에서 수십 년 동안 무시를 당한 뒤 1974년 노벨 경제학상을 받게 된 하이에크는 놀라기도 하고 기뻐하기도 했다. 사실 그가 노벨상을 받게 된 건 당시 그와 오스트리아학파의 동료들이 오랫동안 경고해 왔던 케인스주의의 부작용 때문인데, 당시 전 세계는 극심한 인플레이션에 의해 고통받고 있었다. 그의 입장에서 보면 운이 좋았다고도 할 수 있겠다. 하이에크는 다소 의도적으로 정한 〈지식의 가식The Pretence of Knowledge〉이라는 제목의 노벨상 수상 기념 강연을 통해 케인스학파를 따랐던 경제학자들을 맹렬하게 비난했다. 그는 또한 케인스학파와 사회주의자들의 오만한 구조주의적 합리주의에 의해 그동안 왜곡되어 왔던 복잡한 현상들과, 이것들과 연관된 경제학에 대한 자신의 이상을 다음과 같이 요약했다.

> 사회질서를 개선하기 위해 노력하는 과정에서 사회에 해를 끼치지 않고 싶다면 이것 하나만은 명심해야만 한다. 다른 모든 분야에서와 마찬가지로 그 근본적인 복잡성 때문에 우리는 가능한 한 모든 상황들을 다 통제할 수 있는, 그런 완전한 지식을 얻을 수는 없다. 따라서 우리는 장인이 자신의 공예품을 만들 때 그 결과물을 다듬는 방식이 아니라 정원

사가 식물들을 가꿀 때와 같은 방식으로 적절한 환경을 제공해 성장을 이끌어 내면서 얻을 수 있는 그런 지식들을 사용해야만 한다. 자신의 지식에 대한 극복할 수 없는 한계에 대한 인식은 사회의 학생들에게 사회를 통제하려는 인간들의 치명적인 노력의 공범이 되지 않도록 막아 주는 겸손의 교훈을 가르친다.

하이에크의 명성은 노벨상 이후 크게 반등했다. 1992년 3월 그가 사망할 무렵에는 과거 케인스학파와 사회주의자들과의 논쟁에서 그가 패했다고 생각하는 사람이 많지 않았다. 베를린장벽과 철의장막이 무너진 것은 중앙에서 통제하는 경제계획의 실패를 보여 주는 강력한 상징이었다. 이러한 사건들을 설명하기 위해 많은 사람들이 20세기 초 하이에크와 미제스가 제시했던 주장으로 돌아왔다. 로널드 레이건과 마거릿 대처도 자신들의 선거공약을 부각시키기 위해 모두 입을 모아 하이에크의 주장에 힘을 실어 주었고, 대부분의 경제학과에서 케인스주의는 퇴출되었다. 그 자리를 차지한 신고전주의적 접근 방식은 어떤 식으로 보아도 하이에크나 오스트리아학파와 비슷하다고 할 수는 없었지만 1992년의 하이에크는 다시 한번 1930년대 초반 잠시나마 그가 누렸던 명성을 되찾았다.

# 하이에크 경제학과 주류 경제학

하이에크는 '매우 순수하지만 편협한 경제 이론가'로 자신의 경제학자로서의 경력을 시작했다. 그의 사고방식은 수십 년 동안 그런 식으로 진화해 왔으며 그의 후기 경제학 이론은 주류 경제학과는 큰 차이가 있었다. 실제로 하이에크의 경제학은 다른 분야의 사상들로 가득 차 있었으며 많은 이들이 그가 어느 시점에선가 경제학을 떠났다고 생각했다. 하이에크와 관련된 2차 자료들을 보면 그의 사고에 근본적인 단절이 있었던 것이 아닌가 하는 이런저런 주장들로 가득 차 있다.

하이에크는 학자로서 오랜 세월을 보내며 조금씩 변해 갔지만 그것은 경제학도 마찬가지였다. 특히 경제학은 더 형식화되고 이상화되고 수학처럼 바뀌어, 모든 것이 하이에크의 관점에서는 더 나쁜 방향으로 변했다. 근본적으로 복잡한 다른 모든 질서를 그저 단순하게 취급하려는 구성주의적 경향이 더 심해진 것이다. 전간기와 특히 전후 경제학을 뒤흔들었던 이런 변화들을 고려했을 때, 중요한 건 하이에크가 언제 경제학을 떠났느냐가 아니라 경제학이 언제 하이에크를 떠났는가 하는 것이다.

이 책에 실려 있는 다른 경제사상가들과 마찬가지로, 하이에크는 단순한 경제학자 그 이상의 인물이었기 때문에 경제학에서도 이름을 남긴 사상가가 된 것이다. 실제로 그의 가장 유명한 발언 중 하나는 위대한 경제사상가의 실질적인 전제 조건에 관한 다음의 문장이다. "그저 물리학자에 불과한 물리학자도 여전히 일류 물리학자이자 가장 가치 있는 사회 구성원이 될 수 있다. 그렇지만 그저 경제학자에 불과한 위대한 경제학자는 어디에도 존재하지 않는다. 나는 경제학자에 불과한 경제학자는 골칫거리가 될 가능성이 높다고 감히 덧붙이고 싶다." 하이에크는 자신의 말처럼 살았다. 그는 방법론이나 경제사상사 같은 경제학과 밀접하게 관련된 분야에서부터 역사, 철학, 법학, 정치 같은 경제학 주변 분야는 물론 인지과학이나 심리철학, 그리고 인식론처럼 경제학과 무관해 보이는 분야에까지 많은 기여를 했다. 하이에크는 자신의 경제학 연구를 위해 수많은 관심 분야들을 한데 접목시켰다는 점에서 그야말로 진정한 대학자였다.

하이에크의 연구는 경제학의 도구, 보다 일반적으로는 사회과학의 도구들은 그런 도구들이 적용이 된 많은 과제들, 특히 정치적 과제에는 부적절하다는 사실을 잘 정리해 보여 준 것으로 이해될 수 있다. 하이에크에게서 배울 수 있는 한 가지 교훈이 있다면 바로 이것이다. 경제학과 사회과학은 정책 결정자들이 자신들의 야망을 실현하기에 충분한 지식을 제공해 주지 못한다는 것. 그리고 누구나 이 점을 명심해야 하고 또 그렇게 해야만 가장 어리석은 형태의 정치적 오만함을 예방할 수 있음을 보여 주었다.

# Milton
# Friedman

# 밀턴 프리드먼

## (1912~2006)

### 글. 빅토리아 베이트먼

#통화주의 #시카고_학파 #실증경제학
#경제학이_과학적인_학문이_되도록

## 빅토리아 베이트먼Victoria Bateman

영국 케임브리지 대학교에서 경제학을 가르치고 있으며 『근대 초기 유럽의 시장과 성장Markets and Growth in Early Modern Europe』(2016)의 저자이자 《가디언》, 《컨버세이션》, 그리고 《텔레그래프》 같은 매체들에 정기적으로 경제 관련 논평을 싣고 있다. 베이트먼은 최근 영국 BBC 라디오에 출연해 영국의 유럽연합 탈퇴에서 복지 개혁에 이르기까지 다양한 주제로 논쟁을 벌였으며 경제학에서의 성 혁명에 대한 공개 논의를 요구하기도 했다. 가장 최근에 발표한 책은 『성적 요소The Sex Factor』(2019)이다.

1776년, 자유방임주의의 경전처럼 떠받들어지는 애덤 스미스의 『국부론』이 발표된 지 2세기 만에 밀턴 프리드먼이 노벨 경제학상을 수상했다. 프리드먼은 종종 경제학의 주류 중에서도 중심 인물로 여겨지지만 사실 그는 급진주의자였다. 동유럽에서 이민 온 가난한 유대인 가정의 네 번째 자녀로 태어난 프리드먼은 대공황을 겪으며 경제학자로 성장한다. 동시대의 다른 많은 경제학자들과는 달리, 보이지 않는 손에는 한계가 있다는 교훈을 1930년대부터 이끌어 온 프리드먼은 곧 자유 시장경제의 주요 옹호자중 한 사람이 되었다. 그는 공산주의가 동유럽과 그 너머까지 뿌리를 내리고 서유럽 쪽에서는 국가적 개입이 증가하는 등 자본주의의 미래가 전혀 보이지 않던 시기에 자본주의를 대변하고 나선 것이다. 그동안 미국에서는 루스벨트 대통령의 뉴딜 정책으로 수많은 정부 기관들이 만들어졌고, 린든 존슨 대통령이 내세운 '빈곤과의 전쟁'은 '위대한 사회'의 건설을 위해 복지 제도를 확장했다. 프리드먼은 당시의 경제적 방향성에 이의를 제기하고 나선 인물이었다.

## 깊이보다 넓이를 선택한 경제학자

그의 막강했던 경쟁자 중 하나였던 폴 새뮤얼슨은 "20세기 경제학자 중에서 1940년부터 현재까지 미국 경제계의 방향을 보수 우익으로 이끄는 데 프리드먼보다 더 중요한 역할을 한 사람은 없다"고 말했다. 프리드먼에 따르면 자본주의는 경제적 번영이라는 목적을 달성하기 위한 수단일 뿐만 아니라 개인의 자유를 보장하는 수단으로서도 중요한 의미를 지닌다. 사회주의는 그 자체로는 위협이 아니었고, 문제는 권력의 집중에 있었다. 국가 통제는 여러 기업들 사이의 경쟁을 국가가 주도하는 단일 독점 체제로 간단히 대체해 버렸다. 프리드먼으로서는 국가 독점이든 민간 독점이든 상관없이 경쟁이 부족해지면 대안을 찾을 수 있는 개인의 능력이 제한되는 것이 문제였다.

자본주의에 대한 프리드먼의 사고방식은 프리드먼 개인과 가족들의 경험에 기인한다. 프리드먼은 자신의 부모가 미국에서 살아남을 수 있었던 건 미국의 자유기업 제도 덕분이었다고 이야기한 바 있다. 그의 부모는 10대 시절 가족도 없이 뉴욕에 도착했고, 다른 많은 동유럽 출신 이민자들과 마찬가지로 맨몸으로 낯선 세계에 떨어져 스스로 새로운 삶을 개척해야만 했다. 프리드먼의 어머니는 재봉사로 일했고 그의 아버지는 작은 노점상을 했다고 한다. 아버지가 세상을 떠난 후 프리드먼은 학비를 벌고 가족을 돕기 위해 이런저런 일들을 전전했다. 어린 시절의 생활은 녹록치 않았지만 프리드먼은 미국에서 누리는 자유를 당연한 것으로 여기지 않았고, 공산주의나 사회주의 같은 또 다른 경제 제도의 실상을 잘 알고 있었다. 프리드먼이 국가의 개입을 회의적으로 보고 자유 시장을 옹호하게 된 건 바로 이러한 배경 때문이었다.

프리드먼의 연구는 새뮤얼슨이 이끌던 하버드 대학교의 케인스학파에 필적하는 시카고 대학교 학파의 기둥과 같은 역할을 했지만, 그의 영향력이 공공 정책을 결정하는 정치가들에게까지 미치게 된 건 1980년대에 들어서고 난 후였다. 제2차 세계대전이 막을 내린 뒤 찾아온 경제적 황금기에 일반 대중들은 낮은 물가와 낮은 실업률, 안정된 성장을 당연한 듯 누렸지만 곧 심각한 경제 위기에 빠져들게 된다. 이른바 1970년대의 "스태그플레이션 stagflation"이다. 스태그플레이션이란 실업률과 물가가 함께 치솟아 오르면서 경제성장은 둔화되고 정부 적자는 급증하는 상황을 뜻한다. 무엇보다 프리드먼 자신이 이런 경제적 위기를 미리 예측했었기에 그의 대표적 이론인 자유방임주의와 금융긴축, 그러니까 통화공급량 억제 정책을 하나로 합치는 것이 한 가지 해결책이 되는 듯 보였다. 프리드먼의 영향력은 미국의 레이건 대통령과 영국의 대처 수상을 통해 경제정책에 근본적인 개편을 가져왔다. 프리드먼은 12명의 경제학자로 구성된 레이건 대통령의 경제정책 자문 위원회의 일원으로도 참가했지만 스스로 인정했듯 여론은 "이론이나 철학이 아닌 경험에 의해서" 형성되며 실제든 단지 그렇게 느낄 뿐이든 "오직 위기의 발생만이 진정한 변화를 일으킬 수 있다." 프리드먼의 생각만큼이나 신자유주의로의 전환, 즉 국가의 개입을 반대하고 시장에 찬성하게 된 데에는 일반 대중들의 역할도 컸다.

이제부터는 경제학과 관련된 프리드먼의 주요 공적 세 가지를 간략하게 설명하려 한다. 우선 그의 방법론적 사고는 『실증 경제학에 관하여Essays in Positive Economics』(1953)로 유명해졌고, 이를 통해 프리드먼은 규범적 논쟁을 버리고 경제학을 과학으로 옹호했다. 둘째, 프리드먼의 화폐경제학은 화폐수량설에 대한 그의 이론적 부활에서 안나 슈워츠Anna Schwartz(1915-2012)와 공동으로 집필한 『미국 화폐의 역사Monetary History of the United States』(1962)로 이어진다. 그리고 셋째, 프리드먼의 광범위한 개념의 정치경제학은 특히 시장의 미덕에 초점을 맞추고 있다. 그의 『자본주의와 자유Capitalism and Freedom』(1962), 아내인 로즈 프리드먼Rose Friedman과 함께 쓴 『선택할 자유Free to Choose』(1980) 등은 모두 큰 인기를 끌었으며 지금까지도 절판되지 않고 계속해서 나오고 있다. 특히 『선택할 자유』는 미국의 공영방송인 PBS 텔레비전에서 10부작 방송으로 만들어져 방영되기도 했다.

프리드먼은 자유라는 화두를 앞세운 화려한 언변으로 이미 미국 대중들 사이에 깊이 뿌리박혀 있던 신념에 호소했다. 디아드르 매클로스키Deirdre McCloskey의 표현에 따르면, 프리드먼이야말로 언변이 뛰어난 수사학의 전문가였다. 그는 자신의 통화 관련 주장들과 다른 연구 내용들을 하나로 합쳐 '모든 질문에 다 대답해 줄 수 있는 사람'으로 명성을 얻었다. 경제학이 규범적 문제를 뛰어넘어 '실증적'일 수 있다고 주장하며 자신이 말하는 모든 내용이 과학적 기반에 근거하고 있는 것처럼 보이게 했다. 그의 이야기를 듣고 있으면 굳이 수많은 다른 경제학자들의 견해까지 살펴볼 필요가 없었다. 프리드먼의 성공은 그의 학문적 깊이가 아니라 바로 이러한 사고의 넓이 덕분이었다.

　누군가 프리드먼에게서 깊이를 원한다면 그의 공적은 곧 허물어지기 시작할 것이다. 프리드먼은 깊이를 포기하고 넓이를 선택했다. 그가 했던 연구의 세 가지 주요 영역에 대해 살펴보면 크고 작은 비판이 많다는 사실을 알게 된다. 프리드먼은 '자유 시장은 언제나 신뢰할 수 있다'는 주장을 훼손시킬 만한 그 어떤 새로운 도전도 하지 않았다. 자신이 가장 확신할 수 있는 부분에 대해서는 오스트리아학파와 하이에크의 사상을 포함해 자신에게 영향을 준 여러 사상들에 의지를 했지만, 그가 자신감을 내보이지 못했을 때는 예전에 포기했노라고 주장한 신고전주의적 흐름에 너무 가깝게 다가갔기 때문인 경우가 많았다. 그 결과에 대해서는 앞으로 살펴보게 되겠지만, 어쨌든 프리드먼은 자유 시장경제를 안정적인 것, 사회와 문화로부터 독립적인 것으로 보았다. 이것은 그가 실패하게 된 궁극적인 원인이었으며, 좀 더 넓게 보면 2008년 전 세계적인 금융위기를 맞닥뜨렸을 때 경제학이 실패한 원인이기도 했다.


## 규범경제학 vs 실증경제학


프리드먼 이전의 경제학은 예술과 과학이 혼합된 것이었으며 그 최전선에는 규범경제학이 있었다. 그러다 경제학자들이 정부의 정책 결정 과정에 참여하게 되면서 자연스럽게 무엇이 인간의 행복을 이끌어 내는지, 또 삶의 의미가 무엇인지에 대해 집중하게 된다. 그 결과, 경제학에서는 논쟁이 끊이지 않았고 그 주제는 정치와 철학, 그리고 종교를 망라했으며 이후 경제학은 자연스럽게 '정치경제학'으로 세상에 알려지게 된다. 프리드먼은 경제학자들에게 완전한 반전을 제공했는데, 즉 규범적 고려 사항들을 실증 경제학과 하나로 합친 것이다. 프리드먼에게는 사실이 가치보다, 그리고 과학이 예술보다 더 앞서는 것이었다.

그의 획기적인 소논문 「실증 경제학의 방법론The Methodology of Positive Economics」에서 프리드먼은 경제학도 자연과학과 동일한 수준의 객관성을 달성할 수 있다고 제안했다. 그뿐만 아니라 프리드먼은 경제학이 과거 경제학자들이 천착했던 윤리적이면서 가치를 기반으로 하는 판단에서 벗어날 수 있다고 주장했다. 실증 경제학은 규범적 고려 사항들과 상관없이 앞으로 나아갈 수 있으며, 정책 결정자들이 달성하고자 하는 결과에 대한 의견 차이를 해결하는 데 도움이 될 터였고, 냉엄한 진실들에 대해서도 문제가 제기되지 않을 것이다. 프리드먼은 자신이 제시한 주장들이 경제학 분야 안에서 어떤 합의를 이루어 낼 수 있기를 희망했다. 그렇게 되면 각자 정치적으로 다른 입장이나 신념을 갖고 있어도 모든 경제학자들이 다 함께 동의할 수 있는 측면을 통해 정책의 결정 과정도 훨씬 더 쉬워질 터였다.

프리드먼의 이런 생각은 큰 인기를 얻었다. 이로 인해 경제학자들은 '정답'이나 혹은 쉬운 답이 절대로 나올 수 없는 문제들에 대해 끊임없이 논쟁하기보다는 '진실'을 밝히고 확고한 해답에 도달함으로써 점점 더 스스로를 과학자처럼 여기게끔 되었다. 어떤 사람들에게는 프리드먼이 경제학의 구세주이자 경제학에 철저함을 더하고 자유를 보장해 준 사람인 반면, 또 어떤 사람들에게 그는 경제학을 어두운 뒷골목으로 이끌었던 사람이기도 했다. 프리드먼의 방법론 관련 논문은 당연히 "20세기 경제학에서 가장 많이 인용되고, 영향력이 있으며, 또 논란이 많은 방법론 관련 저술"이라고 불렸다.

경제학에서 어떤 식으로든 주관성을 배제할 수 있다는 프리드먼의 개념은 논란의 여지가 있을 수밖에 없었다. 매클로스키의 말에 따르면 "모든 경제학자들은 합리적인 현대주의자로서 자신들이 생각하는 근거나 객관적인 증거들이 암시하는 것 이상을 믿었고" 그러면서도 종종 당연하게 받아들여야 하는 결과들이 실제로는 논쟁으로 이어지기도 했다. 노벨상을 수상한 제도주의 학파School of Institutionalism 경제학자인 군나르 뮈르달Gunnar Myrdal(1898~1987)은 이렇게 말한다.

> 사회과학을 연구할 때 발생하는 편견은 단순히 '사실만 따라가고' 통계자료를 다루는 방식을 조정하는 것만으로는 지워질 수 없다. 실제로 자료나 자료의 처리 과정은 '순수한 생각'보다 편견에 더 취약한 경우가 많다. 연구를 위해 필요한 복잡한 자료들을 단순히 관찰하기만 해서는 체계적인 지식

으로 정리할 수 없다… 과학자들이 사실에 기반을 두려는 시도에서 자신의 견해를 명확하게 밝히지 않는다면 편견의 여지가 남을 수밖에 없다.

프리드먼은 경제학자가 전적으로 객관적이 될 수 있다고 착각을 했을 뿐만 아니라 신고전주의나 자유방임주의 경제학과 관련된 많은 사상가들이 경제학의 규범과 윤리적 측면에 대해 훨씬 더 신중하고 깊게 생각해 왔다는 사실을 무시하는 것처럼 보인다. 영국의 경제 역사학자인 애브너 오퍼Avner Offer(1944-)에 따르면 "합리적 선택이론과 신자유주의에서 찾아볼 수 있는 현대적인 개념의 보이지 않는 손은 계몽주의와 공리주의 경제학의 윤리적 유산과 완전히 갈라섰으며 애덤 스미스 본인의 입장과도 일치하지 않는다." 또한 발레리아 모시니Valeria Mosini가 지적했던 것처럼 레옹 발라 같은 수리경제학의 천재조차도 가치와 사실을 나란히 놓고 고민했다. 발라의 경우 자유방임주의는 효과가 있었지만 거기에는 적절한 환경이 뒷받침되어야 한다는 조건이 있었다. 하이에크에게 경제학은 단순한 자유방임주의를 넘어 시장이 가장 잘 작동할 수 있는 적절한 제도적 환경을 찾는 일이었다. 하이에크는 프리드먼이 1947년 헨리 시몬즈와 함께 발표한 그의 『자유방임주의를 위한 실증적 계획A Positive Programme for Laissez Faire』을 극찬했다. 비슷한 생각을 가진 많은 경제학자들에게 있어, 자유방임주의를 여러 합의를 통해 마련된 적절한 제도적 환경에 포함시킬 것인지에 대해서는 의견이 일치했지만 정확히 어떤 제도적 환경이 수반되어야 하는지에 대해서는 의견이 분분했다. 그리하여 이와 관련한 논의를 진행시키기 위해 몽펠르랭 소사이어티Mont Pelerin Society라는 이름의 자유주의 경제학자들의 모임이 결성되었다. 이러한 종류의 논의 주제는 현대의 '사전 분배Predistribution°' 개념이나 '자본주의 개혁'에 대한 요구와 많은 공통점이 있다. 그렇지만 이것들은 프리드먼의 방법론적 사고가 자리를 잡아감에 따라 자유주의적 사고에서 밀려난 주제이기도 했다. 무엇보다 일련의 과정들은 궁극적으로 다음과 같은 치명적인 실수로 이어진다. 이전까지 자유방임주의에 동조하는 사람들에게도 똑같이 친숙했던 윤리와 가치 같은 의제를 좌파가 독점할 수 있는 길이 열리게 된 것이다.

그렇지만 프리드먼의 방법론적 사고에는 그의 '실증 경제학' 외에도 당시에는 훨씬 덜 관심을 받았지만 지금 우리에게 상대적으로 더 많은 관심을 받게 된 두 가지 측면이 있다.

첫째, 프리드먼은 여론은 "이론이나 철학에 의해서가 아닌 경험에 의해 형성된다"는 그의 설명처럼 학계에서 발표하는 논문이 아닌 현장에서의 경험이 정책의 움직임과 경제적 결과를 결정한다고 믿었다. 이와는 대조적으로 케인스는 "지적 영향력에서 완전히 해방되었다고 믿고 있는 실리적인 사람들 대부분이 지금은 사라져 버린 일부 경제학자들의 노예"라고 말하며 여론에 영향을 미치

---

° 세금과 복지 혜택을 통해 불평등을 개선하기보다는 최저임금 자체를 높이는 것처럼 노동시장에 보다 직접적으로 개입하는 방식을 이르는 개념.

는 경제학자의 위상을 중요하게 여겼다. 영국의 2016년 유럽연합 탈퇴 국민투표와 같은 일련의 정책과 선거를 통한 결정들은 프리드먼의 주장처럼 경제학자들의 조언에 그다지 영향을 받지 않는 것처럼 보이기도 한다. 실제로 베를린장벽을 무너뜨린 것은 경제적 사고가 아니라 현장에 있는 평범한 사람들의 경험, 즉 현재 상황에 대한 좌절이었다. 1846년 영국의 곡물조례가 폐지되고 자유무역이 본격적으로 시작된 건 단순히 데이비드 리카도와 리처드 코브던Richard Cobden의 공적이 아니었고, 관세 보호 정책에 반대하고 나선 건 물가 상승과 생활비에 큰 부담을 느낀 산업혁명 현장의 기업가와 노동자들이었다. 경제사상가들은 앞장서서 전면에 나서기보다는 지지 의사를 표명하며 일단 뭔가 시작이 되고 대중들이 일어났을 때 그 모습을 나타내곤 했다.

둘째, 프리드먼은 경제학자들이 경제를 이끌거나 지도하는 능력에 실질적인 한계가 있다고 믿었다. 여기서 그는 다시 한번 케인스주의의 방법론에 처음부터 반대를 하고 나선다. 케인스 본인은 자신의 가장 유명한 저서 『고용, 이자 및 화폐에 관한 일반이론』을 주어진 상황을 해결할 수 있는 수학 공식으로 생각하지 않았지만, 그를 지지하던 대부분의 사람들은 분명 그럴 수 있을 거라고 생각했다. 그 결과, 사람들은 경제학자가 경제를 좌지우지하는 위치에 올라설 수 있다고 생각하게 되었다. 케인스 자신은 경제학자를 마치 치과 의사처럼 다소 따분하고 기계적으로 일을 처리하는 존재로 그렸던 것이다.

경제학에서 이 같은 수학적 방식의 계보는 한동안 계속 이어졌는데, 심지어 케인스학파의 사고방식을 포기한 경제학자들도 마찬가지였고, 여기에는 자유방임주의의 전통을 이어받은 신고전학파도 포함된다. 그런데 흥미롭게도 이들은 경제적 문제를 해결하는 데 국가의 개입은 별 소용없는 일이라고 말하고 있으며, 프리드먼 역시 복잡한 수학 공식을 통하지는 않았지만 같은 결론에 도달했다. 그에 따르면 경제학에 대한 이런 수학적 접근 방식은 극단적으로 갈 경우 근본적인 결함을 만들어 낸다. 우리를 '실제 세상에 대한 일반화'가 아닌 '가상 세계의 형식적 모형'으로 이끌 수도 있다는 것이다. 프리드먼이 생각하기에 경제학자들은 경제에 대한 자신들의 지식이 매우 제한적이라는 사실을 받아들여야 했지만 그렇게 하지 않음으로써 사람들이 "경제학자인 우리도 달성하기 어려운 성과 기준을 기대하도록" 만들었다. 그러므로 그는 더더욱 경제학이 과학적인 학문이 되도록 (아마도 불가피하게) 경제학의 수학적인 부분을 파고들 수밖에 없었을 것이다.


## 통화주의 : 돈을 경제학의 중요한 화두로 되돌려 놓다

프리드먼의 화폐경제학에서 나온 가장 단순하면서도 근본적인 결론은 돈의 가치를 유지하기 위해서는 공급을 신중하게 통제해야 한다는 점일 것이다. 그렇지만 돈이 수천 년 동안 존재해 왔다는 사실을 감안할 때, 돈이 경제에 미치는 영향에 대해 생각한 최초의 경제학자가 프리드먼이 아니었다는 건 그리 놀라운 일은 아니다. 그는 말하자면 거인의 어깨 위에 올라탔던 사람이었고, 또 곧 살펴보게 되겠지만 자신만의 독창적인 생각이 아니면서도 그런 생각이나 발상이 널리 알려질 수 있는 적절한 시기와 적절한 장소에 우연히 서 있던 사람이었다.

돈이 경제에 미치는 영향, 그중에서도 특히 '실제', 그러니까 산출 효과와 '명목', 즉 물가수준에 영향을 미칠 수 있는지에 대해서는 오랫동안 많은 논의가 있었다. 17세기의 중상주의자들은 귀금속의 과도한 유입이 물가를 부풀릴 수 있다는 사실을 잘 알면서도 그로 인해 무역과 생산이 자극을 받아 경제에 더 큰 이익을 가져다줄 수 있다고 생각했다. 어빙 피셔와 크누트 빅셀Knut Wicksell(1851-1926)은 19세기에 현대적인 통화 관련 사고방식의 선례를 세웠는데, 프리드먼은 어빙 피셔의 전통을 이어받았다. 이와는 다르게 오스트리아학파와 케인스학파, 그리고 스톡홀름 학파는 크누트 빅셀의 전통을 이어받았다. 프리드먼은 또한 20세기 전반부에 통화 공급을 통제하는 것의 중요성과 규범에 기반한 통화 정책 결정의 장점을 강조하면서 통화 관련 당국에 너무 많은 재량권을 주는 것에 대한 위험성을 지적했던 스승 헨리 시몬즈로부터 많은 것을 배웠다. 제임스 에인절James Angell은 거기서 한 걸음 더 나아가 경제 안정을 위해 지속적인 통화팽창 정책을 권장했는데, 이런 주장은 이후 프리드먼과도 이어지게 된다.

역사적인 선례가 있고 통화 분야를 연구했던 유일한 경제학자가 아니었다고 해도, 일반적으로 프리드먼의 연구는 상대적으로 좀 더 '우세했던' 1950년대와 1960년대의 케인스학파에 강력한 도전장을 내미는 것으로 받아들여졌다. 케인스에 따르면 경제적 불안정은 자유 시장경제의 자연스러운 부분이며, 이는 투자 변동성에서 비롯된 것이다. 반면에 프리드먼은 그런 불안정은 통화팽창이 불안정해서 발생한 결과라고 주장했다. 케인스학파는 통화 정책의 중요성보다는 조세와 정부 지출 같은 재정 정책의 중요성을 더 강조했는데, 프리드먼은 통화정책이야말로 가장 강력한 정책이며 그 강력한 위력으로 경제를 불안정하게 만드는 요인을 설명할 수 있다고 주장했다.

이러한 상황을 배경으로 프리드먼은 '통화주의'를 통해 돈을 다시 경제학의 중요한 화두로 되돌려 놓게 된다. 그리고 바로 이 통화정책이 소득과 생산량, 그리고 가격을 결정하는 데 가장 중요한 역할을 한다고 주장했다. 프리드먼은 화폐수량설을 다시 정리해서 설명하는 데 중추적인 역할을 했다. 화폐수량설의 공식은 $MV=PY$이며, 여기서 M은 통화공급량, P는 물가수준, V는 돈이 얼마나 빨리 회전되는지를 나타내는 유통 속도, 그리고 Y는 실제 생산량의 수준이다. V가 안정적이고 Y가 외부의 원인에 의해 결정된다고 가정했을 때, 프리드먼은 이 공식이 경제에서 통화 공급과 물가수준 사이의 명확하고 긴밀한 관계를 제공한다고 주장했다.

화폐수량설을 다시 되살린 프리드먼은 동시에 자신의 이론을

더해 통화 공급과 통화 수요 사이의 균형이론을 만들었다. 프리드
먼은 통화 수요가 안정적이어야 한다고 주장했고, 이는 궁극적으
로 물가수준과 물가상승률을 결정하는 데 돈의 공급이 중요한 역
할을 한다는 사실을 의미했다.

프리드먼은 역사적 증거들을 수단으로 삼아 돈이 (장기적으로는)
가격뿐만 아니라 적어도 단기적으로는 생산량과 소득에도 영향을
미친다는 사실을 보여 주었다. 아서 번스Arthur Burns와 웨슬리 미첼
Wesley Mitchell의 경기순환에 대한 선구적인 작업의 발자취를 따라
연방 정부의 경기순환 조사 방식을 채택한 프리드먼과 안나 슈워
츠는 미국의 통화 및 금융 역사에 대한 자료들을 수집했고, 그 과
정은 『미국 화폐의 역사』라는 대작으로 절정을 맞이한다.

프리드먼과 슈워츠는 대공황을 포함해 미국 경제가 겪었던 대
변동들의 주요 원인이 바로 돈이라고 주장했다. 다시 말해 물가뿐
만 아니라 경제를 안정시키고 지나친 호황이나 불황을 억제하기
위해서는 통화 공급을 통제할 필요가 있다는 뜻이다. 앞서 언급한
공식 MV=PY로 다시 돌아가면, 프리드먼은 단기적으로 보면 M(통
화공급량)의 변화가 P(물가수준)가 아닌 Y(실제 생산량 수준)에 영향을
미칠 수 있다고 주장했다. 그렇지만 시간이 지남에 따라 Y는 외
부의 원인에 의해 결정된 수준으로 돌아가며 M은 순수하게 P에
만, 즉 경제의 실제 측면이 아닌 명목상의 측면에만 영향을 미치
게 된다. 고전주의 학파가 주장했던 이른바 고전적 이분성Classical
Dichotomy—실물 경제가 돈을 포함한 모든 명목상의 측면에 대해

중립적이라는 유명한 주장—은 장기적으로는 유지될 수 있지만 단기적으로는 그렇게 되지 않을 수도 있는 것처럼 보였다. 프리드 먼의 결론은 분명했다.

> 내가 생각하기에 당장 중요한 건 통화 변동이 불안정한 힘이 되지 않도록 하는 것이다. 이 일은 통화 당국에 일정하고 안정된 상태로 돈의 공급을 늘리는 임무를 부여함으로써 가장 적절하게 진행될 수 있다. 통화 불확실성의 제거는 개인의 계획과 사회적 행위 모두를 위한 안정된 환경을 제공함으로써 건전한 경제성장을 촉진할 것이다.

장기적으로는 생산량의 수준이 돈의 영향을 받지 않는 것처럼 보였기 때문에 프리드먼은 통화 공급의 엄격한 통제를 유지하는 데 따르는 손실이 전혀 없다고 주장했다. 오히려 가격과 생산량의 안정성 측면에서 이익만 발생한다는 것이었다. 이런 주장은 케인스학파의 이론과는 큰 차이가 있었다. 케인스학파의 이론을 보완해 준 필립스 곡선에 따르면, 더 높은 수준의 인플레이션으로 더 높은 수준의 생산량과 더 낮은 수준의 실업률이 달성될 수 있다. 다시 말해 통화 영역과 실물 경제 사이에는 영원한 상충 관계가 존재한다는 뜻이었다. 프리드먼은 1968년 〈통화정책의 역할The Role of Monetary Policy〉이라는 제목으로 발표된 전미경제학회 회장 취임 연설에서 그러한 상충 관계는 노동자들이 '속아 넘어가는' 결과로 나온 일시적인 현상일 뿐이며, 그 상충 관계를 유지하려는 시도로 인해 정책 결정자들은 실제로 경제를 불안정하게 만들고, 물가 상 승을 부추기고 있다고 주장했다.

프리드먼은 경제에는 '자연적 비율'의 실업률이 있다는 주장과 함께 필립스 곡선을 무시했다. 프리드먼은 장기적으로 볼 때 필립 스 곡선이 이 자연적 비율 안에서 일직선으로 바뀔 것이라고 주장 했는데, 이는 더 이상 인플레이션과 실업 사이에는 어떠한 상충 관 계도 존재할 수 없음을 의미하는 것이었다.

프리드먼은 경제를 안정시키는 최선의 방법은 통화 공급을 면 밀히 관찰하고 정치인들이 경제 부양을 위한 단기적 조치를 취하 지 못하도록 하는 것이라고 결론을 내렸다. 이러한 주장은 통화 수 요 관계는 안정적이라는 프리드먼의 또 다른 실증적 주장과 함께 그로 하여금 단순하면서도 지속될 수 있는 통화 공급 증가 규칙을 주장하게끔 만들었다. 심지어 경제가 부정적인 충격을 받고 있고, 누군가는 정책 결정자들에게 더 많은 재량권을 부여해야 한다고 생각할 수 있는 경우에라도 프리드먼은 적극적인 정책적 대응이 크게 소용없을 거라고 보았다. 어떤 형식의 정책적 대응이든 이는 실제 현상에 비해 너무 늦어질 수밖에 없고 따라서 불안정성은 줄 지 않고 오히려 더 늘어날 수 있다는 것이다.

프리드먼은 경제를 활성화하기 위해 통화 및 재정적 부양책을 포함한 '수요 측 관련 조치'를 사용하는 대신, 노동조합과 복지 정 책, 가격 담합, 그리고 과도한 규제 등을 제한해 노동과 생산 시장에서 경쟁력을 끌어올릴 수 있도록 압박을 가하는 등의 '공급 측 관련 조치'를 권장했다. 프리드먼이 실업률의 '자연적 비율'을 영구적으로 낮추고 경제의 실질 생산량을 높이는 열쇠라고 주장한 것은 바로 수요가 아니라 공급이었고, 이런 주장은 당시 로버트 솔로Robert Solow(1924-) 같은 경제학자들이 연구하고 있던 경제성장 이론의 맥락과 잘 맞았다.

## 치솟는 인플레이션과 고정환율제로의 회귀

프리드먼이 정책 결정자들에게 영향을 미칠 수 있는 기회는 1970년대에 찾아왔다. 케인스주의의 영향을 받아 온 경제모형의 위상이 흔들리기 시작한 시기였다. 전 세계적으로 경제가 침체기에 접어들었고 실업률이 치솟았지만 필립스 곡선과는 전혀 맞지 않게 인플레이션은 새로운 정점에 도달했다. 로버트 루카스와 토마스 사전트는 이렇게 설명했다.

> 이러한 사건들은 시대에 뒤떨어진 '고전적인' 원칙들—케인스가 혐오했던 것과 비슷한 긴축과 균형 예산 같은—에 대한 반발로 인해 발생한 것이 아니다. 그보다는 오히려 엄청난 정부의 예산 적자와 높은 통화 팽창률 때문이었다. 또 정부는 인플레이션 위험을 인정하면서도 현대 케인스학파

의 신조인 빠른 실질 성장률과 낮은 실업률을 따르는 정책들을 약속했다.

케인스주의에 대한 불만은 점점 커지기 시작했다. 경제 불안의 배경에는 고정환율에서 변동환율로의 전환, 즉 브레튼 우즈 체제의 붕괴가 있었다. 고정환율제도는 오랫동안 지폐의 잠재적 인플레이션 위험에 대한 해결책으로 기능하고 있었다. 자신들이 발행하는 통화의 가치를 금으로 뒷받침하고 서로 고정함으로써 정책 결정자들은 돈을 마음대로 찍어 낼 수 없었다. 하지만 변동 가능한 환율로의 전환으로 위험이 시작될 가능성이 커졌다. 프리드먼은 분명 고정환율제도의 지지자는 아니었지만 그럼에도 불구하고 변동 가능한 환율이 결국 정책 결정자들로 하여금 인플레이션을 통제하기 위한 다른 대안들을 찾게끔 만들 것이라 보았다. 그리고 인플레이션을 다시 통제하기 위해서는 금융 긴축이 필요했다. 동시에 케인스학파의 시대를 거치면서 무시되고 있는 것처럼 보였던 경제의 공급 측면에 다시 주목할 필요가 있었는데, 프리드먼은 이런 조치들이 실업률을 낮추는 데 도움이 될 것이라고 주장했다.

미국의 레이건 대통령과 영국의 대처 수상이 선택한 프리드먼의 일련의 정책 제안들은 국가의 개입을 줄이고 자유 시장의 원리에 모든 것을 맡기자는 내용과 관련이 있었다. 따라서 여기에는 국영 산업체들의 민영화와 노동조합의 간섭 배제, 그리고 금융 부문을 포함한 경제 분야 전체에 대한 규제 완화가 포함되었다. 통화 공급 확대에 대한 규정을 정하자는 프리드먼의 권고안에 따르면 분명 인플레이션도 줄어들어야 했다. 그런데 금융과 재정의 긴축 결과, 두 국가 모두에서 심각한 불황이 발생했다. (특히 미국에서는 이런 현상을 볼커 충격Volcker Shock이라고 불렀다.) 영국에서는 '고통이 없으면 아무런 효과가 없다'라는 말로 국민들을 달랬지만 정책 결정자들의 최선을 다한 시도와 경기 침체에도 불구하고 인플레이션은 여전히 높았다. 이렇듯 통화 공급을 통제함으로써 인플레이션을 통제하려는 시도는 결국 실패로 돌아가고 말았다. 프리드먼이 가격 안정을 유지하는 것을 목표로 삼았던 건 적절했지만, 문제는 그 목표를 달성하기 위해 그가 선택했던 방법이었다. 따라서 다른 방법이 강구되었는데, 여기에는 유럽의 고정환율로의 복귀가 포함된다.

## 화폐경제학에 대한 비판

프리드먼의 화폐경제학은 대단히 영향력 있는 것으로 판명되었지만, 심각한 비판도 있었다. 비판의 중요 골자는 생산량과 돈 사이의 인과관계에 대한 의문이었다. 프리드먼과 슈워츠는 둘 사이의 상관관계는 밝혀냈지만 이 관계를 돈이 주도하고 있는지는 분명치 않았다. 실제로 하이먼 민스키는 돈을 만들어 내는 건 이윤 추구 기관인 금융기관들이라고 주장했다. 그의 주장에 따르면, 경제가 힘을 얻을 때는 고객의 요구에 부응해 통화 공급을 '확대'하지만 경제가 어려울 때는 신용 대출을 줄여 나갔고, 그 결과 경기순환이 악화되었다는 것이다. 민스키가 보기에 경제에서 핵심적인 역할을 하는 건 중앙은행이 아닌 민간 부문의 금융기관들이며, 이들의 자연스러운 이익 추구 행위는 통화 공급 증가를 제한하는 중앙은행의 능력을 지속적으로 약화시킨다. 은행 대출은 지급 준비금의 양에 의해 결정되는 것이 아니라 돈을 빌리고 싶은 고객의 욕구와 빌려 주고 싶은 일반 민간 은행의 욕구, 즉 수요 측면에서 영향을 받는다. 민스키가 생각하기에 정부 당국이 지속적인 (통화) 성장 규칙을 유지하는 것은 극도로 어려운 일이었다. 민간 부문의 혁신은 불가피하게 그런 상황을 반대할 것이며, 그러나 최종 대출 기관은 결국 민간 부분이 끌어안고 있는 위험을 해결하기 위해 개입하거나 구제 금융이 이루어질 터였다. 따라서 민스키에게는 "어떤 정해진 보편적인 규칙도 없다는 것이 연방 준비제도 정책의 유일한 보편적인 규칙"이었다.

프리드먼의 연구는 '좌파'들뿐만 아니라 새로운 이름으로 등장한 자유 시장주의자들에게도 비판을 받았다. 신고전주의 경제학은 인플레이션 기대 형성에 대한 프리드먼의 '적응적 기대°' 모형을 '합리적 기대°°' 중 하나로 대체했다. 그 결과 돈은 장기적으로

---

°     과거의 경험, 자료를 바탕으로 어떤 변수에 대한 (기대) 오차를 줄여 미래를 예측하는 방식.

°°    과거의 자료뿐만 아니라 현재 이용할 수 있는 모든 정보를 동원해 미래를 예측하는 방식.

는 '실제'로 어떤 영향도 미치지 못할 뿐만 아니라 단기적으로도 프리드먼이 제시한 것보다 훨씬 더 제한적인 영향만을 미칠 것으로 예상되었다. 따라서 신고전주의 경제학자들은 프리드먼의 호황과 불황에 대한 통화 설명과는 다른 대체 모형을 제시했다. 바로 공급 측면의 모형인 실물 경기순환Real Business Cycle 모형이다. 이들에게 공급 측면은 장기적인 성장뿐만 아니라 단기적인 움직임의 원동력이었다. 이제는 어느 누구도 수요 측면을 중요하게 여기지 않았다.

프리드먼의 연구는 대체로 케인스와 대척점에 서 있지만, 많은 사람들이 생각하고 있는 것보다 서로간의 차이점은 적다. 우선, 실업률과 인플레이션율의 상충관계―물가 안정을 위해선 높은 실업률을, 실업률 감소를 위해선 높은 인플레이션을 감당해야 한다―를 설명하는 필립스 곡선을 폐기할 때 프리드먼이 사용한 방정식은 사실 필립스 본인이 제공한 것이다. 필립스는 오히려 프리드먼보다 인플레이션의 영향에 대해 더 걱정을 했다고 한다. 필립스는 또한 자신의 곡선이 특정한 수준의 인플레이션 기대치에 의존한다는 사실을 잘 알고 있었으며 프리드먼은 나중에야 이런 사실을 인정했다. 케인스가 돈의 중요성을 과소평가했다는 것도 사실이 아니다. 케인스의 초기 연구는 사실 대부분 통화 문제와 관련이 있었으며, 1930년에는 『화폐론』을 집필하기도 했다.

케인스와 프리드먼 사이의 진정한 차이는 다른 곳에서 찾아볼 수 있다. 경제적 불안정은 단순히 통화 관리를 잘못해 빚어진 결과물이 아니라, 자유 시장경제의 본질적인 부분이라는 케인스의 견해와 관련해서다. 우리는 미래를 알 수 없기 때문에 투자는 본질적으로 투기가 될 수밖에 없다. 투자에 대한 확실한 보장이 없다면 언제든 그 투자는 실패로 돌아갈 수 있으며 이는 경제도 마찬가지다. 프리드먼은 시장경제의 자기 균형이라는 속성을 믿었지만 케인스는 그렇지 않았다. 케인스는 자신의 유동성 선호 이론에 입각해 경제 침체기에는 사람들이 주식을 매각해 현금을 확보함으로써 상대적으로 안전한 자산인 돈에 대한 수요가 늘어나고 따라서 유동성 선호가 증가한다고 주장했다. 이 같은 돈에 대한 추가 수요는 이자율 하락에 대한 압력을 막아 준다. 하지만 이 경우, 통화공급량을 늘려도 큰 도움이 되지 않는다. 따라서 케인스는 경기 침체기에 이자율이 자연스럽게 조정되어 경제가 완전고용에 가까운 상태로 돌아갈 것이라는 의견에는 동의하지 않았다. 하지만 프리드먼은 케인스의 유동성 선호 이론과 함께 자연적인 경제 불안정(성)을 외면했고, 시장의 자기 수정 능력을 지나치게 신뢰하고 말았다.

## 시장의 미덕과 한계

프리드먼이 가진 시장에 대한 믿음은 신고전주의 경제학자의 눈에 얼핏 순진해 보일 수도 있다. 신고전주의 경제학자들은 애덤 스미스의 '보이지 않는 손'을 수학적 공식으로 만드는 과정에서 완벽한 경쟁과 외부적 요인의 부재, 그리고 완벽한 정보를 포함해 '효율적인' 결과를 보장하기 위해 시장에 필요한 여러 가지 엄격한 가정들을 찾아냈다. 프리드먼은 이러한 엄격한 조건들을 받아들이면서도, 시장의 결과를 개선하기 위해 그와 같은 조건들이 얼마나 타당성이 있는지 의문을 제기했다.

프리드먼은 독점이 존재할 수는 있지만 "정부에 지원을 요청하지 않는 이상 보통은 불안정한 상태로 짧게 유지될 수 있을 뿐"이라고 주장했다. 그는 오스트리아학파를 대변하며 우리의 여러 욕구들을 충족시키기 위해 새롭고 더 나은 상품을 개발해 이윤을 창출하는 것은 기업들의 능력이라고 인정한다. 그리고 궁극적으로 독점적 이익이 달성되는 경우, 이는 결국 독점력을 약화시킬 다른 회사들이 시장에 진입하도록 유도하는 신호로 작용할 것으로 보았다. 프리드먼의 눈에 국가는 독점이라는 문제를 해결할 위치에 있다기보다는 오히려 국가가 그 근본적인 '원인'이 될 때가 많았다. 국가는 독점할 수 있는 권리를 부여하고 다른 기업들의 진입을 차단하는 규정을 제정할 뿐이었다.

정보의 비대칭성 사례들과 관련해서 프리드먼은 소비자가 대체 상품을 검색하기 시작하면 소비자에게 유해하거나 조잡한 상품을 판매하지 않는 것이 궁극적으로는 기업의 이익과 연결된다는 유명한 주장을 펼쳤다. 반면에 시장 생산을 국가 생산으로 대체하는 것은 소비자에게 대안이 없다는 것을 의미하므로 단일 생산자인 국가의 명령에 더 많이 따를 수밖에 없게 된다. 이와 유사한 맥락에서 영국의 경제학자 마크 페닝턴Mark Pennington은 정보 비대칭을 극복하기 위한 수단을 개발하는 문제에 대해서는 국가보다 시장이 훨씬 더 나은 위치에 있다고 주장했다. 여기에는 자동차 보험회사가 운전자의 행동과 운전 경로를 살피며 그에 따른 보험료를 청구하기 위해 자동차에 설치할 수 있는 블랙박스나 우리의 건강 상태를 판단하기 위해 지출을 추적하는 다양한 수단 등이 포함될 수 있다. 게다가 국가는 소비자들이 기업들에게 이용당하지 않도록 규제를 시도할 수 있지만, 그렇다고 언제나 올바른 규제를 시행할 수 있을 만큼 모든 걸 충분히 다 알고 있다고 믿을 수는 없을뿐더러, 또 국가가 나서서 기업들의 편을 들 위험성도 있다.

심지어 교육이나 보건 분야에서조차 프리드먼은 국가의 지원이 실제로 공립학교나 병원을 제공하는 식으로 이루어질 필요는 없다고 지적했다. 그는 정부가 세금을 통해 발행하는 일종의 상품권 제도를 제안했다. 부모는 그 상품권으로 시장에서 자녀에게 필요한 교육을 '구매'할 수 있다. 프리드먼은 부모의 손에 이 같은 구매력이 들어가면 자신들의 의견을 분명하게 드러낼 수 있어 좋은 학교들이 자연스럽게 늘어나고 그렇지 못한 학교는 줄어들어 교육의 질이 향상될 것이라고 주장했다.

효율성이 아닌 형평성의 문제에 관해서도 고전적 자유주의자들은 국가의 개입에는 한계가 있다고 주장한다. 자선단체는 종종 정부가 할 수 있는 것보다 더 나은 일들을 할 수 있는데, 그건 민간

기관이나 단체들이 어떻게 하면 사업을 더 적절하게 할 수 있을지에 대해 정부보다 더 많은 정보를 갖고 있기 때문이다. 또 자선단체의 도움을 받은 사람들은 보통은 그 후 자기 자신의 삶을 위해 스스로 더 노력한다. 하지만 복지를 권리로 제공할 경우 사람들은 때때로 대단히 다르게 행동하며, 스스로 개선을 추구하려는 자연스러운 욕구를 잃을 수도 있다. 그것이 바로 레이건 대통령이 광범위한 정부 복지와 '위대한 사회'에 대한 존슨 대통령의 이상을 공격한 이유인데, 레이건은 정부의 좋은 의도가 오히려 반대의 결과를 불러왔다고 주장했다. 미국의 사상가 아인 랜드Ayn Rand의 표현을 빌리자면 "남의 도움만 바라는 무기력한 게으름뱅이들의 국가"가 될 뿐이라는 것이다. 프리드먼이 선호하는 복지 제도는 일종의 역소득세 제도로, 각 개인의 생산 활동에 따라 보조금을 지급하는 방식이었다.

프리드먼은 시장이 목적을 위한 수단일 뿐만 아니라 경제 발전을 위해 개발된 최고의 제도이며 그 자체로 하나의 목적이라고 주장했다. 시장은 또한 개인의 자유를 보장하는 역할을 한다. 그는 이렇게 말했다. "사회주의자들의 사회는 민주적인 사회가 될 수 없다. 나는 정치적 자유를 전면에 내세우면서도 동시에 경제활동의 상당 부분을 차지하고 있는 자유 시장을 대신할 만한 제도가 있는 그런 사회를 어디에서도 본 적이 없다." 여기서 감정적으로 한 걸음 더 나아간 프리드먼은 심각한 어조로 이렇게 말한다. "얼마 지나지 않아 더 큰 정부가 우리가 자유 시장 덕분에 누리고 있는 번영과 독립선언문에 분명하게 명시되어 있는 국민들의 자유까지 빼앗아 갈 것이다.”

프리드먼이 당시 많은 공격을 받고 있었던 시장의 장점을 강조한 공로는 인정할 수 있지만, 그런 식으로 계속 낙관적일 수만은 없는 몇 가지 근거들이 있다.

첫째, 시장 개발의 역사를 보면 시장만으로는 경제성장에 충분한 도움이 되지 않으며, 오히려 국가의 도움과 개입이 있었을 때 더 극적인 발전을 맞이했음을 알 수 있다. 또한 규모의 문제를 떠나서 국가에는 더 많은 기능이 있다. 최근 학자들은 ‘국가 역량’의 중요성 혹은 개발 경제학자들이 ‘국가 능력’이라고 부르는 것을 강조해 왔다.

둘째, 경쟁이 언제나 유익하다거나 ‘최고의’ 기술이 분명히 성공할 것이라는 가정에 대해서는 로버트 프랭크Robert Frank와 브라이언 아서Brian Arthur, 그리고 폴 데이비드Paul David 같은 당대의 대학자들이 이미 의문을 제기한 바 있다.

셋째, 행동경제학은 우리가 시장을 최대한 활용하는 데 필요한 정신적 역량과 규율을 언제나 확보할 수는 없다는 사실을 알려 준다. 프리드먼은 시장이 우리의 욕구를 충족시키는 상품과 용역을 생산할 수 있는 완벽한 위치에 있다고 주장하지만, 미국의 경제학자 조지 애커로프George Akerlof(1940~)와 로버트 실러Robert Shiller(1946~)는 시장이 우리를 한 가지에 빠져들도록 만들고 우리의 근시안적인 사고를 이용하기도 하며, 또 우리를 조작하고 속일 수도 있다는 사실을 보여 주었다. 경제적 번영은 내일을 위해 오늘을 얼마나 희생할 수 있는지에 달려 있기 때문에 이런 근시안적 사고는 큰 걸림돌이 될 수 있다. 애브너 오퍼는 의무교육에서부터 공적 연금, 그리고 각종 사회 간접자본에 이르기까지 20세기 각 정부들의 수많은 개입이 근시안적인 사고를 극복하고 경제적 성과를 개선하는 데 도움이 되었다고 주장한다.

넷째, 지금은 아마르티아 센이 이야기하는 '역량'에 따른 접근법을 비롯해 프리드먼의 자유의 개념에 도전하는 주장을 많이 찾아볼 수 있다. 경제학자 드롱의 말에 따르면 "절대적으로 빈곤한 사람들은 자신의 위치를 바꿀 수 있는 기회와 수단을 모두 다 박탈당한다. 이들에게는 철학자 이사야 벌린Isaiah Berlin(1909-1997)이 말했던 '적극적인 자유positive liberty', 즉 자아실현을 위한 권한 부여는 물론 '소극적인 자유negative liberty', 혹은 행동 경로를 가로막는 방해물로부터의 자유가 부족하다."

마지막으로 프리드먼이 경제적 영역을 구분하는 방식에 의문을 제기하는 이들이 있다. 양성평등주의 경제학자들은 경제적 영역을 국가와 시장, 두 부분으로만 나누어 따지는 프리드먼의 방식에 비판을 가한 바 있다. 오퍼와 마릴린 워링Marilyn Waring(1952-)이 분명히 밝힌 것처럼 중요한 경제적 활동이 발생하지만 전통적으로 남성들의 영역에서 제외되어 경제학자들이 무시해 온 완전히 다른 세계—가정—가 있다. 이 세 번째 영역을 인정하고 함께 고려해야만 경제에 대한 온전한 판단이 가능해질 것이다.


## 시장에서 국가로, 그리고 다시 시장으로

프리드먼은 2006년 94세의 일기로 세상을 떠났다. 그 무렵 그의 통화주의는 이미 그 빛이 바랬지만, 그가 거의 평생 동안 지지해 왔던 자본주의 체제는 세계 곳곳에 더 확고하게 뿌리를 내렸다. 소비에트 연방은 내부로부터 붕괴되었고 중국은 세계시장에 문호를 개방했다. 장기적으로 이어진 경제성장은 안정적으로 보였을 뿐만 아니라 경제적 변동은 과거의 일처럼 보였다. 프리드먼이 2008년까지 살아남아 그 대격변을 보지 못한 건 정말 행운이었다.

2008년에 발생한 전 세계적 금융 위기 사태에 비추어 볼 때 미래를 향한 생각이 이제부터 우리를 어디로 이끌고 갈지는 아직 정해지지 않았다. 그렇지만 대공황의 원인에 대한 경제학자들의 해석이 케인스에서 프리드먼으로 이어지는 것으로 정의한 것처럼, 금융 위기의 원인에 대한 우리의 해석은 우리가 향후 50년 동안 앞으로 나아갈 방향을 결정하게 될 것이다. 1929년 그랬던 것처럼 오늘날 자본주의에 대한 비판은 날이 갈수록 심해지고 있고, 국가 개입에 대한 요구는 계속해서 이어지고 있다.

비록 앞으로 대공황의 뒤를 이어 국가가 과도하게 개입했던 정책이 다시 시작돼 역사가 반복되더라도 자유 시장을 지지하는 프리드먼의 사상은 그리 오랫동안 사람들에게 외면받지는 않을 것이다. 역사의 무게중심이 시장을 떠나 국가를 향했다가 다시 돌아오고, 위기가 다시 반복되더라도 프리드먼의 사상은 영원히 반복되어 나타났다가 사라지고 또다시 나타날 것이다.

# John Forbes Nash Jr.

# 존 포브스 내쉬 2세

## (1928~2015)

글. 카렌 혼

#게임이론 #이_학생은_천재입니다
#내쉬_균형이론 #미시경제학의_관점을_되살리다

## 카렌 혼Karen Horn

베를린을 비롯한 독일 각지의 대학교에서 경제사상의 역사를 가르치고 있다. 그녀는 독일 경제 협회가 발행하는 학술지 《경제정책 전망Perspektiven der Wirtschaftspolitik》의 편집장을 맡고 있으며 애덤 스미스와 프리드리히 하이에크, 제임스 뷰캐넌, 그리고 독일의 '질서자유주의Ordoliberals'를 중점적으로 연구하고 있다. 독일 유수의 일간지 《프랑크푸르트 알게마이네 자이퉁》의 경제정책 부문 편집자와 저명한 학술 기관인 쾰른 경제 연구소 베를린 지부 소장을 역임했던 혼은 『지혜로 가는 길: 노벨상 수상자 10인과의 대화Roads to Wisdom: Conversations with Ten Nobel Laureates』(2009) 와 『하이에크는 누구인가Hayek fur jedermann』(2013) 등 여러 저서들을 발표했다.

존 포브스 내쉬 2세는 한마디로 표현해 남들과 달랐다. 그는 여러 면에서 대부분의 사람들과 달랐지만 특히 두 가지 면이 두드러졌다. 그 첫 번째는 새로운 통찰력의 경지까지 치솟아 올랐다가 가장 어두운 망상의 심연으로 추락한 그의 신비한 정신이며, 두 번째는 학계에 미친 그의 엄청난 영향력이 결국 그 자신의 것이 아니었다는 사실이다.

1994년 라인하르트 젤텐Reinhard Selten(1930~2016), 그리고 존 하사니John Harsanyi(1920~2000)와 함께 노벨 경제학상을 받기 이전에도 내쉬를 '천재'로 칭찬하는 것은 학계에서는 당연한 관행이었다. 그토록 훌륭하고 끊임없이 활동하는 두뇌를 가진 그의 재능은 그의 기이한 성격이나 특이한 행동, 그리고 무심한 감정을 어느 정도까지 설명하고 정당화해 주는 것처럼 보였다. 그렇지만 31세가 된 내쉬는 편집증적 정신분열증에 빠졌고, 정신적 질환이 심해짐에 따라 학계에서도 퇴출되고 말았다.

이 정신적 질병으로부터 완전하게 회복할 수는 없었지만, 시간이 지남에 따라 조금씩 차도를 보이기 시작한 내쉬는 60대에 이르자 마침내 학문적 활동을 일부 다시 시작할 수 있을 만큼 안정을 되찾았다. 그는 다시 공개 석상에 모습을 드러냈고, 격정적이었던 젊은 시절보다 훨씬 더 부드럽고 좀 더 남을 의식하는, 그런 모습을 보여 주었다. 노벨상을 받은 이후 그의 생애에 대한 극적이고 감동적인 이야기는 할리우드까지 흘러 들어갔다. 실비아 네이사Sylvia Nasar가 써 내려간 내쉬의 전기 『뷰티풀 마인드A Beautiful Mind』

를 바탕으로 한 동명의 영화 〈뷰티풀 마인드〉가 탄생했다. 론 하워드 감독이 연출을 맡고 러셀 크로가 주연으로 출연한 이 영화는 흥행과 비평 면에서 모두 좋은 평가를 받았다. 그 결과 내쉬에 대한 대중들의 관심은 (비록 내쉬 본인은 원치도 않았을뿐더러 당혹스럽기도 했겠지만) 그의 이름이 노벨 재단 웹사이트의 '가장 인기 있는 경제학상 수상자' 명단에 지속적으로 오를 정도로 높아졌다.

하지만 어쨌든 그의 연구는 경제학 분야에서 중요한 의미를 지닐 뿐만 아니라 지속적인 영향을 미쳤으며 많은 학자들이 그의 발자취를 따라갔다. 물론 경제학계에는 그 못지않게 위대한 인물들이 존재했지만 그럼에도 내쉬를 특히 주목하는 건 그가 완전한 '외부인'이었기 때문이다. 그는 경제학자가 아니라 순수한 수학자였으며 내쉬 본인도 무척이나 그렇게 생각하고 싶어 했다. 그가 배운 경제학이라고는 대학 시절 국제경제학이라는 과목을 한 번 수강했던 것이 전부였다. 그런 그의 경제학과의 인연은 수학의 한 분야인 게임이론에서 비롯되었다.

내쉬가 학계에 미친 중요한 공헌은 모두 본질적으로 수학과 관련돼 있다. 게임이론만큼은 아니지만, 내쉬는 순수수학자들이 미분기하학과 편미분방정식 연구에서 새로운 방향으로 나아갈 수 있도록 도왔다. 그는 이 '제대로 된' 순수한 수학적 작업에 비하면 노벨상을 받게 해 준 게임이론 논문은 '사소한' 것에 불과하다고 생각했다. 그럼에도 불구하고 우리는 지금부터 경제학뿐만 아니라 모든 사회과학 분야에서 아주 중요한 위치를 차지하는 분석 이론인 게임이론에 대한 그의 업적에 집중할 것이다. 오늘날 경제를 분석하는 데 꼭 필요한 이 도구는 그가 만든 개념인 '내쉬 균형' 없이는 불완전할 수밖에 없다.


## 게임이론의 새로운 장을 열다

게임이론은 '게임'이라는 이름이 붙기는 했지만, 무슨 놀이나 장난과는 아무런 상관이 없다. 게임이론은 주사위를 던지는 것 같은 확률의 놀이와도 아무런 상관이 없으며 오로지 '전략'에 대해서만 다룬다. 이 분야는 1928년 헝가리 태생의 수학자 존 폰 노이만John von Neumann(1903~1957)이 서양식 장기나 고누˚ 같은 익숙한 전략 놀이나 카드놀이 등에 대해 분석한 논문에서부터 시작된 것으로 알려졌다. 노이만은 자신이 다루는 이론의 범위가 모든 형태의 전략적 상호작용을 포함할 수 있도록 확장될 수 있고 또 확장이 되어야 한다는 사실을 잘 알고 있었다. "그리고 결국, 주어진 외부 상황과 주어진 행위자, 그리고 그 행위자가 절대적인 자유의지를 갖고 있다고 가정할 때 일어나는 모든 사건들은 상호작용하는 행위자들의 영향력을 고려할 때 하나의 놀이나 게임으로 볼 수 있다." 보드게임이나 카드 게임에 참여하는 사람들은 미리 어떻게 할지

˚        땅이나 종이 위에 말밭을 그려 놓고 두 편으로 나누어 말을 많이 따거나 말 길을 막는 것을 다투는 놀이.

를 생각하며 게임을 진행한다. 사람들은 자신이 하는 행동과 그 결과가 다른 사람이 한 행동에 따라 달라질 수 있다고 판단할 때, 다른 사람이 무엇을 할지 먼저 예상해 손해를 줄이기 위해 먼저 행동에 나설 것이다. 게임이론에서 사용하는 표현을 빌리자면 모든 참가자 혹은 행위자는 다른 참가자가 보일 것이라고 예상되는 반응을 기반으로 자신에게 가장 도움이 되는 전략을 생각해야만 한다.

게임이론은 전략적 의사 결정의 분석에 전념하는 분야다. 지난 수십 년 동안 게임이론은 자체적으로 특정 용어와 개념적 도구들을 다양하게 개발해 이를 핵 억지력을 포함한 군사적 충돌의 확대 혹은 축소, 국제 기후 정책에 관한 협상 과정, 혹은 과점 시장의 가격 결정 행동 등과 같은 다양한 문제들에 적용해 왔다. 게임이론은 또한 경제학자들이 왜 각 국가들은 무역정책에 대한 협정을 체결할 때 그렇게 어려움을 겪는지, 그 이유를 분석할 때도 유용한 도구가 되어 주며, 노동조합 측과 고용주 측 사이의 임금 협상의 결과를 설명하려고 할 때, 특정 시장에 대한 일련의 규제들을 만들 때 정부를 위한 기술을 고안하는 데에도 도움이 된다. 게임이론은 설명 능력과 예측 능력을 모두 가지고 있기 때문에 정책에 대해 조언을 할 때 대단히 유용하다.

대략적으로 정리하자면 내쉬는 1978년 그에게 노벨상을 안겨 준 '비협력적 게임'에 대한 논문을 통해 기본적으로 두 가지 작업을 수행했다. 그는 어떤 행위자도 예상을 벗어날 합리적인 이유를 찾지 못할 전략과 함께 그러한 모든 상호작용에 대한 수학적인 해결책이 있음을 보여 주었으며, 이러한 균형 상태의 특성도 알아냈다. 그뿐만이 아니다. 그는 그러한 상황에 대한 개념을 유용하고 보편적이며 분석적인 개념으로 확실하게 확립했다. 이 개념은 이른바 '내쉬 균형'으로 알려지면서 또 다른 게임이론 연구자이자 2007년 노벨 경제학상 수상자이기도 한 로저 마이어슨Roger Myerson(1951-)에게 찬사를 받았는데, 그는 내쉬의 개념을 "생물학의 DNA 이중나선의 발견에 필적할 정도로 경제학과 사회과학 분야에 근본적이고 보편적인 영향을 미친, 게임이론 중에서 아마도 가장 중요한 해결안의 개념일 것"이라고 평가했다.


## 내쉬의 성장 과정


존 내쉬는 1928년 6월 13일 웨스트버지니아 블루필드라는 작지만 활기찬 마을의 어느 중산층 가정에서 태어났다. 아버지 쪽 조상들은 텍사스에서 대농장을 운영하며 학교를 세우고 교사도 했다고 전해지는데, 내쉬의 친할아버지는 불안정한 성격 때문에 아내와 아이들을 버리고 떠났다고 한다. 어머니 쪽 일가는 노스캐롤라이나 출신으로 역시 형편이 넉넉했고 교육도 충분히 받은 사람들이었다.

　내쉬의 아버지 존 포스브 내쉬 1세는 텍사스 A&M 대학교를 졸업한 전기기술자로, 한동안 그곳에서 강의를 하기도 했다. 가족의 사회적 지위를 끌어올리기 위해 무던히도 애를 썼던 그는 애팔래치아 전기 회사에서 38년을 일했다. 어머니 마거릿 버지니아 Margaret Virginia는 마사 워싱턴 대학과 웨스트버지니아 대학교에서 여러 외국어들을 공부하고 교사 자격증도 취득했다. 그녀의 주요 관심사는 문학이었으며 결혼 전까지 10년 동안 교사 생활을 했지만, 기혼 여성은 교사를 할 수 없다는 학교 교칙에 따라 하던 일을 그만두었다. 그 대신 그녀는 각각 1928년과 1930년에 태어난 아들 존과 딸 마사Martha의 교육에 집중했다.

블루필드의 하이랜드 스트리트에 있던 집에서 내쉬는 항상 책 읽기에만 몰두했다. 집중력이 좋지 못하고 꼼꼼하지 못한데다가 늘 혼자 있는 그를 사람들은 대부분 이상한 아이라고 생각했다. 그의 여동생 마사는 "오빠는 늘 다른 사람들과는 달랐다"고 회상했다. (그런 것에 비해 성적은 그리 좋은 편은 아니었다고 한다.) 내쉬는 수학을 좋아했고 벨Eric T. Bell(1883-1960)이 쓴 『수학자들Men of Mathematics』이라는 책에도 깊이 매료되었다.

내쉬가 열세 살이 되자 그의 부모는 고급 수학 과정을 가르치기 위해 아들을 지역의 한 전문대학에 등록시킨다. 복잡한 수학 문제에 대한 내쉬의 욕심이 더 커져 가고 있었던 것이다. 17세에 학교를 졸업하자 마침 제2차 세계대전이 막 끝이 났고, 내쉬는 언젠가 아버지 같은 전문 기술자가 되기를 바라며 블루필드를 떠나 펜실베이니아 피츠버그로 떠났다. 그리고 전액 장학금을 받아 카네기 공과대학에 입학할 수 있었다.

그러나 내쉬는 처음 선택한 전공을 계속 이어 나가지 못했다. 입학 첫해에 그의 탁월한 재능이 드러나면서 교수들은 그에게 화학 공학 대신 수학을 공부하라고 권했다. 불과 3년 만에 모든 과정을 마친 그는 하버드와 프린스턴, 시카고, 미시간 등 미국 최고 명문대 대학원에서 모두 합격 통지서를 받았다. 그리고 마침내 카네기 공과대학의 지도 교수였던 리처드 더핀Richard Duffin의 추천서를 품에 안고 프린스턴으로 떠났다. 더핀의 추천서에는 그저 이렇게만 적혀 있었다고 한다. "이 학생은 천재입니다."

## 프린스턴 시절

내쉬의 선택은 틀리지 않았다. 당시 프린스턴은 의심의 여지없이 수학의 중심지였다. 아인슈타인과 폰 노이만, 그리고 쿠르트 괴델 Kurt Gödel(1906-1978) 같은 망명자 출신 천재들도 찾아와 순수 학문 연구로 이름이 높았던 사립 연구 기관 프린스턴 고등 교육 연구소에 자리를 잡았다. 비록 냉전 시대라는 시대적 배경상, 정치적 억압은 나날이 심해지고 있었으나 프린스턴의 전반적인 분위기는 지적으로 풍요로우면서도 영감과 긴장이 넘쳐흘렀다.

　내쉬는 "남성적 취향과 수도원을 연상케 하는 조용하고 학술적인 분위기"에 "수학과 관련된 이야기만 오가는", 그리고 게임이론이 대화의 주된 주제가 되던 프린스턴 대학에서 지내게 된 것이다. 수학과가 있는 건물인 파인 홀Fine Hall에서 내쉬는 수업과 과제도

건너뛰면서 대부분의 시간을 교수나 동료 대학원생들에게 까다로운 질문을 던지거나 복잡한 수학 문제를 풀면서 보냈다.

프린스턴에서 두 학기를 보내는 동안 내쉬는 자신의 첫 번째 논문인 「협상의 문제The Bargaining Problem」를 썼다. 프린스턴에서 쓴 이 논문은 카네기 공과대학 시절 수강했던 경제학 선택 과목 중 하나에서 영감을 얻었는데, 당시 그는 국제무역에서 협력을 통해 얻은 이익이 관련 당사자들 사이에서 어떤 식으로 분배되는지 알고 싶었다. 경제 이론을 찾아보아도 정확히 어떤 식으로 분배가 이루어지는지, 어떤 논리에 따라 어떤 결과에 이르는지, 그리고 각각 어느 정도의 효용성이 발생하는지에 대한 내용이 전혀 없었다. 말하자면 일종의 사각지대나 맹점이 존재했던 것이다. 내쉬가 프린스턴에서 몰두했던 현대식 게임이론의 접근 방식은 이제 그에게 이 질문을 수학적 용어들로 해결할 수 있는 관점을 제공했다. 그의 짧은 소논문, 그러니까 본질적으로 2인용 비제로섬non-zero-sum 게임에서의 상호작용과 몇 가지 가정에 따른 해결 공식은 비교적 접근이 용이하며 사례와 도표들로 설명된, 명확하고 간결한 것이었다.

내쉬는 본격적으로 논문을 쓰기로 마음먹고 앨버트 W. 터커의 지도를 받았다. 그는 2인용 제로섬 협력 게임을 위해 노이만이 1928년에 발표한 '최소최대 정리minimax solution'를 넘어서고 싶었다. 노이만의 정리에서 각각의 합리적인 참여자는 자신의 이익을 극대화하려고 하며 그가 공식을 통해 보여 준 것처럼 이른바 혼합 전략이 허용되는 경우, 이 해결책은 언제나 유효하다. (혼합 전략이란 참여자가 사용할 수 있는 전략의 확률 분포이다.) 내쉬는 또한 노이만과 모르겐슈테른이 『게임이론과 경제행동』을 통해 제시했던 접근 방식을 일반화하고자 했다. 내쉬가 추구했던 확장 방식은 다음과 같다.

> (1) 참가자들이 협상을 매듭짓기 위해 교섭을 할 수 있는 사례뿐만 아니라 각각의 행위자들이 독립적으로, 그리고 비협조적으로 행동하여 교섭이나 구속력 있는 약속이 만들어질 수 없는 사례들에 대한 해결책을 도출해 낸다.
> (2) 게임은 가능한 한 비제로섬이 되어야 한다. 협력의 기회를 제공하는 모든 시장의 상호작용은 잠재적으로 포지티브섬positive-sum을 상정하는 경향이 강하기 때문이다.
> (3) 설정을 개방해 2명만이 아닌 n명의 참가자가 해당 설정을 적용해 볼 수 있어야 한다. (내쉬는 이후 협력적 게임의 분석으로 돌아와 협상 방법, 즉 '내쉬 협상'을 이끌어 냈다.)

그렇지만 한동안 그는 다시 전체 설정을 공식화하고, 각 참가자에 대한 최적의 전략과 상호작용의 결과를 도출해 균형 해법의 존재를 정의하고 증명해야 했다. 내쉬는 처음에는 라위첸 브라우어 Luitzen Brouwer(1881-1966)의 고정 부동점 정리의 도움을 받았고 이후에는 가쿠타니 시즈오角谷静夫의 좀 더 현대적인 방식의 정리를 기반으로 두 가지 다른 기술적 방법을 동원해 수학적으로 대단히 난

해한 문제를 해결했다. 그렇게 정리한 논문의 분량은 고작 27쪽 남짓이었는데, 심지어 줄 간격은 보통 논문의 2배인 데다가 손으로 쓴 방정식으로 가득 차 있던 탓에 정식으로 발표되지는 못했다. 그러다 1950년에 이를 좀 더 정교하게 다듬은 두 번째 논문이 한 수학 잡지에 실리게 된다. 경제학자들도 혀를 내두를 정도로 높은 수준의 논문이었다.

## 내쉬 균형이론 : 최선의 차선을 선택하다

내쉬는 스물두 번째 생일에 박사 학위를 받았다. 그의 논문은 순수 기술적인 측면에서는 특별한 돌파구를 보여 주지 못했지만 이미 존재하고 있던 도구들을 창의적이고 유용한 방식으로 활용할 수 있음을 보여 주었다. 그리고 그보다 더 중요한 건 내쉬의 연구가 개념적인 혁신을 가져왔고 사회과학에서 게임이론의 적용 가능성을 극적으로 확장시켰다는 사실이다. 그는 누군가가 게임을 협력적으로 보든 비협력적으로 보든 상관없이 그러한 구분이 수학적으로 결정적인 차이를 만든다는 사실을 깨달았다. 노이만과 모르겐슈테른이 n명이 참가하는 게임의 균형에 관한 증거를 기술적으로 제공할 수 없었던 이유도 이러한 구분이 부족했던 탓이었다.

또 한편으로 협력적 게임은 상호작용하는 행위자들이 서로 무엇을 하고 있는지 관찰할 수 있다는 전략적 설정이 존재하므로 연합이 결성될 수 있고, 모든 사람이 지키도록 구속력 있는 약속을 할 수 있다. 반면에 비협력적 게임의 분석에서는 어느 누구도 다른 참가자의 행동을 직접 관찰할 수는 없지만, 그럼에도 불구하고 (스스로를 위한) 최적의 전략을 결정해야만 하는 갈등의 상황들을 다룬다. 어떤 의미에서 비협력적 게임은 협력적 게임을 단순한 부분집합으로 포함하는, 보다 일반적인 형태의 인간 상호작용으로 볼 수 있는 것이다. 내쉬는 이런 작용들을 모형화해야 한다고 주장했고, 그 결과로 나온 게 바로 '내쉬 프로그램Nash programme'이다. 우리는 다른 사람들이 무엇을 할지 정확히 알지 못하는 상황—이는 더 이상 대면 접촉을 필요로 하지 않는 현대사회, 그리고 시장의 특성과 유사하다—에서, 그리고 심지어 그들의 행위가 우리의 안녕과 유익에 반드시 영향을 미치는 상황에서도 여러 가지 결정을 내려야만 한다.

내쉬는 나중에 수학 전문 학술지인《수학 연보Annals of Mathematics》에도 실리게 되는 자신의 박사 학위 논문에서 모든 한정된 비협력적 게임의 설정에서 적어도 하나의 균형점이 존재한다는 사실을 증명했다. 내쉬는 비협력적 게임의 균형이 각각의 게임 참가자들에게 하나씩 주어지는 전략이 되도록 공식적으로 정의를 내려 각 참가자들의 전략이 다른 참가자들에게 주어진 전략에 대응해 자신의 기대 효용을 최대화할 수 있도록 만든 것이다. 이러한 증명은 경제학, 특히 모형의 예측력과 관련해 중요한 의미를 지닌다. 경제학 분야, 그중에서도 특히 미시경제학 분야는 금전적이든 아니든 보상이나 장려책에 대한 인간의 반응 연구와 상당한 관련이 있다. 그렇지만 그런 보상이나 장려책은 관련된 모든 사람들의 상호작용 설정이 서로 모순되는 최적화 전략을 유발하는 경우, 본래 의도했던 효과를 발휘하지 못할 수도 있다.

좀 더 단순하게 살펴보기 위해 '죄수의 딜레마'라는 유명한 이야기를 떠올려 보자. 죄수의 딜레마는 완벽한 정보를 제공해 주는 대단히 전형적인 비협력적 게임의 사례로, 1950년 내쉬의 박사 논문을 지도했던 터커가 강의에 사용할 목적으로 누구나 납득할 수 있게 공식화했다. 터커의 설명은 다음과 같다.

> 공범으로 기소된 두 남자가 경찰에 의해 각각 따로 구금되었다. 만약 이들 중 (1) 한 사람이 자백하고 다른 사람이 자백하지 않는 경우, 자백한 사람은 1년의 징역, 자백을 하지 않은 사람은 2년의 징역형을 선고받는다. (2) 둘 다 자백을 하는 경우에는 각각 1년의 징역형이 선고된다. 그리고 그와 동시에 두 사람은 모두 (3) 둘 다 자백을 하지 않을 경우 둘 다 무죄로 풀려날 거라는 확실한 근거를 갖고 있다. 이러한 상황은 다음과 같은 보상 계획을 따르는 단순하지만 균형 잡힌 2인용의 비제로섬 게임과 같다. 다음의 표는 각각 자백을 했을 경우와 하지 않았을 경우 받게 되는 보상을 보여 준다.

| | | II | |
|---|---|---|---|
| | | 자백을 했을 경우<br>confess | 자백을 하지 않았을 경우<br>not confess |
| I | 자백을 했을 경우<br>confess | (-1, 1) | (1, -2) |
| | 자백을 하지 않았을 경우<br>not confess | (-2, 1) | (0, 0) |

두 사람에게는 분명 '자백을 한다'라는 전략이 '자백을 하지 않는다'라는 전략을 앞서게 된다. 따라서 두 사람 모두 '자백을 한다'라는 전략에 따라 독특한 균형점이 만들어지게 된다. 그런데 이 비협조적 해법과는 대조적으로 두 사람이 모두 '자백을 하지 않는 것'으로 서로를 묶는 협조적 관계를 형성할 수 있다면 두 사람 모두 이익을 얻을 수 있다.

우리는 이런 상황을 '한 번에 끝나는 게임'이라고도 부른다. 다시 말해 이 게임에서 주어진 설정은 단 한 번밖에 행동할 수 없다는 것이다. 한 행위자는 다른 행위자의 행동을 확인한 후 대응할 수 없고 사전에 서로 어떻게 하기로 합의(약속)할 수 없다. 다만 양측 모두 사용 가능한 모든 전략과 그에 따르는 보상을 알고 있다. 두 죄수가 합리적으로 행동을 한다면 둘 다 외면할 이유가 없는 전략적인 균형 해법이 존재할 수 있다. 익히 알려진 대로 '내쉬 균형'은 두 죄수가 모두 자백을 하는 것으로 이루어진다. 두 죄수에게 이 선택은 물론 차선책이지만, 차선책을 선택함으로써 오히려 선택에서 자유로워진다.

## 내쉬 균형이론의 한계

이런 결론이 실망스러울 수도 있겠지만, 애초에 상호의존적이고 합리적인 개인의 행위가 관련된 모든 사람에게 공동의 이익을 가져다주지는 않는다. 이 결과를 바탕으로 생각하면 시장에서의 상호의존적이며 합리적인 개별적 행동들은 차선의 결과로 이어질 것이라는 결론에 도달할지도 모르겠다. 그런데 죄수의 경우라면, 그들의 공동의 이익이 실제로 중요하지 않다는 사실을 우리는 명심해야만 한다. 여기에서 진정한 마지막 승자는 법 집행에 관심이 있는 일반 대중들이다. 입법자들이 법을 만들 때 교묘하게 손을 써서 징역을 부과할 수 있도록 한 덕분이다. 정부가 새로운 법이나 규정을 만들 때도 마찬가지다. 과거 은행 업계에서는 효력에 대한 확실한 공감 없이 만들어지는 많은 규제들이 존재했고, 그들로서는 이런 규제들을 피해 가는 것이 더 합리적인 선택이었다. 내쉬 균형은 은행이나 금융기관들에게 가장 적합한 이론이 아니었으며 사회 전반적으로 볼 때도 마찬가지였다.

협력적 게임과 비협력적 게임의 구분이 물론 게임이론 이야기의 끝은 아니었다. 내쉬가 내세운 개념에는 문제점들이 있었다. 예를 들어, 한 가지 이상의 균형을 만들어 내는 상황들이 있었는데, 그의 이론만으로는 어느 균형이 더 우세할지 설명할 수 없었다. 또한 일부 설정이나 조건들의 경우, 너무 복잡한 나머지 인간의 정신으로는 필요한 모든 정보를 처리할 수 없었고, 경제학에 널리 퍼져 있는 합리적인 행동에 대한 가정도 과장으로 밝혀질 가능성이 있었다.

또한 내쉬는 '한 번에 끝나는' 게임과 '반복되는' 게임의 차이를 생산적으로 정리해야만 했는데, 이 작업을 처음 수행한 건 던컨 루스R. Duncan Luce와 하워드 라이파Howard Raiffa였다. 정적인 혹은 동적인 설정, 또는 '정상'과 '확장된 형태'의 구분은 이미 노이만과 모르겐슈테른의 논문에도 나와 있었지만 해롤드 쿤Harold W. Kuhn은 불완전한 정보를 가진 더 많은 게임들—다른 게임 참가자들의 이전의 움직임을 알 수 없는—을 소개했다. 훗날 내쉬, 그리고 존 하사니와 함께 노벨상을 받은 독일의 게임이론가 라인하르트 젤텐은 역동적인 전략적 상호작용에 이 개념을 적용하여 더욱 구체화하는 작업을 했다.


## 게임이론, 경제학의 현실 응용 가능성을 높이다

그런데 이런 모든 내용들이 경제학에 있어 왜 그렇게 중요했던 것일까? 간단하게 설명하자면 게임이론은 경제학의 관점 자체를 바꾸었다. 케인스학파의 이론을 통해 거시경제학이 엄청난 추진력을 얻게 되면서 사람들은 주로 GDP와 소비, 투자, 그리고 공공 적자와 무역 흑자 등 광범위한 통계적 집계에만 관심을 두게 되었다. 바로 그런 시대에 게임이론은 사람들이 잊고 있던 미시경제학의 관점을 되살려 낸 것이다. 이런 식으로 설명하니 게임이론이 정치와는 무관한, 그저 수학적인 접근 방법처럼 보일지도 모르겠다. 하지만 실은 그 반대다. 게임이론은 경제학의 초점을 개인의 의사 결정과 그런 결정이 만들어지는 규칙에 다시 집중시켰다. 게임이론을 통해 우리는 주어진 상호작용이라는 설정 안에서, 그리고 있는 그대로의 사람들과 함께, 기존의 규칙들이 긍정적인 결과를 만들어 내는 경향이 있는지의 여부를, 다시 말해 보상이나 장려책이 공동의 복지를 촉진하는 방식으로 설정되었는지의 여부를 분석할 수 있게 되었다. 경제학자의 도구에 게임이론을 추가로 접목하면 불완전한 경쟁 같은 실제 현상을 더 잘 이해할 수 있다. 게임이론은 경제학의 현실 응용 가능성을 높여 준 것이다.

그와 동시에 게임이론의 부상은 영국의 역사가 토마스 칼라일 Thomas Carlyle이 '우울한 과학the dismal science'이라는 표현을 사용해 유명해진 경제학의 다른 면을 확인해 주는 것처럼 보이기도 한다. 게임이론은 마치 고전주의 경제학이 엄청나게 순진했다는 사람들의 믿음—개인의 이익과 공공의 이익 사이에서 신이 내려 준 자연스러운 조화가 존재한다—을 더욱 강화시켜 준 것이다. 게임이론이 보여 주는 세계는 세상은 그토록 단순하지 않으며, 죄수의 딜레마 같은 현실로 가득 차 있다는 것이다. 이 같은 주장은 일견 이해가 가는 듯하지만 고전주의 경제학, 특히 애덤 스미스 사상에 대한 깊은 오해를 기반으로 하고 있다. 스미스가 고민했던 질문은 개인의 이익 추구가 자동적으로 공공의 이익으로 이어지는지에 관한 것이 아니라 경제적 부를 창출하기 위해 우리가 의지해야 하는 것이 무엇인지와 관련이 있다. 그리고 이런 종류의 질문과 관련된 연구 계획이나 이론들은 순진함 같은 것과는 전혀 상관없이 모두 다 냉정한 현실을 다루고 있다.

이와 비슷한 맥락에서 게임이론의 부상은 경제학자들이 그동안 문제가 있는 사람들의 모습만을 과도하게 내세워 이용하거나 혹은 심지어 옹호하기까지 해 왔다는 오래된 비판을 더욱 부추겼다. 실제로 세상을 살아가는 대다수 사람들의 모습이 아니라 지나칠 정도로 눈치가 빠르고 계산적이며, 끔찍할 정도로 기회주의적인, 세상에 존재하지 않을 것 같은 그런 사람들의 모습만을 보여 주었다는 것이다. 그렇지만 이것 역시 오해다. 경제학은 사실 개인적인 동기나 도덕성과는 상관이 없다. 경제학은 인간과 논쟁하지 않고 인간을 그저 있는 그대로 받아들인다. 경제학은 무엇인가가 부족한 현상이나 경쟁, 그리고 규칙의 틀에 의해 영향을 받는 인간 행동에 관한 학문이다. 사람들이 내리는 결정과 취하는 행동에 영향을 미치는 규칙의 틀을 명확하게 파악하기 위해서는 이러한 규칙들에 직접 영향을 받지 않는 모든 것에서 무엇인가를 이끌어 낼 필요가 있다. 완벽한 합리성과 정보에 대한 신고전주의의 기본적인 가정도, 전략적 상호작용에 대한 게임이론의 초점도 사람들이 어떤 특정한 모습을 제시해야 한다고 주장하지는 않는다. 이런 사실을 기억하는 것이 중요하다.

# RAND 시절

내쉬가 학계에서 활동했던 기간은 고작해야 10년 정도에 불과했다. 그렇지만 그 10년 동안 그는 대단히 생산적인 모습을 보여 주었다. 그는 자신의 박사 학위 논문을 포함해 게임이론에 관한 5편의 중요한 논문과 다른 수학적 문제에 관한 10편의 논문을 더 발표했다. 내쉬는 박사 논문 이후 카네기 공과대학 시절, 자신을 매료시켰던 다양한 수학적 문제들에 눈길을 돌렸다. 그는 이제 순수한 수학자로서 자신의 지위를 높이기 위해 노력하고 있었고 그러기 위해서는 게임이론과는 다소 거리를 둘 필요가 있었다. 그는 프린스턴 대학교 수학과에서 일하고 싶었다.

그러는 동시에 내쉬는 명확한 정치적 목적을 갖고 세워진 수학 중심 연구 기관 랜드 코퍼레이션RAND Corporation과 처음 인연을 맺게 된다. 현재까지도 운영되고 있는 캘리포니아 산타모니카에 위치한 이 민간 연구소는 1946년, 미국 공군의 지원과 함께 항공기 개발 업체인 더글러스 항공사와 연구 개발 계약을 맺으면서 시작되었다. 랜드는 1946년, 실험용 세계 일주 우주선의 기본 설계도를 만들었으며, 1948년에는 더글러스와의 계약을 끝내고 독립적인 비영리단체가 되어 포드 자동차 재단의 후원을 받았다.

내쉬는 1950년과 1952년, 그리고 1954년 여름 동안 랜드의 자문 위원으로 일했다. 당시 랜드에서는 냉전 상황에 대해 크게 우려하고 있었고 소비에트 연방 측에서 미국의 군사기밀에 접근하는 것은 아닐까, 걱정이 이만저만이 아니었다. 실비아 네이사가 썼던 것처럼 랜드는 "어디에서도 볼 수 없는 독특한 임무를 맡고 있었는데, 그것은 소비에트 연방과의 전쟁을 막기 위해, 혹은 전쟁 억지에 실패할 경우 승리를 거머쥐기 위해 무시무시한 신형 핵무기를 사용하는 방법과 관련된 합리적인 분석과 최신의 정량적 방법을 연구하는 것이었다." 1948년에 랜드에서 일했던 또 다른 노벨상 수상자인 경제학자 케네스 애로Kenneth Arrow(1921~2017)는 이렇게 회상했다. "우리는 원자폭탄을 이용한 새로운 전쟁이 어떻게 진행될지 전혀 알 수 없었고 랜드 측에서도 그런 사실을 잘 알고 있었다. 그래서 랜드는 우리에게 자유롭게 상상을 하라고 했다." 랜드는 보안 심사만 통과한다면 누구든 상관없이 다양하면서도 독특한 사람들을 고용했다. 해군과 공군을 포함한 국방부의 다양한 부서들을 위해 내쉬는 군사전략과 관련된 기밀 연구를 수행했고 거기에는 물론 게임이론도 사용되었다. 비협력적인 전략적 상호작용에 중점을 둔 그의 연구는 국방부의 연구와 잘 어울렸지만, 내쉬는 당시의 정치적 상황에는 별로 관심이 없었다. 그는 그저 혼자서 조용히 연구하고 싶었을 뿐이다.


## 몰락과 부활, 그리고 영광

프린스턴에 남아 일을 하고 싶다는 내쉬의 꿈은 결국 이루어지지 않았다. 하지만 1952년, 매사추세츠 공과대학교MIT 수학과 교수로 초빙되어 강단에 서게 된다. 강의에 대한 부담감이 그리 크지 않았기에 그는 순수수학을 주제로 몇 편의 중요한 논문들을 발표했다. 한편 당시는 정치적으로 긴장이 고조되던 시기였고, MIT에서조차 공산주의자 색출이 진행되고 있었다. 특히 학과장과 부학과장을 비롯한 수학과의 전 교수진이 감시의 대상이 되었다. 당시의 정치적 분위기가 내쉬의 정신 상태와 분별력에 결정적인 영향을 미쳤다는 가설은 믿거나 말거나이지만, 그를 둘러싸고 있는 환경은 불안했고 그도 분명 그런 분위기를 느꼈을 것이다.

연애를 하며 겪었던 감정 역시 그를 안정시키는 데는 별로 도움이 되지 못했다. 내쉬는 남녀 모두에게서 사랑을 느끼는 양성애자였는데, 1954년에는 '외설스러운 노출' 혐의로 다른 동성애자들과 함께 경찰에 체포되기도 했다. 그러다가 마침내 중앙아메리카 엘살바도르에서 이민 온 알리샤 라드Alicia Lardé(1933-2015)를 만나게 되는데, 그녀 자신도 MIT에서 물리학을 전공한 재원이었던 알리샤는 1957년에 내쉬와 결혼식을 올린다.

젊은 부부는 약 2년 동안 행복하고 평온한 생활을 보냈다. 하지만 곧 폭풍우가 휘몰아쳤다. 1959년부터 내쉬는 환청을 듣기 시작했고, 지금까지보다 훨씬 더 이상하게 행동했다. 이들 부부의 아들이 태어나기 직전, 알리샤는 억지로라도 남편을 병원에 데려가야 했다. 그렇게 내쉬는 편집증적 조현병을 진단받았다. 1960년대는 그와 그의 가족 모두에게 끔찍한 10년이었다. 그는 악의 세력이 자신을 감시하고 있다거나, 자신이 특별한 사명을 부여받은 신의 사자라고 생각했다. 그의 아내는 더 이상 견디지 못하고 이혼을 선택한다.

내쉬는 비참한 상황에 빠졌다. 그는 원하지는 않았지만 다양한 치료를 받았고 입원 생활도 했다. 그의 예전 동료들은 할 수 있는 한 최선을 다해 그를 도왔고, 프린스턴 고등 교육 연구소며 보스턴의 브랜다이스 대학교 등에 자리를 마련해 주려고 애를 썼다. 하지만 어느 쪽도 제대로 성사되지 못했다. 또다시 이상 증세를 보인 내쉬는 혼자 살고 있던 어머니와 함께 다시 이사를 했고, 버지니아 남서부 로어노크Roanoke에 정착했다. 하지만 이런 고통스러운 시기에도 그는 결코 손에서 연구를 놓는 법이 없었다.

새로운 인생을 시작하려는 몇 번의 시도가 모두 수포로 돌아가고 내쉬의 어머니마저 세상을 떠나게 되자, 알리샤는 그저 '하숙생'으로서 전 남편을 다시 집으로 불러들였다. 여전히 프린스턴의 작고 소박한 집에 살고 있던 그녀는 가족을 부양하기 위해 쉬지 않고 일을 하며 내쉬를 돌봤다. 내쉬는 더 이상 프린스턴의 교수가 아니었지만 그 후 몇 년 동안 쉬지 않고 수학과 건물을 배회했다. 과거의 동료들과 학생들은 그런 그를 보고 '파인 홀의 유령'이라고 불렀다.

내쉬의 건강은 그의 나이 60에 이르러서야 회복의 기미를 보였다. 그의 연구를 통해 많은 도움을 받았던 경제계의 여러 인사들이 내쉬를 기억하고 마침내 그에게 경의를 표하고자 했다. 그의 이름은 이전에도 계량경제학회 회원이나 노벨상 후보로 오르내리곤 했지만, 그가 앓고 있던 병 때문에 언제나 거기서 그치고 말았다. 보통 이런 영예를 얻기 위해서는 강연을 하거나, 회의에 참석하거나, 지역사회 활동에 적극적으로 참여하는 등 대중들 앞에 적극적으로 나서야 했다. 당연히 사람들은 내쉬가 그런 일을 할 수 없을 거라고 생각했다. 하지만 그가 전혀 다른 모습으로 바뀌었다는 소문이 계속 퍼지면서 그의 앞에는 점점 더 많은 문이 열리기 시작했다. 1990년 그는 계량경제학회의 회원이 되었고, 그러다 마침내 1994년 10월의 어느 이른 아침, 전화 한 통이 걸려 왔다. 그의 노벨상 수상을 알리는 전화였다.

1994년 노벨 경제학상의 경우, 노벨상 위원회에서는 게임이론에 초점을 맞추고 특히 비협력적 게임이론의 발전을 기리기로 결정했다. 노이만과 모르겐슈테른의 논문이 발표된 지도 벌써 50년의 세월이 흐른 시점이었다. 내쉬, 존 하사니, 라인하르트 젤텐 3명의 공동 수상자들은 약 110만 달러에 달하는 상금을 나눠 가졌고, 내쉬는 상금의 일부를 빚을 갚는 데 썼다. 천천히, 그렇지만 분명하게 그는 다시 대중들 앞에 모습을 드러냈다. 그는 언론사 기자들을 만났고 연설도 했다. 2004년부터는 독일 린다우Lindau에서 2년이나 3년마다 비정기적으로 열리는 각종 경제학상 수상자들과 초대 학생들과의 모임에 단골손님으로 초빙되기도 했다. 예전에야 가르치는 걸 좋아하지 않았고 잘하지도 못했지만 말년의 그는 학생들과 더 편하게 이야기를 나눌 수 있었고, 그러기를 좋아했다. 그의 옆에는 알리샤가 항상 함께했고 그녀의 존재만으로도 내쉬는 안정과 마음의 평화를 얻었다. 두 사람은 2001년에 다시 결혼했다.

내쉬와 알리샤는 생의 마지막 순간까지 함께 있었다. 두 사람은 2015년 5월 23일 공항에서 집까지 택시를 타고 가다가 교통사고로 함께 사망했다. 내쉬가 캐나다의 수학자 루이스 니렌버그 Louis Nirenberg와 함께 노르웨이에서 아벨상을 수상하고 집으로 돌아가던 길이었다. 아벨상은 수학계의 노벨상이라고 불릴 정도로 중요한 상이며 그 상금은 약 70만 달러에 달한다. 그는 마침내 자신이 열정을 쏟아부어 왔고 대단히 자랑스럽게 여겼던 분야에서 영예를 얻은 것이다. 선정의 이유는 "비선형 편미분방정식의 이론과 기하학적 분석 적용에 놀랍고도 중요한 공헌을 한 공로"였다. 만년에 거둔 승리였지만, 어떤 면에서 보면 그는 모든 걸 다 이룬 셈이다.

# Daniel
# Kahneman

# 대니얼 카너먼

## (1934~)

**글. 미셸 배들리**

#행동경제학 #전망이론 #휴리스틱_인지편향
#본업은_심리학자 #아모스_트버스키

## 미셸 배들리 Michelle Baddeley

사우스 오스트레일리아 대학교 초이스 인스티튜트Institute for Choice의 소장
겸 연구 교수이자 런던 대학교 세계 부흥 연구소Institute for Global Prosperity
의 명예교수이다. 배들리는 퀸즈랜드 대학교에서 경제학과 심리학을 전공
했고 케임브리지 대학교에서 경제학 석사와 박사 학위를 받았다. 개발 경
제학과 거시경제학에 응용되는 행동경제학이 그녀의 전문 분야이다. 『행동
경제학Behavioural Economics: A Very Short Introduction』(2017), 『모방과 반대:
왜 우리는 남을 따라하거나 혹은 반대하는가Copycats and Contrarians: Why
We Follow Others and When We Don't)』(2018) 등의 저서를 집필했다.

대니얼 카너먼은 1934년 이스라엘 텔아비브에서 태어났다. 카너먼은 리투아니아계 유대인이었고 그의 부모는 1920년대에 파리에 정착해 성공적인 삶을 누리는 중이었다. 그의 아버지는 유명 화장품 기업인 로레알 산하의 대형 화학 공장에서 화학 연구원으로 일했는데, 얄궂게도 로레알은 프랑스 전체주의와 반유대주의 운동의 주요 후원 세력 중 한 곳이었다. 제2차 세계대전이 일어나 나치 독일이 프랑스를 점령하자, 이 유대인 가족의 생활은 당연히 크게 불안정해졌고, 크고 작은 고통을 겪었다. 카너먼의 아버지는 독일군에 의해 한 번 체포되어 드랑시Drancy에 있는 임시 유대인 수용소로 끌려갔는데, 독일의 수용소로 이송되어 살해당하기 직전에 로레알의 도움으로 풀려날 수 있었다. 그 후 카너먼 가족은 이곳저곳을 옮겨 다니며 살아야만 했다.

　　전쟁은 카너먼 가족에게 큰 상처를 남겼다. 전쟁이 거의 끝나갈 무렵인 1944년, 연합군의 노르망디 상륙을 불과 6주 남겨 두고 그의 아버지는 당뇨병을 제대로 치료받지 못한 데다가 뇌졸중이 겹치면서 세상을 떠났다. 나머지 가족들은 프랑스에서 팔레스타인에 새로 건국된 이스라엘의 입국 허가를 기다리고 있었고, 그 사이 카너먼은 초등학교를 졸업했다. 그 후 어머니, 그리고 여동생과 함께 카너먼은 팔레스타인으로 떠나 다른 친척들과 같이 지내게 된다.

# 전쟁을 통한 인간 본성의 이해

이렇게 카너먼은 어린 시절부터 참고 견디는 방법을 배웠는데, 이 시기가 그의 사상에 많은 영향을 미친 것 같다. 영국의 일간지《가디언》과의 대담에서 그는 자신이 전쟁 당시 겪었던 고난은 다른 수많은 사람들이 겪었던 고통에 비하면 아무것도 아니었다고 강조했다. "다른 유대인들이 겪었던 일들과 비교하면 정말 아무것도 아니다. 나는 진짜 배고픔을 경험해 본 적이 없었고 진짜 폭력도 본 적이 없다. 언제든 다시 힘을 얻을 수 있는 기회가 많았다."그럼에도 불구하고 어린 시절 겪었던 나치 독일에 대한 공포는 카너먼에게 깊은 두려움과 그림자를 남겼다. "나는 하느님이 대단히 바쁘시다는 것을 알았기 때문에 너무 많은 걸 부탁하지 않으려 했다. 그렇지만 매일 그날 하루를 더 살게 해 달라고 기도했고, 그런 기분으로 매일을 살아갔다. 마치 토끼처럼 생각을 하며 매일 사냥을 당하는 기분으로 살아갔던 것이다."

그는 어린 시절 전쟁을 겪으면서 또 다른 놀라운 사실들을 깨닫게 된다. 바로 인간의 행동이 특히 전쟁 중에 더 복잡해진다는 사실을 말이다. 이러한 복잡성에 카너먼은 깊이 빠져들었고, 이로 인해 모든 반유대주의자들이 다 악인이라고 생각하지 않게 되었다. 그는 이렇게 사람들의 본성과 관련된 주제를 당대의 또 다른 영향력 있는 심리학자들과 공유했다. 사회심리학자인 솔로몬 애쉬Solomon Asch(1907-1996)와 스탠리 밀그램Stanley Milgram(1933-1984),

그리고 헨리 타즈펠Henri Tajfel(1919-1982) 등은 모두 다 유대인 출신
이며 이들은 인종차별과 편견의 뿌리를 이해하려고 노력했다. 그
리고 이들 중에서 직접 몸으로 고난을 겪었던 당사자가 바로 타
즈펠과 카너먼이었다. 같은 세대의 이 유대계 심리학자들은 민족
의 복수를 바라지 않았으며 최선과 최악일 때의 인간 본성에 대
한 훨씬 더 깊은 이해를 개발함으로써 우리에게 깊은 인상을 남겼
다. 이들은 이렇게 뭔가 다른 방식으로 전시의 잔학 행위를 인간
의 본성이 아닌 인간의 약점으로 이해했다. 또 지독한 편견과 차
별을 인간의 두려움과 무지의 산물로 이해하기도 했다. 인간이 이
런 모습을 보이는 건 어려운 시기나 열악한 생활 조건을 겪는 것
과 관련이 있었다.

　하지만 아주 극단적인 상황에서도 인간은 인간임을 포기하지
않는 친절한 행동으로 사악한 행동을 줄여 나갈 수 있다. 카너먼
은 이런 사례들을 직접 경험했고, 그 과정은 때때로 혼란스럽기도
했지만, 이를 통해 인간 본성의 복잡성에 대한 이해를 일찌감치 깨
우칠 수 있었다. 그 한 가지 사례가 앞에서 언급했던 (수용소에서의)
아버지의 석방이다. 반유대주의를 지지하던 고용주가 유대인 직
원인 아버지를 보호해 준 것이다. 이렇게 카너먼은 인간의 동기를
그리 쉽거나 간단하게 이해할 수 없다는 사실을 배워 나갔다. 또
다른 일화도 있다. 노벨상 수상을 기념해 발표된 자전적 수필에서
카너먼은 두려움 때문에 당시에는 미처 깨닫지 못했던 어린 시절
의 중요한 경험을 이렇게 털어놓았다.

유대인들은 옷에 노란색 별을 붙여야 했고, 저녁 6시 이후에는 외출을 할 수 없었다. 어느 날 나는 유대인이 아닌 친구와 놀러 나갔다가 그만 통행금지 시간을 어기고 말았다. 나는 노란색 별이 보이지 않도록 갈색 웃옷을 뒤집어 입고는 집으로 발걸음을 재촉했다. 텅 빈 거리를 몇 구역인가 걸어가고 있을 때, 한 독일군 병사가 다가오는 것이 보였다. 어른들이 특히 더 조심하라고 당부했던 검은색 군복의 나치 친위대 병사였다. 병사는 나를 손짓해 부르더니 나를 두 팔로 들어 올려 껴안아 주었다. 나는 그가 옷 안쪽에 있는 별을 알아차릴까 두려웠다. 그는 독일어로 뭔가 자신의 격한 감정을 전달하는 것 같았다. 이윽고 병사는 나를 내려놓았고 지갑을 펼쳐 어느 남자 아이의 사진을 보여 주더니 내게 돈을 주었다. 나는 그 어느 때보다도 어머니의 말이 옳았다고 생각하며 집으로 돌아왔다. 사람들은 정말 끝없이 복잡하면서도 흥미로운 존재였다.

## 신생국가의 탄생과 군 복무 시절의 경험

카너먼은 팔레스타인에서 고등학교를 마쳤다. 1948년 아랍 세계와 전쟁이 벌어진 후 팔레스타인에는 유대인들이 세운 새로운 이스라엘 국가가 탄생했으며 카너먼은 이후 30년 이상 이스라엘을 자신의 고향으로 여기고 살게 된다. 선견지명이 있었던 어느 진로 상담사가 그에게 앞으로의 전망을 감안해 심리학이나 경제학 중 하나를 선택하라고 권했고, 카너먼은 심리학을 전공으로 선택한 후 직업으로 삼게 되지만 기묘하게도 훗날 그는 두 학문 사이의 관계를 발전시킨 공로로 노벨 경제학상까지 수상하게 된다. 그는 예루살렘에 있는 히브리 대학교에서 심리학 전공과 수학을 부전공으로 학사 학위를 마쳤고 졸업 후에는 장교 교육 훈련소에서 그동안 연기되었던 군 복무를 하게 된다. 교육 훈련소에서 그는 인사 평가에 대한 전문가들의 의견을 정리하는 작업을 맡게 된다. 카너먼의 앞으로의 경력에 큰 영향을 미치게 될 판단과 추론, 그리고 의사결정에 관한 과학적 연구는 이렇게 그의 군 복무 시절부터 시작되었다.

  카너먼이 이스라엘에서 새로운 인생을 시작할 무렵 그의 주변에서는 엄청난 정치적 변화가 함께 일어나고 있었다. 이스라엘이라는 신생국가의 일원이 됨으로써 얻게 되는 경력상의 유익은 카너먼처럼 재능과 지적 호기심이 넘치는 사람에게는 특히 중요했다. 이스라엘은 변화와 미숙함이 공존하던 시기였으며 동시에 새롭고 위대한 기회가 찾아올 수 있는 그런 시기이기도 했다. 카너먼은 자신의 조국과 함께 성장하고 있었다. 카너먼은 신생 주권국가의 일원이 됨으로써 좀 더 쉽게 자신의 이름을 알릴 기회를 붙잡을 수 있었다. 그는 자신의 자전적 수필에서 지금의 관점에서 보면 자신의 연구가 이스라엘 군대에 크게 영향을 미쳤다는 사실이 이

례적으로 보일 수도 있다고 말했다.

> 스물하나밖에 되지 않은 하급 장교가 한 나라 군대 전체의
> 인사 평가 과정을 책임진다는 건, 지금 생각하면 이상한 일
> 이겠지만 당시는 이스라엘과 이스라엘군이 만들어진 지 불
> 과 7년밖에 되지 않았었다는 사실을 기억해야 한다. 당시는
> 뭐든 임시변통으로 처리해야만 했을뿐더러 제대로 된 전문
> 가는 찾아보기 힘들었다. 내 직속상관은 화학을 전공했지만
> 통계학과 심리학을 독학으로 깨우친 뛰어난 분석 기술을 가
> 진 사람이었다. 그러다 보니 대학에서 정식으로 심리학을 전
> 공한 나는 군대에서 가장 잘 훈련된 전문 심리학자 취급을
> 받을 수밖에 없었다.

카너먼은 1956년에 군 복무를 마쳤고, 미국 연수를 기다리는
동안 자신의 뜻에 따라 심리학과 철학 관련 저서들을 읽으며 시간
을 보냈다. 그런 다음 1958년, 자신의 첫 번째 부인이었던 이라
카너먼Irah Kahneman과 함께 캘리포니아 대학교를 찾아 시각적 인식
에서 성격검사, 그리고 과학철학에 이르기까지 관심 있는 모든 분
야에 대한 다양한 연구를 진행했다. 그리고 히브리 대학교의 지원
으로 매사추세츠의 오스틴 릭스Austen Riggs 연구소 대학원에서 박
사과정을 시작했는데, 당시 그를 지도했던 사람은 데이비드 라파
포트David Rapaport(1911-1960)로, 카너먼이 존경하던 정신분석 이론

가였다. 라파포트는 카너먼에게 특히 기억력과 생각에 대한 통찰력을 중심으로 프로이트에 관한 심층적 연구의 세계를 알려 주었으며 프로이트의 유명한 저서『꿈의 해석』과 함께 정신적 에너지의 개념에 집중하도록 이끌었다. 카너먼은 라파포트와 박사과정을 함께하며 주의력과 기억력에 대해 흥미를 갖게 되었다. 이 시기는 특히 기억의 다른 효용성에 대한 그의 학문적 공헌에 많은 영향을 주었다.

## 트버스키와의 만남

카너먼은 미국에서 박사 학위를 받은 후 다시 히브리 대학교로 돌아가 약 20년 동안 생산적인 시간을 보냈다. 동료이자 절친한 친구인 아모스 트버스키Amos Tversky(1937-1996)와 함께한 공동 연구의 대부분이 이 시기에 이루어졌다. 카너먼은 트버스키와의 만남을 이렇게 회고했다. "아모스에 대한 내 최초의 기억은 1957년으로 거슬러 올라간다. 누군가가 나에게 까다로웠던 히브리 대학교 심리학과 입학시험을 막 끝낸 붉은색 베레모를 쓴 공수부대 장교 한 사람을 가리켰다. 여윈 몸집의 잘생긴 사내였다."

두 사람의 잘 알려진 획기적인 협동 작업이 그때 바로 시작된 것은 아니다. 그로부터 몇 년이 지난 후, 카너먼은 히브리 대학교 연구 발표회 자리에 트버스키를 초청해 그의 연구 결과를 발표할 수 있도록 주선했다. 그 후 두 사람의 협력은 경제심리학 및 행동경제학에 대한 카너먼의 가장 영향력 있는 공헌의 밑바탕이 되어 주었다. 여러 가지 면에서 카너먼과 트버스키는 마치 한마음 한뜻인 것처럼 움직였다. 심지어 논문 저자 등록 순서까지도 동전 던지기를 통해 무작위로 결정했기 때문에 아무런 다툼이 없었다고 한다. 두 사람의 공동 연구 성과를 대표하는 두 편의 중요한 논문은 각각 유명한 심리학 학술지인 《심리학 회보Psychological Bulletin》와 《심리학 연구Psychological Review》에 발표되었다.

카너먼은 오랜 세월에 걸쳐 트버스키와 공동 연구를 진행했지만 두 사람이 각각 미국의 다른 지역으로 떨어져 지내게 되면서 함께하는 시간이 점점 줄어들었다. 1978년 카너먼은 두 번째 부인인 영국의 심리학자 앤 트라이스먼Anne Treisman과 함께 처음에는 캐나다로 가서 브리티시컬럼비아 대학교 교수로 일하다가 다시 미국 캘리포니아로, 그리고 마지막으로는 프린스턴 대학교에 정착했다. 그리고 1996년 6월, 트버스키가 피부암으로 사망하면서 두 사람의 협력은 안타깝게도 그만 막을 내리고 말았다. 그들의 마지막 공동 저술 논문에는 근시안적 사고와 손실 혐오를 연구하는 행동경제학자들이 함께 참여했다.

카너먼과 트버스키의 깊은 우정과 지적인 친밀감은 아무리 반복해 이야기해도 부족할 정도로 카너먼 본인과 그의 연구에 계속해서 영향을 미치고 있다. 카너먼은 두 사람의 공동 작업이 각자 하는 연구보다 더 생산적이라고 직접 언급한 적도 있다. 그는 노벨상 수상을 기념해 발표한 자전적 수필에서 데이비드 레입슨David Laibson과 리처드 제크하우저Richard Zechkahuser의 분석을 인용하면서 다음과 같이 이야기한다. "아모스와 나는 황금 알을 낳을 수 있는 거위를 함께 소유하는 놀라운 경험을 나누었다. 두 사람의 머리를 하나로 합치니 따로 떨어져 있는 것보다 더 나았다. 통계 기록만 보아도 우리의 공동 연구가 개별적으로 수행한 연구보다 우월하거나 적어도 더 영향력이 있다는 사실을 확인할 수 있다."

## 심리학자로서 카너먼의 업적

카너먼과 트버스키는 위험과 효용성 이론에 대한 분석적 대안—당대의 다른 경제학자들이 선호하던 수학적 언어로 구성된—을 제시함으로써 경제학에 큰 공헌을 했다. 이런 대안은 행동경제학이 성장할 수 있는 기반을 마련해 주었다. 카너먼과 트버스키의 협력 관계가 시작된 이래 수십 년에 걸쳐 그 연구 성과와 영향력은 빠르게 커져 갔다. 카너먼과 트버스키는 경제와 재정 문제의 의사결정 과정에 대한 우리의 생각을 변화시킬 수 있는 씨앗을 뿌린 것이다.

카너먼은 심리학과 경제학 모두에서 인지능력과 판단력, 그리고 의사결정 능력이라는 광범위한 주제에 대해 영향을 미쳤는데, 그런 그의 공헌을 평가할 때 카너먼이 행동경제학자라기보다는 경제심리학자라는 사실을 이해하는 것이 중요하다. 카너먼은 경제학자로서 훈련을 받지는 않았지만 행동경제학자와 많은 유익한 협력을 했으며 그만큼 경제학과 심리학 분야에 혁신적인 통찰력을 더해 준 심리학자였다.

경제학자들이 생각하는 카너먼의 가장 영향력 있는 연구는 직관적 추론에 대한 트버스키와의 공동 연구일 것이다. 앞에서 언급했던 것처럼 카너먼은 대학을 졸업하고 군 복무를 시작했으며 그곳에서 평생에 걸쳐 천착하게 될 직관적인 추론의 한계에 대한 자신의 이론과 관심을 처음 적용해 볼 수 있는 기회를 얻었다. 본래 그는 통계적 분석을 포함해 심리학의 보다 정량적인 측면에 관심이 있었다. 이는 현대의 경제학자가 수학적 기술에 의존한다는 사실과 잘 연결이 되고, 또 이러한 의미에서 그의 초기 연구와 후기 연구—위험에 대한 인간의 오해와 관련된—의 사이에 상당한 연속성이 있음을 드러내기도 한다.


1955년 무렵, 아직 군에서 복무 중이던 카너먼의 주요 임무 중 하나는 개인적인 성향이 현장에서 어떤 역할을 하는지에 초점을 맞춰 장교 후보생들을 평가하는 일이었다. 인간의 성격이나 성향 중에서 어떤 부분이 특히 전투에 더 중요한 영향을 미치는 걸까? 카너먼은 병사를 선별해 여러 전투 임무에 적절하게 배치할 수 있는 방법을 고안해 냈고, 이 과정에서 전문가가 내리는 평가의 정확성에 의문을 갖게 되었다. 그는 군의 다양한 임무에 적합한 잠재적 후보자들에 대해 전문가들이 내린 평가의 정확성을 조사해 보았고, 직관과 통계 정보가 반드시 서로 이어지는 것은 아니라는 사실을 알게 되었다. "나는 통계 정보와 강력한 통찰력의 경험 사이에 연결 관계가 완전히 끊어져 있다는 사실에 대단히 놀랐고 이를 바탕으로 '타당성 착각Illusion of Validity'이라는 용어를 만들어 냈다."

군에서 면담이나 심리 측정 검사 등을 수행했던 주체는 훗날 카너먼이 소수의 '군 간부들'이라고 칭했던 사람들이었다. 카너먼은 군에 소속된 임상 전문가들이 병사나 장교 후보생들을 평가할 때 그들의 판단 과정에서 흔히 일어나는 다양한 실수들을 확인했다. 그중 한 가지 문제는 담당관의 평가가 다른 평가 기준들과 잘 연결이 되지 않는다는 점이었다. 이를 극복하기 위해 카너먼은 일종의 성향 분석표를 만들어 제대로 형식을 갖춘 면접 및 평가 보고서 견본에 포함시키게 된다.

면접과 평가를 맡은 간부나 전문가들 중 일부는 상대적으로 초보자에 가까운 카너먼의 간섭, 그리고 자신들이 '생각 없는 로봇의 역할만 해야 한다는' 그의 주장 속 의미를 깨닫고 분개했다. 따라서 젊은 카너먼은 상황을 되짚어 보았고 그가 개발한 좀 더 구조적이고 통계적인 접근 방식과 전문가들의 직관력이 결합된 방식이 가장 효과적인 타협안이라는, 좀 더 외교적 결론에 도달하게 된다. 카너먼은 자신이 개발한 구조화된 면접 방식이 면접관이 내리는 판단의 통계적 타당성을 확보해 주었다고 생각했으며, 또한 자신이 만든 '객관적인' 성격검사 과정을 먼저 끝마쳤을 때 담당자가 훨씬 더 효과적으로 직관적인 판단을 내릴 수 있다는 사실도 알게 되었다. (그렇게 추가된 객관적 통찰력이 직관적 판단의 과정에서 발생하는 편견을 극복하는 데 도움이 될 수 있다는 증거도 계속해서 이어졌다.) 군 복무 중 이루어진 이런 작업들은 그의 초창기 연구와 훗날 이어진 다른 작업들을 위한 기반이 되어 주었다. 카너먼은 대학원에서 그를 지도했던 에드윈 기셀리Edwin Ghiselli(1907-1980)와 함께 군 시절의 다양한 자료를 활용해 통계 기법에 대한 논문을 한 편 썼고, 이 논문은 「인사 관련 심리학Personnel Psychology」이라는 제목으로 발표되었다. 카너먼이 정식으로 발표한 첫 번째 연구 논문이었다.

직관적 추론에 대한 이런 초창기 연구를 시작으로 카너먼은 경제적 의사결정에 대한 새로운 접근 방식과 판단과 의사결정에 대해 훗날 훨씬 더 널리 알려질 연구로 접어들게 된다. 그리고 이 연구를 통해 2002년 실험 경제학자 버논 스미스와 함께 노벨 경제학상을 수상한다. 구글 통계에 따르면 가장 많이 인용된 카너먼의 연구는 1979년 트버스키와 함께 작업한 전망이론에 대한 연구와 휴리스틱 및 편향에 대해 과학 전문 잡지《사이언스》에 발표한 논문이다. 또한 그의 가장 영향력 있는 저술로는 2011년에 발표된『생각에 관한 생각』, 그리고 1973년에 발표된『주의력과 노력Attention and Effort』등이 있으며 둘 다 학술 문헌 등에서 광범위하게 인용되고 있다. 또한 카너먼과 행동경제학자들과의 협업은 아모스 트버스키나 리처드 탈러, 그리고 앨런 슈워츠Alan Schwartz 등과의 사례에서 확인할 수 있듯이 경제심리학과 행동경제학의 통합을 의미하기 때문에 그의 공헌이 대단히 중요하다는 사실을 나타낸다. 이러한 연구와 작업들은 카너먼이 미친 영향력 안에서 서로 밀접하게 연결되어 있는 네 가지 주요 맥락의 진화 과정과 함께 이어진다. 그 맥락이란 주의력과 노력, 휴리스틱과 편향, 행동 경제학에 가장 크게 기여한 전망이론, 그리고 이중 체계와 자아의 모형들이다.

군 복무를 마치고 학계로 돌아온 카너먼은 우선 인지심리학자 잭슨 비티Jackson Beatty와 함께 동공 확장과 인지적 노력 사이의 연관성을 조사했다. 두 사람은 실험 참가자들을 실험실로 데려와 일련의 숫자를 들려주고 외우도록 시켰다. 참가자들의 동공은 숫자를 들을 때는 커지고 다시 소리 내서 외울 때는 줄어들었다. 또 외워야 하는 내용을 더 어렵고 복잡하게 만들면 참가자의 동공도 그에 비례해 커졌다. 카너먼과 비티는 이런 결과를 보고 동공의 확장이 정신적인 노력과 관련이 있다고 해석했다. 두 사람의 연구는 지난 수십 년 동안 비약적으로 발전해 온 안구 추적 기술과 이어진다. 이 기술은 현재 행동경제학을 비롯해 여러 금융 실험에서 널리 사용되고 있다. 경제학자들 사이에서는 덜 유명할지 몰라도, 트버스키나 다른 행동경제학자들과 함께했던 후기의 연구보다는 이 초창기 연구가 심리학에는 더 큰 영향을 미쳤다. 1973년에 발표된 『주의력과 노력』은 심리학에서 가장 많이 인용되는 카너먼의 연구 중 하나이다.

# 휴리스틱과 편향

행동경제학자들에게 가장 크게 영향을 준 카너먼의 연구는 그가 트버스키와 공동으로 진행한 휴리스틱과 편향에 대한 연구부터 일 것이다. 트버스키의 직관적인 추론과 판단, 그리고 의사결정의 한계에 대한 초기 연구가 카너먼이 이스라엘군에서 수행했던 전문가의 판단과 직관적 예측 연구와 합쳐졌던 것이다. 카너먼과 트버스키는 군 복무 중 서로에 대해 알게 되었고, 1969년 봄 카너먼이 자신의 연구 발표회에 트버스키를 초청해 그의 연구 내용을 발표하도록 자리를 마련해 준 것을 계기로 본격적인 협력이 시작되었다. 트버스키는 이 발표회에서 자신의 스승인 워드 에드워즈와 함께 연구했던 몇 가지 실험 결과들을 발표했다.

트버스키의 실험에서 참가자들은 흰색과 빨간색 단추들을 보고 그 단추들이 하얀색 단추 70개와 빨간색 단추 30개가 들어 있는 가방에서 나온 것인지 아니면 하얀색 단추 30개와 빨간색 단추 70개가 들어 있는 가방에서 나온 것인지 추측해 알아맞히는 시도를 했다. 참가자들은 대체로 올바른 방향을 따라 추측을 이어갔지만 확률 법칙, 특히 '베이지안 법칙Bayes's Rule'이 예측했던 수준까지 모든 정보들을 다 고려하지는 않았다. 베이지안 법칙은 사후 확률을 구하는 것을 말하는데, 이는 어떤 사건이 만들어 놓은 상황에서 앞으로 일어날 다른 사건의 가능성을 구하는 것을 뜻한다. 베이지안 법칙에서는 확률이 계속 변하는 상황까지 고려한다. 우리는 먼저 확률을 확인하고 문제 해결에 들어가는데, 이 과정에서 '이전의 확률'과 새로운 정보가 들어와 변한 '이후의 확률' 사이에서 조정을 시작한다. 베이지안 추론 모형은 심리학을 비롯해 경제학과 계량경제학에서도 점점 더 널리 사용되고 있다. 트버스키와 에드워즈는 실험 결과를 보고 사람들이 "베이지안 법칙을 어느 정도까지는 따른다"라는 결론을 내렸고 카너먼과 다른 연구자들은 이 결론에 이의를 제기했다. 카너먼은 나중에 다음과 같이 말했다.

> 사람들이 어느 정도까지는 베이지안 법칙을 따른다고 하는 생각은 일상생활에서 빨리 결론을 내리는 사람들이 많은 것을 보면 그다지 맞는 것 같지 않다. 또한 두 사람이 얻은 결과가 표본 증거를 한 번에 전달하는 그런 좀 더 일반적인 상황으로 확장될 가능성은 거의 없는 것처럼 보였다. 무엇보다 '베이지안 법칙을 어느 정도까지는 따른다'라는 결론은 해답을 얻을 수는 있지만 그 해답이 편견으로 왜곡될 수 있는 그런 과정 자체에 대한 신뢰성의 문제를 제기한다.

발표회가 끝난 후 카너먼과 트버스키는 커피를 마시며 트버스키의 실험 결과와 해석의 한계에 대한 이야기를 나누게 된다. 공동 연구나 작업은 학계에서는 전혀 드문 일이 아니며, 학문들 사이의 통섭 과정이 늘어남에 따라 점점 더 보편화되고 있지만, 카너먼과 트버스키의 공동 작업은 일반적인 모습과는 전혀 다른 차원에서 진행되는 것 같았다. 이를테면 카너먼은 아침형 인간이었고 트버스키는 저녁형 인간이었다. 카너먼은 비관주의자였고, 트버스키는 낙관주의자였다. 그렇지만 두 사람의 협력 관계가 빚어낸 결과물은 신비한 마술과도 같았다. 카너먼은 그 경험을 다음과 같이 표현했다.

> 우리의 모든 새로운 생각들은 두 사람의 공동 소유였다. 우리의 상호작용은 너무나 강렬하게 자주 일어났기 때문에 새로운 생각을 만들어 내기 위한 논의와 결과 확인, 그리고 결과물을 다시 정교하게 다듬는 행위 등을 구분하는 게 별 의미가 없었다. 이런 협력의 과정 속에서 느낀 가장 큰 기쁨이라고 한다면… 각자의 처음 생각들을 다듬어 내는 우리 자신의 역량을 확인하는 일이 아니었을까. 내가 내 생각을 반쯤 정리해 말할 때 나는 아모스가 어쩌면 나 자신보다도 더 분명하게 그 내용을 이해할 수 있다는 사실을 알았다. 그리고 이 마법은 우리 두 사람만 있을 때 효과가 있었다. 누군가 제3자가 끼어들면 우리는 곧 경쟁 관계가 되어 버렸기 때문에 서로가 아닌 다른 사람과의 공동 작업은 피하는 게 좋다는 사실도 곧 알게 되었다.

두 사람이 처음 만나 나누었던 대화와 실험 등은 1971년 영향력 있는 학술지인 《심리학 회보》에 「작은 수 법칙에 대한 믿음Belief in the Law of Small Numbers」이라는 제목의 논문으로 실리게 되는데, 이 논문이 바로 두 사람의 첫 번째 공동 논문이었다. 이 연구에서 두 사람은 전문가들이 확률에 대해 어떤 식으로 잘못된 직관을 갖게 되는지를 탐구했다. 확률에 대해 판단할 때 발생하는 다른 일반적인 오류들처럼 작은 표본도 모집단을 대표할 수 있다는 잘못된 추론이 나온다는 것이었다. 이 논문은 직관적 판단과 관련해 공통적으로 발생하는 몇 가지 중요한 한계를 확인하고, 또 각자 연구했던 내용들—전문가가 내리는 판단의 한계와 관련된—을 통합한 깊이 있는 논문이었다. 이러한 내용들을 더욱 다듬은 결과 1974년에는 《사이언스》에 단순한 의사결정 과정인 휴리스틱에 관한 이들의 주장을 간략하게 설명한 논문이 실리게 되었다.

휴리스틱은 시간과 정보가 부족하거나 인지 부하가 높을 때 빠르고 간단하게 의사를 결정하기 위한 단순한 규칙이다. 카너먼과 트버스키는 휴리스틱을 처음 정의한 선구자는 아니었다. (그 영예는 또 다른 노벨상 수상자인 심리학자이자 컴퓨터 과학자 허버트 사이먼Herbert Simon(1916-2001)의 몫이다.) 하지만 두 사람과 사이먼 사이에는 그다지 깊은 연관성이 없다. 카너먼과 트버스키는 실제로 사람들이 위험한 선택을 해야만 할 때 이러한 휴리스틱이 어떻게 작동하는지에 대한 이해와 관련해 많은 공헌을 했다. 두 사람은 또한 휴리스틱의 구조화된 분류법 개발은 물론 사례와 실험적 증거를 통해 그 개념을 설명하는 선구자적인 역할을 했다.

두 사람은 휴리스틱의 세 가지 주요 유형인 가용성과 대표성, 그리고 고정(조정)을 확인했다. 이러한 휴리스틱은 '항상'은 아니지만 종종 인지 편향과 관련이 있으며 이 사실은 대단히 중요하다. 우리는 가용성 휴리스틱을 사용할 때, 가장 빠르고 쉽게 사용할 수 있는 정보, 그러니까 빠르게 기억할 수 있는 정보에 의존한다. 감정은 종종 접근이 쉽고 기억하기도 쉽기 때문에 우리가 감정에 의존하는 것은 일종의 가용성 휴리스틱이다. 대표성 휴리스틱은 각기 다른 사건들에 대해 그 사이의 유사성에 따라 사건들을 판단하는 방식이다. 이에 따르면 때로는 오해의 소지가 있는 추론도 발생하기 때문에 인지 편향의 또 다른 원인이 된다. 고정 및 조정은 특정한 기준으로 사건들을 판단하는 방법에 관한 것이다. 만일 우리가 무엇인가를 팔고 있다면 우리는 우리 자신이 지불한 액수에 따라 다른 사람들이 우리에게서 그 물건을 사기 위해 지불할 액수에 대한 기대를 고정한다. 따라서 우리는 다른 사람의 제안을 기꺼이 받아들일 수 있는 특정한 기준을 제공받는 것이다.

카너먼과 트버스키의 혁신적인 연구 결과가 발표된 이후 훨씬 더 광범위한 휴리스틱 및 관련 편향이 확인되었다. 이들은 또한 휴리스틱과 편향에 대한 행동경제학과 관련된 방대한 저술들을 발표했으며, 그중 일부는 두 권의 책으로 정리되었다. 이후 두 사람의 연구는 경제학, 그중에서도 특히 당시 경제학을 지배하고 있던 합리적인 선택 과정과 그와 관련된 기대효용이론에 대한 비판으로 점차 옮겨가게 된다. 이를 통해 카너먼은 행동 경제 이론에 대한 그의 두 번째 획기적인 공헌—전망이론—을 이끌어 낼 수 있었다.

# 전망이론과 행동경제학

카너먼은 휴리스틱과 편향에 대해 트버스키와 협력하며 (표준 경제 모형 안에 포함된) 위험 이론들의 대안이 될 수 있는 전망이론의 기초를 닦는다. 카너먼은 전망이론이 사실은 특별한 의미 없이 붙인 이름이라고 언급한 적이 있는데, 그와 트버스키는 자신들이 생각한 이론을 뭐라고 불러야 할지 몰랐고, 그저 특별하게 들리는 쪽을 선택했다고 한다. 전망이론에 대한 중요한 논문은 1979년 당시 높은 평가를 받고 있던 계량경제학 전문 학술지인 《이코노메트리카》에 실렸다. 경제학자들의 입장에서는 아마도 이 전망이론이 두 사람의 가장 큰 업적일 것이다. 왜냐하면 전망이론은 기대효용이론과 의사결정과 관련된 표준 경제 이론에 대한 직접적인 도전이었기 때문이다.

기대효용이론은 인간의 합리성과 선택에 관련한 강력한 가정을 기반으로 하지만, 카너먼과 트버스키는 기대효용이론이 다양한 행동들의 역설과 불일치를 설명할 수는 없다고 주장했다. 전망이론은 이러한 부분들을 설명할 수 있다는 것인데, 두 사람은 1979년 논문에 실은 일련의 실험들을 통해 전망이론이 기대효용이론과 구별되는 중요한 특징들을 갖고 있음을 이미 검증한 바 있다. 전망이론에는 또한 사람들이 아주 작은 숫자와 아주 많은 숫자를 일관되게 처리하는 데 익숙지 않다는 두 사람의 초창기 주장들이 통합되어 있으며, 이미 1971년 논문에서 사람들은 작은 표본이 모집단을 대표할 수 있다고 잘못 생각하고 있음을 밝히면서 전망이론이 등장하게 될 것임을 어느 정도 예고했었다. 사람들은 특정한 결과나 대단히 예외적인 결과들에 대해 왜곡된 선호도를 갖게 된다고 말이다.

전망이론에서는 '기준점Reference Point'이라는 개념을 중요시하는데, 기대효용이론에서는 이 기준점을 0으로 보는 반면, 전망이론에서는 사람들이 매번 0에서 시작하는 것이 아니라 특정한 기준을 중심으로 결정을 내린다고 가정한다. 이 부분은 앞에서 설명한 휴리스틱의 고정 및 조정과 관련된 특성과 연결된다. 전망이론은 사람들의 선택이 자연스럽지도, 또 조화롭지도 않다는 사실을 인정한다. 전망이론에 따르면, 사람은 똑같은 정도의 이득과 손실에 대해서 동일하게 반응하지 않는다. 손실은 이익보다 훨씬 더 강력한 영향을 미치며, 이는 우리 안에 손실 회피 성향이 있기 때문이라는 것이다. 손실 회피 성향으로 인해 사람들은 10달러를 얻는 것보다는 10달러를 잃게 되는 상황에 훨씬 더 신경을 쓴다. 사람들은 또한 위험 감수에 대해서도 균형이 잡히지 않은 반응을 보이며 손실을 회피하기 위해 추가적인 위험도 기꺼이 감수하려 한다(참고로 이득과 손실의 크기가 작을수록 사람들은 좀 더 이에 민감하게 반응한다). 카너먼과 트버스키는 이런 현상을 '반영 효과'라고 불렀다. 이와 관련된 카너먼과 트버스키의 연구는 이후 점차 정교해져 현재에 이르러서는 공공 정책 설계에도 큰 영향을 미치고 있다.

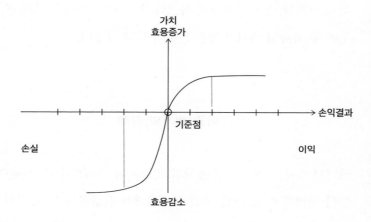

**<전망이론 그래프>**

가치
효용증가

손익결과

기준점

손실

이익

효용감소

휴리스틱과 편향, 그리고 전망이론에 대한 카너먼과 트버스키의 연구는 두 사람을 리처드 탈러를 포함한 여러 행동경제학자들과의 광범위한 협력 관계로 이끌었다. 이들은 손실 회피 성향과 틀 짜기 효과framing°, 그리고 심리적 회계 계정mental accounting°° 을 포함한 전망이론과 일치하는 주제들을 다루었다. 특히 탈러는 행동경제학자 세대에게 자신의 논문 선집 등을 통해 행동 재무학behavioural finance과 관련된 주제들과 관련해 영감을 주었다. 카너먼과 트버스키는 이 작업을 끝으로 그동안 서로에게 큰 유익과 영감

°      어떤 사안이 제시되는 방법에 따라 동일한 사안이라고 해도 그에 관한 사람들의 해석이나 의사 결정이 달라지는, 인식의 왜곡 현상을 가리키는 말.

°°      동일한 금액의 돈이라도 목적이나 용도에 따라 돈의 가치를 다르게 둠으로써 돈을 취급하거나 지출하는 방식이 달라짐을 의미한다.

을 주어 왔던 협력 관계에 종지부를 찍게 되는데, 탈러, 그리고 앨런 슈워츠와 함께 근시안적 사고와 손실 회피 성향에 대해 쓴 논문이 두 사람의 마지막 공동 논문이 되고 말았다.

## 이중 체계와 자아

카너먼의 후기 연구는 효용성의 관점에서 분석한 표준 경제모형들의 한계와 이에 대한 자신의 통찰력을 확장하는 데 초점이 맞춰져 있다. 우리의 의사결정이 종종 상호작용하는 힘을 반영한다는 생각을 포착한 것이다. 이러한 접근 방식에 대한 그의 공헌은 2011년 발표한 『생각에 관한 생각』에 드러나 있다. 이 책을 통해 카너먼은 우리의 생각이 경제학자들이 설명하는 것과는 달리 단순하거나 일관적이지 않다는 주장을 발전시킨다. 시스템1은 감성적이고 직관적이며 시스템2는 논리적이고 신중하다. 시스템2는 노력이 필요하기 때문에 느리고 느긋해서 시스템1 보다 우리의 선택에 영향을 덜 미친다. 우리가 내리는 대부분의 의사결정은 빠른 본능과 직관에 의해 추진되며 따라서 논리적이고 신중한 시스템2의 사고방식에 초점을 맞춘 경제학자들은 인간 의사결정 과정의 일부만을 포착하게 된다.

시스템1과 시스템2 사고에 대한 발상은 효용성에 대한 그의 후기의 통찰력과도 연결된다. 앞에서 살펴본 바와 같이 전망이론은 기대효용이론 중에서도 위험 처리에 대한 비판을 담고 있다. 그리고 동시에 주의력과 기억력에 관한 카너먼의 초창기 통찰과도 이어진다. 사고 체계들 사이의 연결은 우리에게 경험하는 자아와 기억하는 자아라는 이중 자아가 있다는 카너먼의 발상으로부터 비롯되었으며, 각각의 자아는 서로 다른 방식으로 효용성을 경험한다. 카너먼은 경제학자들이 전통적으로 취득 효용에만 집중해 왔지만, 효용성의 종류, 즉 경험 효용과 기억 효용을 구분하는 편이 더 유용할 것이라고 보았다.

## 전망이론 vs 기대효용이론

카너먼의 글은 읽기 쉽고 명쾌한 편이지만, 전문적인 저술들 중 일부는 꽤 난해하고 일반인으로서는 이해하기 어려운 부분도 분명 존재한다. 다시 말해 카너먼이 쓴 글들은 누구를 대상으로 썼느냐에 따라 그 수준이 크게 달라진다. 일반 독자들을 위한 그의 글은 대단히 인상적이면서도 매력적이고 우아하다. 『생각에 관한 생각』은 높은 판매 부수를 기록했으며 그의 경력 전반에 걸친 중요한 통찰들을 여럿 다루기 때문에 대단히 중요하다. 이 책은 다른 전문적인 학술지에 실렸던 새로운 발상들을 일반 대중들에게 알리는 역할을 했는데, 카너먼의 연구에 본질적으로 학문의 경계를 넘나드는 통섭의 특성이 있음을 고려하면 그런 발상들이 수많은 다양한 독자들에게 명확하게 전달되는 일은 그에게 중요한 문제였다.

　당연한 이야기지만 행동경제학을 개척한 초창기 연구들이 그랬듯 카너먼과 트버스키의 연구도 논란의 여지는 있다. 두 사람의 주장이 경제학에서 인정을 받게 된 건 최근의 일이다. 기대효용이론은 여전히 강력한 영향력을 갖고 있으며 경제학자들은 지난 수십 년 동안 합리적 선택이론을 수용해 왔다. 많은 경제학자들이 이러한 경제 강령들을 중심으로 연구자로서 상당한 명성을 쌓아 왔기 때문에 이런 상황을 뒤바꾸는 건 누구에게나 어려운 일일 수 있다. 카너먼은 트버스키와 자신들을 향한 몇 가지 비판에 대응한 바 있는데, 그 대표적인 사례로 기본 전망이론을 '누적 전망이론Cumulative Prospect Theory'으로 개선해 제시한 일을 들 수 있겠다.

　카너먼과 트버스키의 실험적 증거 중 일부도 비판의 대상이었다. 경제학자들은 이 둘의 실험 설계와 초안 등을 비판하며 두 사람의 실험 결과는 제대로 문서화되어 있지 않을뿐더러 실험 참가자들의 행동 편향이 아니라 요청받은 작업에 대한 혼란이 반영되었을 따름이라고 주장했다. 또한 다른 경제심리학자나 행동경제학자들과도 상당한 수준의 정의적 논쟁과 그로부터 비롯된 오해들이 있었다. 그 한 가지 사례가 휴리스틱의 합리성에 대한 독일의 심리학자 게르트 기거렌처Gerd Gigerenzer(1947-)의 주장과 관련된 오해였다. 기거렌처는 휴리스틱이 합리적인 의사결정 장치라고 주장한 반면, 카너먼은 휴리스틱이 항상 합리적이지는 않다고 주장했다. 그렇지만 누구의 주장이 옳든 간에 카너먼과 트버스키의 연구로 인해 많은 경제학자들이 선택과 효용의 본질을 다시 한번 생각해 보게 된 것은 분명하다.

카너먼은 자신들의 의도가 합리적 의사결정이라는 개념 자체를 완전히 반대하는 것은 아니라는 점을 강조했다. 그는 사람들이 합리적인 원칙에 따라 움직일 수 있고 또 그렇게 움직이고 있다는 사실을 인정했다. 자신의 노벨상 수상을 기념해 발표한 자전적 수필을 통해 트버스키와의 작업은 인간의 합리성에 대한 광범위한 공격이 아니라 경제학자의 합리적 행위자 모형에 대해 비판하는 것이라고 주장했다. 카너먼이 주장하는 합리성과 관련된 인간의 능력은 일반적으로 경제학자들이 수용하는 개념의 형태로 정의되지는 않는다. 오히려 합리성은 예컨대 허버트 사이먼이 설명한 것처럼 '제한된 합리성'이라는 다소 유연한 형태를 취한다. 사람들은 항상 합리성이 정의된 방식에 따라 합리적으로 행동할 수 있고 또 그렇게 행동하고 있지만, 언제나 그런 것은 아니다.


## 적대적인 협력

카너먼은 직설적인 비판보다는 대화를 더 선호하는 사람이었다. 그는 학문의 경계선을 넘나드는 협력이 일반화되기 전부터 자신의 전공을 넘어 다른 많은 학자들과 함께 힘을 합쳐 연구를 진행했으며 예나 지금이나 그런 형태의 작업을 대단히 선호하고 있다. 그는 "협업은 더 창의적일 뿐만 아니라 더 재미있다"고 말한다. 연구 중에 발생하는 갈등과 관련된 문제는 카너먼이 이룬 또 다른 성취의 기반이 되어 주기도 했는데, 이 자체가 건설적인 대화와 토론의 중요성에 초점을 맞춘 연구 방법론에 도움을 준 것이다.

전통적인 학계의 논문 저술 문화에서 오해나 근거 없는 비판은 토론과 대화의 기회가 없을 때 때로 갈등을 더 크게 만들 수 있다. 예를 들어 행동경제학과 일반 경제학에서는 '합리적' '비합리적' '휴리스틱' 그리고 '편향'이라는 용어의 의미를 해석하는 일을 두고 혼란을 겪기도 했으며 이런 긴장과 갈등을 고스란히 드러낸 바 있다. 학계의 논문이나 저술과 관련한 직접적인 대화 방식은 아직 제도화되지 않았으며, 대부분 사전에 정보를 드러내지 않은 채 동료들이 검토하는 방식에 의존하고 있다. 카너먼은 이에 대한 해결책으로 '적대적인 협력Adversarial Collaborations'이라는 방식을 실험해 보게 된다. 서로 반대 의견을 가진 학자들이 공동 논문을 작성하며 함께 작업을 하고, 그 과정에서 의견의 차이를 받아들이는 동시에 합의에 도달하려고 시도할 때 지적인 갈등이 해결된다는 것이다. 카너먼은 트버스키와의 협력 외에도 사람들의 예상을 뛰어넘는 공동 연구를 여러 차례 진행했다. 여기에는 직관적 전문성에 대한 의견 불일치를 다룬 개리 클레인Gary Klein과의 오랜 적대적 협력, 심리학자 톰 길로비치Tom Gilovich, 랄프 헤트위그Ralph Hertwig, 그리고 빅토리아 메드백Victoria Medvec, 경제학자 이언 베이트먼Ian Bateman, 크리스 스태르머Chris Starmer, 또 로버트 서

그덴Robert Sugden과의 초창기 적대적 협력이 포함된다. 이런 적대적인 협력 외에도 그는 댄 애리얼리Dan Ariely(1967-)나 조지 로윈스틴George Loewenstein(1955-)과의 공동저술 활동을 통해 의견의 불일치 문제를 해결하기 위해 노력했다.


## 합리성과 그 한계에 대한 새로운 이해

카너먼이 심리학자라는 점을 감안할 때 그가 노벨 경제학상을 수상한 건 대중들의 눈에는 조금 이상하게 보일 수도 있다. 그가 경제학에 기여한 부분은 경제심리학의 관점에서 보는 합리성과 그 한계에 대한 새로운 이해였다. 1970년대부터 경제학자들은 합리성에 대한 좀 더 강력한 가정을 찾는 데 몰두했고, 합리적 선택이론은 이들을 지배하고 있는 이론이었다. 합리적 선택이론은 우리가 최선의 합리적인 능력을 우리의 모든 의사결정에 적용해 우리 자신의 이익을 극대화한다는 가설을 중심으로 하고 있다. 이 세상에서 자신에게 가장 적합한 것이 무엇인지 가장 잘 알고 있는 건 다름 아닌 우리 자신이다. 그래서 대부분의 경제학자들은 우리 자신이 대단히 영리하고 모든 걸 잘 알고 있는 것처럼 행동한다고 가정한다.

이러한 합리성에 대한 가정은 경제 분석을 더 쉽게 만들어 준다. 모든 사람들이 수학적으로 합리적인 방식에 따라 행동한다면 경제모형을 구축하는 것은 비교적 간단한 일이다. 그렇지만 1970년대부터 시작해 합리성에 대한 이러한 의존성은 처음에는 케인스학파의 전통을 따르던 경제학자들에게, 이후에는 특히 2007년에서 2008년까지 이어진 금융 위기의 여파로 인해 주류 경제학자들에게 비판을 받았다. 케인스학파는 항상 주류 경제 이론의 강력한 합리성 가정에 대해 유보적인 입장을 보여 왔는데, 이를테면 금융 위기가 발생하기 오래전부터 수많은 후기 케인스학파 경제학자들은 비슷한 위기를 경고했었다. 이런 식으로 보면 우리는 카너먼이 경제학자가 아니기 때문에 경제학과 경제학자들의 내부적 갈등 양상을 전부 다 알 수는 없었으리라는 사실을 다시 한번 떠올리게 된다. 얄궂은 일이지만 경제사상의 역사에서 케인스는 압도적으로 영향력 있고 선견지명이 있는 인물이었을 뿐만 아니라 카너먼이 크게 공감할 수 있는 다양한 생각들을 확실하게 이끌어 낸 인물이기도 했다.

카너먼이 이룩한 업적의 핵심은 학문의 분야를 넘나드는 연구에 대한 그의 공헌에 있다. 그는 경제학자들과의 강력한 협력 관계를 바탕으로 끝에서부터 차근차근 경제학에 영향을 미칠 수 있는 방법을 찾았다. 2012년 일간지 《가디언》과의 대담에서 그는 경제학이라는 학문에 대한 의구심을 피력했다. "경제학자들은 수학을 알고 있기 때문에 사회과학자들 사이에서 신비스러운 존재로 여겨진다. 그들은 사건이 일어난 후의 일들에 대해서는 꽤 잘 설명하지만 사건이 일어나기 전에는 하는 일이 거의 없다. 나는 나 자신이 경제학자라고는 전혀 생각하지 않는다."

　카너먼 자신은 경제학자가 아니었고, 사실 적지 않은 비주류 경제학자들과 함께 합리적 선택에 대한 주류 경제학자들의 옹호를 반대하는 입장이었지만 경제학에 대한 그의 도전은 그를 비판하거나 옹호하는 사람들이 생각하는 것보다 더 큰 인정을 받았다. 카너먼이 트버스키와 함께 이룩한 주요 업적은 경제학자들의 좁고 제한적인 범위의 가정을 다시 생각하도록 자극한 것이었다. 이것이야말로 오늘날 학계와 정부가 행동경제학의 핵심적인 통찰력을 수용하게 된 이유이고, 계속해서 그 중요성이 더 두드러지게 드러나고 있는 그의 진정한 업적이라고 볼 수 있다.

# Amartya
# Kumar Sen

# 아마르티아 센

(1933~)

글. 조너선 콘린

#후생경제학 #빈곤을_재정의하다 #센지수
#역량_중심_접근법 #평등에서_공정으로

**조너선 콘린**Jonathan Conlin

뉴욕에서 태어나 옥스퍼드 대학교에서 역사와 현대 언어를 공부했다. 영국
사우샘프턴 대학교, 프랑스 고등교육기관 ESSCA에서 애덤 스미스의 도
덕철학, 빅토리아 시대의 사회사, 경제사상사 등을 가르쳤다. 대표 저서로
는 석유 재벌이었던 칼루스테 굴벵키안Calouste Gulbenkian의 전기 『5퍼센
트의 사나이Mr Five Per Cent』(2019)와 애덤 스미스의 전기, 파리와 런던의
역사를 비교한 『두 도시 이야기Tales of Two Cities』(2013) 등이 있다.

1943년, 영국이 지배하고 있던 벵골 지방에 대기근이 닥친다. 대기근 당시 아마르티아 센의 나이는 열 살이었다. 화학 교수의 아들로 태어난 센의 고향은 지금의 방글라데시 다카Dhaka 근처다. 도시 주민들은 기근의 영향을 거의 받지 않았지만 최소한 200만 명이 넘는 벵골 주민들이 기근으로 인한 영양실조와 질병으로 사망했다. 영국 정부는 식량이 충분하다면서 적절한 행동을 취할 의사가 없음을 암시했다. 그들은 벵골 지역의 주식인 쌀이 들고나는 것을 제한하지 않았지만 그렇다고 인도의 다른 지역이나 다른 국가로부터 쌀을 들여오지도 않았다. 1945년 실시된 조사를 통해 영국 관리들은 쌀이 부족하다는 증거를 무시했다는 혐의로 고발을 당했고, 인도 민족주의자들은 이 사건을 계기로 영국 통치의 종식을 요구하고 나섰다.

## 식량 분배와 교환 자격의 관계를 살펴보다

1976년, 센은 학술지《이코노믹 앤 폴리티컬 위클리》에「교환 자격의 박탈로 인해 발생한 기근Famines as Failures of Exchange Entitlements」이라는 제목의 논문을 발표했고, 이 논문의 내용을 보완해 1981년『빈곤과 기근: 자격과 박탈에 관하여Poverty and Famines: An Essay on Entitlement and Deprivation』라는 제목의 책을 출간한다.

센의 1943년 벵골 대기근에 대한 수정주의적 해석은 당시 인도를 지배하고 있던 영국이 "전체적인 가용성을 평가하는 데는 문제가 없었지만 기근에 대한 이론은 비참할 정도로 잘못됐다"는 결론을 내린다. 벵골 대기근은 식량 부족이나 식량 가용성 감소Food Availability Decline로 인한 것이 아니었고 오히려 식량 공급 규모는 기근이 없었던 1941년보다 13퍼센트 가량 더 높았다. 당시 정부 당국은 대기근에 앞서 일어난 악천후와 쌀의 부족 현상은 관련이 없다고 발표했고, 그 발언은 대체로 정확했던 셈이다. 그렇지만 센에 따르면 기근은 어떤 종류의 식량이 존재하는지에 관한 문제가 아니라 식량이 주민들에게 어떤 식으로 '분배'되는지에 관한 문제였다. 바로 누가 식량을 요구할 수 있는지의 여부를 묻는 그런 문제였던 것이다. 가용할 수 있는 식량의 일부에 대한 개인의 '소유권' 혹은 '청구권'을 결정하는 것은 여러 가지의 '자격과 관련된 문제'다. 예를 들어, 농지를 소유한 사람들은 그 땅에서 자란 쌀에 대해 소유권을 주장한다. 농업 노동자는 토지의 소유자가 아니더라도 토지를 경작했다는 '자격 관계entitlement relations'를 내세워 쌀에 대해 청구할 수 있는 권리를 지니게 된다.

1943년 벵골에는 많은 사람들이 교환을 기반으로 하는 '자격 관계'를 갖고 있었다. 이들은 직접 쌀을 재배하지는 않았지만 이발이나 뱃놀이 같은 용역을 교환했고, 또 쌀이 아닌 우유나 생선 같은 상품을 쌀과 교환했다. 이러한 상품이나 용역은 이들의 '교환 자격exchange entitlement'을 형성했다. 1943년과 1945년 조사에서 당국이 미처 확인하지 못한 것은 이러한 상품과 용역, 그리고 쌀 사이의 교환 비율이 다양한 영역의 노동자나 집단들 안에서 크게 변했다는 사실이었다. 이런 집단들은 더 이상 자신과 가족들을 먹일 수 있을 만큼 충분한 쌀을 요구할 수 없었기에 굶어 죽을 수밖에 없었다. 이러한 변화는 악천후나 농사 실패가 아니라 과도한 공공 부문 지출로 인한 인플레이션 때문이었으며, 그 상황 자체는 당시 영국이 인근 버마를 사이에 두고 일본과 총력전을 벌이고 있었다는 사실과 관련이 있다. 도시 거주자들의 경우, 임금의 수준이 1943년의 인플레이션을 따라가는 경향을 보였지만, 농업 노동과 쌀 사이의 교환 비율은 24퍼센트—1941년 12월의 비율은 100퍼센트였다—까지 하락했다. 쌀 가격이 1마운드mound, 즉 약 37kg당 13루피에서 30루피로 뛰어오르자 많은 벵골 주민들은 이발이나 뱃놀이를 미루고 우유나 생선 같은 사치품도 멀리했다. 그리고 이 같은 상품과 용역에 대한 수요가 감소하면서 관련 종사자들의 '교환 자격' 역시 함께 줄어들었다.

『빈곤과 기근: 자격과 박탈에 관하여』에서 센은 다른 유사한 예를 함께 드는데, 에티오피아와 인근 지역의 기근, 그리고 1974년에 발생한 방글라데시의 기근이 바로 그것이다. 에티오피아의 경우, 1972년부터 1974년까지 가장 극심한 피해를 입었던 월로Wollo 지역에서도 식량 가격은 크게 오르지 않았다. 1974년 방글라데시에서는 최악의 피해를 입은 세 지역에서 실제 인구수를 기준으로 했을 때 식량이 되는 곡물의 양은 오히려 늘어났다. 간단히 말해 곡식의 가격은 약간만 인상되었을 뿐, 시장에 충분한 양이 나와 있었다는 이야기이다. 그런데 1943년 벵골에서와 마찬가지로 토지가 없는 일용 노동자나 목축업자, 그리고 운송 노동자들은 굶주림에 시달렸다. 이들은 모두 소작농이나 지주와 비교해 노동과 식량 사이의 급격한 교환 비율 변화에 훨씬 더 크게 노출되었다. 절망에 빠진 에티오피아의 유목민들은 갖고 있던 소들을 시장에 모두 다 내다 팔았고 이렇게 소가 과잉 공급되자 소의 가격도 함께 폭락해 사실상 그들이 손에 쥔 돈은 얼마 되지 않았다.

이러한 기근 관련 사례들 중 일부의 경우, 교환 자격의 변화가 기근이 발생하기 이미 오래전부터 시작되기도 했다. 예를 들어 1974년 방글라데시에서 농업 관련 노동자가 하루 노동량으로 요구할 수 있었던 쌀의 양은 기근의 원인으로 지목된 홍수가 일어나기 이미 훨씬 전부터 감소하고 있었다. 당국이 제대로 된 자료를 확인했더라면 노동자들이 자신들의 노동력을 쌀과 직접 교환할 수 있도록 공공사업 계획을 수립해 기근을 예방할 수도 있었을 것이다. 하지만 당국과 외부 관계자들은 빈곤선poverty line° 이하에 분포되어 있는 인구 비율로 빈곤 감소 현황을 보고 만족해했는데, 이 자료 자체는 빈곤에 대한 '인원수' 수치가 개선되는 동안 빈곤층 사이에서도 경제력 수준의 차가 급격히 벌어지고 있다는 사실을 드러내 주지 못했다. 1960년대 말과 1970년대 초까지 앞서 언급한 것처럼 빈곤층 비율이 전체적으로 줄어드는 것처럼 보였음에

---

° 최저한도의 생활을 유지하는 데 필요한 수입 수준.

도 '절대 빈곤층'의 비율은 오히려 더 급격하게 증가하고 있었다.


## 빈곤을 재정의하다

센은 빈곤을 규정하는 여러 가지 방법들의 한계에 주목했다. 영국의 통계학자 찰스 부스Charles Booth(1840-1916)가 1880년대 런던 이스트 엔드 지역의 빈곤 상태에 대한 조사를 시작하며 개척한 빈곤층 숫자 확인 방식은 빈곤선과 영양 모형Nutritional model―생명 유지에 필요한 열량을 계산해 빈곤의 기준을 설정한다―에 의존하는 것이었다. 이런 각각의 방법에는 한계가 있었다. 열량을 기준으로 삼는 모형조차도 생존을 위해 개인이 최소한도 이상의 열량을 필요로 하도록 만드는 장내기생충의 존재를 제대로 고려하지 못했다. 1943년 벵골에서 정부 당국은 식량 공급과 시장에만 초점을 맞춤으로써 기근을 예측하는 데 실패했다. 센이 언급했던 것처럼 "충격적인 재난의 진짜 근원은 사실 당국이 위안으로 삼는 자료 어딘가에 깊숙이 숨어 있을 수 있었다."

물론 학계에서는 주류 이론의 허점을 찾아내는 것이 생존의 방식이 될 수도 있다. 적어도 해당 분야에서 자신의 이론을 차별화하거나 발전시킬 수 있는 좋은 수단이 될 수도 있다. 앞으로 확인하게 되겠지만, 센 자신도 사회선택이론 안에서 집합적 의사결정에 이르기 위해 개인의 선호도나 복지 문제가 어떻게 연결될 수 있는지를 연구한 자신의 중요한 논문들을 기존의 수많은 논문들에 더하기도 했다. 실제로 많은 경제학자들은 이런 식으로 큰 영향력이 있는 학술지에 기고한 한 편의 논문이 호평을 받으면서 이를 바탕으로 성공적인 경력을 쌓아 가는 경우가 많다.

그렇지만 센이 위대한 경제사상가로 인정받는 까닭은 단순히 시류에 편승한 논문 한 편을 발표했기 때문이 아니다. 학자로서의 책임을 인식하고 사회복지 수준을 측정할 수 있는 새로운 방법을 찾았기 때문에 센은 위대한 경제사상가로서 인정받는 것이다. 여기에는 아브람 버그슨Abram Bergson(1914~2003)과 폴 새뮤얼슨이 1940년대에 정립한 이른바 '복지국가주의' 이론에 도전하는 일도 포함된다. 복지국가주의자들의 연구는 노예제도 금지 같은 특정한 제한이 주어진 상태에서 존재할 수 있는 모든 가능한 사회적 상황을 상상하는 것에서부터 시작된다. 그런 다음 경제학에서 이야기하는 '사회 후생 함수Social Welfare Function °'를 사용해 각각의 상황에 일정한 가치를 부여하고 복지를 극대화시킨 성공 정도에 따라 순위를 매기는 것이다. 그런 후에 관찰된 내용들을 바탕으로 정부를 위한 정책들을 추천할 수 있다는 것인데, 앞에서 살펴본 것처럼 센은 이런 복지국가주의자들이 각 사회의 복지 수준을 측정하는 방식에 의문을 제기했고, 처음 주어진 제한들이 서로를 방해할

---

° 사회 전체의 후생과 이에 영향을 미치는 여러 요인 사이의 관계를 나타내는 함수. 사회 후생 함수는 개별 소비자의 선호 차이를 인정하지 않고, 개인의 효용을 단순화 및 합산하여 나타낸 것이기 때문에 주관적 가치인 선호의 크기를 반영하는 데 한계가 있다는 비판을 받고 있다.

수 있는 경우들을 지적했다.

사실 이들 복지국가주의자들은 복지의 극대화라는 명목으로 정부가 과도하게 행동에 나서는 상황을 우려한 제임스 뷰캐넌James Buchanan(1919-2013)을 비롯한 다른 여러 사회계약주의 및 자유주의 사상가들로부터 이미 비판을 받아 왔었다. 이런 사상가들에게 복지를 극대화하는 임무는 당연히 개인이 해야 할 일이었으며, 이들의 선택은 복지국가주의자들이 제시하는 여러 가지 조건에 제한을 받아서는 안 되었다. 이러한 조건이나 제한이란, 일종의 규범과도 같은 것으로, '사회적 선행' 혹은 사회의 복지가 정의되고 확립될 수 있다는 복지국가주의자들의 믿음이 구체화된 것이다. 사회계약주의 사상가들에게 정부의 역할은 이러한 사회적 선행을 극대화하는 것이 아니라 그저 각각의 개인이 추구할 가치가 있다고 생각하는 모든 것들을 추구할 수 있도록 가능한 한 자유롭게 놔두고 그 체제를 유지하는 것이다. 센은 사회적 선행이라는 개념을 포기하지 않는 대신 이 복지국가주의에 대해서는 계속해서 비판을 가했다.

그가 『빈곤과 기근: 자격과 박탈에 관하여』에서 물었던 것처럼, 우리가 빈곤을 정의하고 측정해 온 모든 절차에 대해 의문을 제기하고 도전한다면 어떻게 될까? 우리는 현상을 이해하려는 노력을 포기해야 할까, 아니면 우리가 무엇을 '구해' 낼 수 있는지를 확인해야 할까? "그렇다면 우리는 무엇을 해야 하는가?" 우리는 우선 이 질문에 대한 센의 대답을 생각해 볼 것이다. 센이 공리주의식 접근 방법과 '복지국가주의' 중에서 무엇을 구해 내려 했는지에 대한 논의는 이 '구해 낸다'라는 용어가 제안하는 것보다는 더 미래 지향적이고 낙관적인 노력이 될 수 있다. 실제로 또 다른 맥락에서 센은 그 과정을 '적자the fittest'를 구별해 내기 위한 진화론적 방식의 시도처럼 서로 다른 접근 방식들이 서로 경쟁하도록 내버려 두는 것이 아니라 결합함으로써 "오히려 좋은 방법들이 너무 많이 나와 하나만 고르기 어려울 정도로" 만드는 것이라고 설명했다. 이외에도 그가 경제학에 가장 크게 영향을 미친 '역량 중심 접근법'을 소개할 것이다. 이 접근법은 자신이 살고 있는 사회에서 개인이 이용할 수 있는 기회라는 측면을 통해 '발전이란 무엇인가'를 이해할 수 있도록 해 준다. 1990년대 이후 그의 연구는 이러한 '기능'이나 작용이 정의롭고 관용적인 사회를 발전시키는 데 어떤 역할을 할 수 있는지에 대해 파고든다. 그 결과, 그는 기근에 대한 또 다른 흥미로운 발견—어떤 민주주의 국가도 기근을 경험한 적이 없다—을 하게 된다. 우리는 이 연구를 더 살펴보고 마지막에는 센의 정의론을 살펴볼 것이다.


## 완벽한 선호 체계는 존재할 수 있을까?

센은 〈사회적 선택의 가능성The Possibility of Social Choice〉이라는 제목의 노벨상 수상 기념 강연에서 자신이 경제학에 기여한 세 가지 업적을 확인하며 이를 정보의 확대, 반半순서의 사용, 그리고 일치하는 조건들의 약화라고 규정했다. 모두 다 경제학자들이 사회복지의 수준을 평가하려 할 때 사용하는 계산법과 관련이 있는 것들이다. 이러한 계산에 포함되는 자료들은 무엇이며 또 어떤 자료들을 '상관없는 것'으로 봐야 하는가? 이러한 계산에 대해 우리는 어떤 요구를 할 수 있는가? 아니, 그보다는 오히려 이런 계산은 어느 정도의 정확성이나 완전성, 혹은 일관성을 갖고 있는가? 서로 다른 결과들을 어느 정도 수준까지 하나로 합칠 수 있을까? 경제학자들은 순위를 정할 수 있는 '순서ordinal 자료'와 수준이나 규모를 측정하는 '기초적cardinal 자료'를 오래전부터 구분해 왔다. 마지막으로 결과를 어디에 사용하는지에 대한 질문이 있다. 투표 제도처럼 어떤 결정을 내리려 할 때는 아무런 문제가 없는 집계 방식이 복지 수준을 평가할 때는 문제로 작용할 수 있다.

센은 이렇게 이야기한 바 있다. "형식주의 경제학은 개인의 상황과 이익을 판단하는 데 있어 다양한 관점을 제공하는 일에는 그다지 관심이 없다." 18세기에 제러미 벤담은 복지, 혹은 벤담식 용어로 바꿔도 거의 아무런 문제가 없는 '효용성'을 '최대 다수의 최대 행복'으로 정의했지만 벤담의 자칭 후계자들은 이 복지의 개념을 '한 개인이 극대화할 수 있는, 혹은 극대화하는 것으로 볼 수 있는 모든 것들'과 함께 1인당 GDP로 간단히 대체해 버렸다. 이 1인당 GDP의 장점은 '숫자로 표시되는 실질적 가치'를 나타낼 때 도움이 된다는 것뿐, 소득이 많다고 더 행복해지거나 혹은 개인이 항상 자신의 소득을 극대화하기 위해 행동할 것이라는 가정 자체를 신뢰할 수 있는지의 여부와는 상관이 없다. 게다가 "공식의 수학적 정확성은 그것이 다루는 내용의 부정확성과 더불어 발전했다."

센은 1984년 세상을 떠난 런던정경대학 학장인 라이오넬 로빈슨에게 비난의 화살을 돌린다. 실제로 센의 지금까지의 경력을 살펴보면 로빈슨의 주장—경제학은 확인할 수 있는 사실만을 다루며 윤리학은 가치와 의무를 다룬다—이 경제학이라는 학문과 인류의 비전에 가한 폭력을 치유하려는 시도처럼 보이기도 한다. 로빈슨은 제번스가 말한 것처럼 "어느 누구도 다른 사람의 사정을 헤아릴 수 없기" 때문에 복지에 대한 사람 대 사람의 비교는 불가능하다고 주장했다. 그럼으로써 그는 복지를 사회 구성원들 사이에서 소득이 분배되는 방식에 대한 고려 없이 사회 전체가 누리는 전체적인 복지의 관점에서만 복지를 이해하고 있었던 사람들에게 또 다른 면죄부를 제공하고 말았다. 이후 10년 동안 파레토 비교Pareto comparisons가 더욱 인기를 끌게 되면서 복지 문제는 더욱 단순하게 받아들여졌다. 이탈리아의 경제학자 빌프레도 파레토Vilfredo Pareto(1848-1923)의 이름을 따라 붙여진 이른바 파레토 효율성Pareto efficiency은 다른 사람의 복지에 피해를 주지 않고는 어느 누구의 복지도 개선될 수 없다는 가정하에 자원의 분배를 최적화하는 것을 의미한다.

센은 이런 단순화가 후생경제학의 계산에는 도움이 될 수 있었는지 모르겠지만 그 대신 편협하고 역설적인, 그저 터무니없는 결과만을 낳게 되었다고 주장했다. 1951년 경제학자 케네스 애로는 자신의 저서 『사회적 선택과 개인의 가치Social Choice and Individual Values』를 통해 애로의 불가능성 정리Arrow's Impossibility Theorem라는 이론을 제시한다. 이 정리의 핵심을 한마디로 표현하자면, 사회의 후생 수준을 적절하게 평가할 수 있는 공정하고 민주적인 선호 체계가 존재할 수 없다는 것이다. 이를 판단하는 기준으로는 다음과 같이 총 4가지가 있다.

- 정의 영역의 배제 불가능Unrestricted Domain : 개인들은 대안들에 대해 어떤 선호도 가질 수 있다.
- 비독재non-dictatorship : 특정 구성원의 선호가 다른 구성원의 선호 및 집단 선호에 영향을 미쳐선 안 된다.
- 이항독립Independence of Irrelevant Alternatives : x와 y에 대한 사회 선호는, x와 y에 대한 개인 선호에만 영향을 받아야 한다.
- 파레토 효율성Pareto efficiency : 모든 구성원이 x보다 y를 선호한다면, 여기서 도출되는 사회 선호 순위도 마찬가지여야 한다.

이 불가능성 정리를 통해 애로는 마치 자신이 탄생시킨 사회선택이론 분야에 대한 논의를 완전히 끝낸 것처럼 보였고, 또 1972년의 노벨상 수상 역시 이 정리를 제시한 덕분인 것으로 알려지기도 했다.

센은 애로의 불가능성 정리는 대단히 흥미롭기는 하지만 이는 그 자체의 정보 부족으로 인해 만들어진 산물이며, 또 사람 대 사람의 비교를 거부하는 로빈슨 방식의 결과물인 동시에, 실제 삶을 살아가는 인간의 행동과는 일치하지 않는 일관성만을 적용한 결과물일 뿐이라고 주장했다. 사회선택이론의 또 다른 창시자인 폴 새뮤얼슨 역시 이와 비슷한 수준의 일관성을 적용했는데, 새뮤얼슨과 그의 지지자들은 현시 선호의 약한 공리Weak Axiom of Revealed Preference, WARP를 중심으로 자신들의 모형을 구축했다. WARP는 애로의 불가능성 정리의 이항 독립과 마찬가지로 세 번째 선택 사양인 z가 추가되어도 y보다 x를 선호하는 상황이 바뀔 수 없다고 주장하는 이론이다.

그렇지만 현실 세계에는 소비자가 이러한 규칙이나 가정을 '따르지 않거나' 혹은 부정하도록 만들 수 있는 여러 가지 요소들이 존재한다. 센은 이를 설명하기 위해 모임에 참석한 손님의 경우를 예로 든다. 이 손님은 사과 하나가 간절했는데, 마침 과일 바구니 옆에 서 있게 된다. 그렇다면 이 손님은 바구니 안에 사과가 몇 개 들어 있는지에 상관없이 사과 하나를 집어 들 것이라고 생각하는 게 직관적이고 합리적인 결론일 것이다. 그런데 바구니 안에 사과가 하나만 남아 있고 또 다른 손님들의 기회를 빼앗아 가는 사람으로 보이고 싶지 않은 욕망 때문에 결국 그 손님은 사과를 집어 들지 않는 쪽을 선택할 수 있다. 손님의 선택은 제공되는 선택 사양의 '종류'에 따라 좌우될 수 있는 것이다.

센은 불가능성 정리에서 벗어나는 방법은 최소한의 합리적 요구 사항으로 간주되는 조건들을 완화하는 것, 이를테면 파레토 효율성을 버리는 것이었다. 파레토 효율성은 개인의 자유를 지키는 수호자처럼 옹호되었지만 두 가지 이상의 대안에 직면하게 되면, 어김없이 그 단점들이 드러났다. 예컨대 세 사람에게 총 100개의 물건을 나누어 준다고 할 때 98 : 1 : 1의 분배는 파레토 효율성의 관점에서 보면 33 : 33 : 34라는 훨씬 더 공평한 분배와 아무런 차이가 없다. 1970년 발표된 「파레토 자유주의의 불가능성The Impossibility of a Paretian Liberal」이라는 논문에서 센은 자신만의 불가능성 정리를 만들어 경제학자들이 파레토만의 주장과 그들 스스로 생각하는 자유주의적 가치 사이에서 선택을 하도록 만들었다.

파레토의 효율성 이론은 복지 경제학자들로 하여금 분배 방식이 아닌 사회 전체의 복지만을 고려하게끔 만들었다. 그리고 그렇게 실행된 정책들은 다른 방식으로 퍼져 나가는 불평등을 간과하고 말았다. 개인들 사이의 수준 차이에는 어떠한 주의도 기울이지 않는 상황에서 이런 전체 복지 수준은 오직 각 국가들의 경제력 순위를 가늠할 수 있는 척도로만 사용된다. 이 경우 세 명의 국민은 98과 1, 그리고 나머지 1을 보유한 국가에서보다 각각 33의 효용성을 보유한 국가에서 더 '가난'한 것으로 정의 내려질 수 있다. 전자가 분명 대단히 불평등한 사회임에도 불구하고 말이다. 전체의 총합으로 결정되는 순위를 따른다면 98을 가진 사람이든 혹은 1을 가진 사람이든 누구라도 상관없이 1을 더 추가로 준다면 국가의 복지 수준은 높아진 것이다. 물론 한계효용의 법칙은 98을 가진 사람보다는 1을 가진 사람에게 추가로 1을 더 주는 편이 훨씬 유익하다고 제안하겠지만, 개인들 사이의 비교가 금지되어 있다는 조건은 그러한 문제를 간과하도록 만든다.

이에 대한 대안이자 대항으로 1973년 센은 1인당 소득에 이탈리아의 통계학자 코라도 지니Corrado Gini(1884-1965)가 1912년에 개발한 지니계수°를 곱하는 자신만의 공식을 제안했다. 그는 새뮤얼 슨처럼 자기만의 공식을 제시하는 데 앞서 어떤 특정한 조건들을 요구하지 않았다. 예를 들어 그는 자신의 공식이 '완전한 순서 제시complete-ordering representation'를 보여 줄 것을 요구하지 않았으며 전체 순위가 아닌 부분적 순위도 허용하는 덜 완벽한 '유사 순서quasiordering'를 요구했다. 센은 "불평등이라는 개념 자체가 이와 같은 유사 순서 체계를 가지고 있는 것 같다"면서, "이 개념은 자세한 구별을 위한 것이 아니며 나름대로 좀 더 뚜렷한 대조를 이루며 나타난다"고 언급했다.

센은 자신의 공식을 이상적인 사회적 후생 함수로 제시하기보다는 그 한계를 있는 그대로 받아들였다. 그의 공식은 자신들만의 한계를 갖고 있는 또 다른 사람들과의 '만남'을 위한 하나의 도구였다. 그가 불가능성 정리를 통해 얻은 교훈은 "전통적 이론의 전

---

° 소득분포의 불평등도를 측정하기 위한 계수. 이것이 0에 가까울수록 소득분포가 평등하다고 판단할 수 있다.

부가 아니면 아무것도 아니라는 식의 접근 방식"은 피해야 한다는 것이었다. 이는 적어도 방법론에 있어서는 '혼합주의'가 '순수성'보다는 더 낫다는 정도의 의미로 해석할 수 있을 것이다. 물론 정확한 모형과 도표를 제시하는 학문의 경우에는 이러한 접근 방식이 대단히 불안하고 의심스럽게 비춰질 수도 있겠지만 말이다.

## 역량 중심 접근법: 역량은 어떻게 기능이 되는가

복지 경제학자들은 자신들의 수학적 용어로 복지의 개념을 이해하려는 열의 속에 뭔가 중요한 것을 잊어버린 듯 보였다. 인간이 누리는 복지나 평안은 '무엇을 얼마나 갖고 있는가'의 문제가 되어 버렸다. 1971년 발표된 『정의론』에서 미국의 철학자 존 롤스 John Rawls(1921-2002)는 개인의 복지에 필요한 일련의 '기본재primary goods'를 정의해 복지 수준을 측정하는 공리주의식 접근 방식의 문제점들을 해결해 보려고 했다. 그러한 기본재에는 건강 및 지능과 같은 타고난 기본재와 권리나 소득, 그리고 '자존심을 위한 사회적 기반'과 같은 사회적 기본재들이 포함되어 있다. 이러한 기본재들에 대한 개인의 타고난 역량은 다른 사람의 역량과 비교될 수 있으며, 롤스는 이른바 '차등의 원칙'에 따라, (기본재를 기준으로) 최악으로 측정된 개인의 상황이 일종의 특권이 될 수 있는 몇 가지 가정들을 연구했다.

그렇지만 센에게 이런 연구는 수단과 목적을 구분하지 못하는 것으로 보였다. 인간은 보편적인 기본재들로 정의를 내리기에는 너무나 다양한 모습들을 지니고 있는 존재였다. 심지어 건강을 유지하는 데 필수적인 열량 수치와 필수 영양분조차 기후와 수명, 그리고 제공받는 의료 수준에 따라 달라진다. 롤스와 다른 사람들은 사물과 권리의 가치에만 지나치게 초점을 맞추고 둘 사이의 관계 그리고 관련된 '기능'을 간과했다. 그러한 기본재들과 이를 누리는 개인의 '역량'을 결정하는 것은 다양한 '전환 요소conversion factor'들이었다.

예를 들어, 자전거를 선물 혹은 기증받았다면 그 자전거를 얼마에 팔 수 있는지, 혹은 자전거 덕분에 절약할 수 있는 교통비 등을 통해 그 가치를 간단하게 평가할 수 있다. 영세 상인에게 자전거가 주어진다면 그건 사업 활동을 할 수 있는 시장의 확대와 제한된 시간 안에 더 많은 거래를 성사시킬 수 있게 됨을 의미한다. 센의 관점에서 자전거는 개인의 모든 역량, 즉 수행을 하거나 달성할수 있는 모든 행동과 결과의 범위를 늘려 준다. 물론 모든 행동이나 결과가 실제로 수행되거나 달성되는 건 불가능하지만 그렇다고 해서 복지의 효과가 사라지는 것은 아니다. 오히려 복지 자체는 이러한 역량들의 실현 여부에 관계없이, 사용할 수 있는 기능의 범위를 넓히는 일에 초점을 맞춰 평가되는 것이 가장 좋다.

이렇듯 '역량'이 '기능'으로 바뀌는 과정은 대단히 간단해 보이기 때문에 누군가는 이 둘을 구분할 수 있는 다른 표현이 필요하다고 생각할 수도 있겠다. 자전거를 타기 위해서는 약간의 연습이 필요하지만 그 기간은 그리 오래 걸리지 않는다. 또 대부분의 경우, 거의 무료로 그러한 연습이나 훈련을 도와줄 누군가가 주위에 존재하기 마련이다. 그 후에는 새로운 기능이 우리를 기다리고 있는 것처럼 보인다. 우리가 제공할 수 있는 상품이나 용역을 위한 새로운 시장, 더 넓어진 교우 관계, 얼굴에 부딪혀 오는 바람을 느끼는 인생의 즐거움이나 다음으로 향할 곳을 상상하는 일 등이다. 그렇지만 새로운 자전거를 '새로운 이동의 자유'로 전환하는 일은 보이는 것처럼 간단하지는 않으며 여기에서 다양한 '전환 요소'들이 이러한 자유를 누릴 수 있는지의 여부와 그 범위를 결정하게 된다. 이런 요소들은 자전거와 직접적인 관련이 없다는 점에서는 외부 효과로 볼 수 있지만, 자전거를 받은 일이 실제로 받은 사람의 전체적인 역량에 기여하는지 아니면 그저 아무런 역할도 하지 못하는지를 결정한다. 이 요소, 혹은 외부 효과들은 자전거 같은 주어진 재화를 특정 활동이나 받은 사람의 상태와 이어 준다.

센은 개인적, 사회적, 그리고 환경적 전환 요소들을 구분하려 했다. 신체적 장애나 질병은 개인이 자전거를 탈 수 있는 능력을 제한하는 개인적 요소다. 제대로 포장이 되지 않은 도로, 교통 체증, 그로 인한 대기오염은 또 다른 제약이 될 수 있다. 이러한 환경적 전환 요소들과 비교하면 사회적 요소들은 훨씬 덜 분명하게 드러나지만, 이 요소들은 분명 자전거가 소유자의 역량을 향상시키는지 여부를 결정하는 가장 중요한 역할을 한다. 세계 여러 지역에는 마치 19세기 영국처럼 여성이 자전거를 타는 일이 사회적으로 금지된 장소들이 존재한다. 물론 대기오염이 심해서 심한 천식을 앓게 되는 경우, 이게 환경적 요소인지 아니면 개인적 요소인지 구분하기 어려울 수 있다. 하지만 분명한 건 그렇다고 해서 그 영향력이 줄어들지는 않는다는 것이다.

역량 중심 접근법은 단순히 개인의 소득이나 재화를 사회의 다른 사람들이 누리는 소득이나 재화와 비교해 고려하는 것보다 훨씬 더 광범위한 문제로 우리의 주의를 돌린다. 우리는 이를 통해 병 치료 지원에서 도로 혼잡으로 발생하는 비용에 이르기까지 모든 것들을 논의할 수 있다. 물론 이러한 논의들은 현재 자전거를 소유하고 있지 않은 많은 사람들에게도 다양한 영향을 미칠 것이다. 하지만 자전거를 타면서 기대할 수 있는 기능이 실현되었는지의 여부는 여기에서 중요하지 않다. 센은 사회가 더 부유해지고 개인이 더 잘살 수 있게 되는 건 이러한 역량이 사람들이 이미 갖고 있는 역량에 추가되는 것만으로도 가능하다고 주장한다. 어떤 의미에서는 외부의 효과도 있지만, 이 특정한 자전거 문제를 해결하기 위해 취할 수 있는 모든 조치는 고전주의 경제학자들이 생각했던 이익의 개념 중에서도 중심이 되는 문제들에 유익한 영향을 미칠 수 있다. 다시 말해 이런 조치들을 통해 시장의 규모를 늘리거나 노동의 전문성을 강화할 수 있다는 것이다.

1990년 국제연합개발계획UN Development Programme에서는 인간개발 성취 정도를 평가하는 새로운 기준인 인간개발지수Human

Development Index를 발표했다. 지수 개발을 주도했던 파키스탄 경제 학자 마붑 울 하크Mahbub ul Haq(1934-1998)는 센에게 조언을 구하고 그의 역량 중심 접근법을 함께 적용하기 위해 노력했다. 인간개발 지수라는 이름 자체가 개발을 이해하는 방식의 초점이 바뀌었음을 나타내는데, 이제는 국민소득이나 시장 개방성의 관점에서 복지를 이해하기보다 '인간'을 먼저 생각하는 시대가 온 것이다. 인간개발지수HDI는 평균 학업 연수로 측정되는 기본 교육, 출생 시 기대 수명인 장수, 그리고 국민총소득GNI(혹은 1인당 구매력 평가) 같은 세 가지 기준을 하나로 결합한 것으로, 센 방식의 '풍부한 정보'를 적절하게 보여 준다.

## 인도와 중국의 경제개발 비교

센은 1995년 인도의 장 드레즈Jean Dreze(1959-)와 함께 쓴 『인도: 경제개발과 사회적 기회India: Economic Development and Social Opportunity』라는 책을 통해 교육과 공중 보건 제도가 잘 유지되고 있음을 보여주는 지표에 주목하는 역사적 사례를 만들었다. 두 사람은 이 연구를 통해 인종과 종교, 그리고 정치적 성향이 대단히 다른 케랄라Kerala, 우타르 프라데시Uttar Pradesh, 그리고 벵골 서부 등 인도의 세 지역을 조사하며 기대 수명과 유아 사망률, 그리고 문맹률과 여성/남성의 비율FMR과 더불어 1인당 GNI 같은 친숙한 기준에 따라 수집한 자료들을 분석했다. 두 사람은 인도의 여러 지역을 비교하는 일뿐만 아니라 특히 중국과의 비교에도 깊은 관심을 보였다.

인도의 상류층 사이에서는 소위 '한 자녀 정책'이라 불리는 중국의 계획생육정책과 시장의 자유화가 인도인들이 미처 이룩하지 못했다고 느낀 '아시아의 기적'을 가져온 원동력으로 평가되곤 했다. 중국의 경제성장은 정부가 나서서 시장 자유화를 주도하는 일의 중요성을 보여 준 것과도 다름없었다. 이 같은 발전을 따라잡기 위해 많은 사람들이 흔히 인도 특유의 '면허 경제Licence Raj'로 알려진 관료주의적 절차를 시급히 철폐해야 한다고 결론지었다.

『인도: 경제개발과 사회적 기회』의 서문에서 저자인 두 사람은 "다국적기업에 대한 세금 혜택과 관련된 세부 사항, 인도 사람들이 코카콜라를 마셔야만 하는지에 대한 여부, 아니면 대중교통 부문을 민간에 맡겨야 하는지 같은 문제들을" 논의하는 것이 인도 경제 관료들의 우선순위라는 사실에 놀라움을 표시했다. 반면에 "기본 교육과 보건 지원의 극악한 상황"이나 "국민들의 복지와 자유에 대한 중요한 정책적 방향" 같은 문제들은 간과되었다.

인도의 기대 수명은 중국보다 약 10년 정도 짧았고, 문맹률은 더 높았을뿐더러 남녀에 따른 차이도 컸다. 인도의 남녀 간 문맹률은 여성이 61퍼센트, 남성이 36퍼센트인 반면 중국은 각각 32퍼센트와 13퍼센트에 불과했다. 특히 중국의 젊은 세대 중에서 글을 읽고 쓸 줄 모르는 사람은 극히 드물었는데, 이 점에서도 인도와 큰 차이를 보였다. 인도 정부는 14세까지 의무교육을 시키겠다고 약속했지만 이 약속을 실천할 수 있는 예산 자체를 배정하지 않았다. 또한 보건 정책 역시 인구문제에만 집착한 나머지, 비용이 적게 들면서도 효과적인 질병 퇴치 정책들이 아닌 불임 시술 등을 우선시했다.

이러한 역사적 사실이나 자료들을 전체적으로 살펴볼 때 중국의 공공 의료 지원이나 의무교육은 경제성장에 따른 보상이 아니었고, 오히려 국가가 문맹률과 기대 수명 개선을 위해 앞장선 후에야 경제가 성장했다는 사실을 알 수 있다. 경제성장은 국가 개입에 대한 보상이었다. 국민의 건강이나 교육 문제는 개발도상국들이 경제성장을 일정 수준 이상 달성한 후에야 감당할 수 있는 그런 사치가 아니었던 것이다.


## 대행 기관과 자유의 행사에 관하여


1990년대 초부터 센은 이런 역량 중심 접근 방식에 대한 생각을 계속해서 발전시켜 나갔는데, 그 결과 행동하는 사람에 대한 '행위자 지향적 관점'을 점점 더 강조하게 되었다. 기본적으로 우리가 대행 기관에 대해 관심을 기울이는 까닭은 누가 우리의 복지와 그 제공 방식에 변화를 가져올 수 있을지를 알게 되는 것이 중요하기 때문이다. 앞서 언급한 자전거의 예로 돌아가 보면, 우리는 자전거가 '하늘에서 떨어지지 않는다'는 사실을 잘 알고 있다. 자전거가 선물이나 고결한 행동에 대한 보상, 권리, 복권 상품, 사회적 지위에 따른 특권 혹은 자선의 혜택 등 어떤 식으로 우리에게 제공되느냐에 따라 자전거에 대한 우리의 태도와 우리 자신에 대한 태도는 달라질 수 있다. 그렇다. 대행 기관은 직접적인 개입을 하거나 아니면 외부에서 도움을 주는 형태로 도움을 받는 '사람'과 그들이 행동할 수 있는 '역량'을 다듬어 나간다.

대행 기관의 직접적인 개입을 통해―교육 수준이 높고 많은 정보를 접하며 사회 활동에 적극적으로 참여하는 대중들, 즉 '우리'들이 만들어짐으로써―개인의 역량을 실현하는 과정은 사회 전체를 자유롭고 민주적인 방향으로 나아가게 할 수 있다. 또 여성을 비롯해 특정한 인종이나 종교 집단이 역량을 완전하게 갖출 수 없도록 하는 사회적 규범의 원인을 규명하고 변화시킬 수 있다. 우리가 그러한 결과에 가치를 부여하는 까닭은 그러한 결과들이 우리의 역량 강화에 도움이 될 뿐만 아니라 그러한 결과들을 얻어 내는 방법으로부터 자긍심과 같은 또 다른 유익을 얻을 수 있기 때문이다. 자유는 롤스가 이야기하는 기본재들의 일부로서 어떤 기회나 권리를 '소유'하는 것과 마찬가지로 '행사'하는 과정에 관한 것이다.

재화와 존재 사이의 관계에 주목하기 시작한 센은 자유를 확장하기 위해 서로 다른 '기능'들이 교차하고 그럼으로써 서로를 강화할 수 있는 방법에 대해 관심을 갖게 된다. 여기에는 필연적으로 우리가 그러한 변화를 어떻게 이끌어 가야 하는지에 대한 생각이 포함되어 있으며, 이는 결국 정의와 형평성에 대한 개념, 심지어 경제사상과는 대단히 어울리지 않는 개념들에 대한 고려로 이어졌다. 이런 점에서 센의 생각은 애덤 스미스 시대—경제학이 독립된 학문으로 등장하기 이전인—의 도덕학으로의 회귀로도 볼 수 있다.

사실 이러한 회귀는 센으로서는 자연스러운 일이었다. 그의 첫 번째 아내는 독일 출신의 경제학자 앨버트 허시먼Albert Hirschman(1915~2012)의 조카였는데, 허시먼은 1977년에 발표한 『정념과 이해관계The Passions and the Interests』라는 책에서 애덤 스미스를 비롯해 동시대의 인물들인 몽테스키외나 듀걸드 스튜어트Dugald Stewart(1753~1828) 같은 사상가들의 이야기를 다룬 바 있다. 이 책에서 허시먼은 스미스 이후 경제사상가들이 인간의 정념을 무시하거나 적극적으로 억압하려 했다고 주장했다. 센이 스미스와 허시먼에게서 배운 교훈은 인간은 홀로 고립된 합리적 이기주의자가 아니라 "심리적 과정과 문화적 과정이 복합된" 존재라는 것이었다.

인도 정부를 향해 경제성장이 적당한 궤도에 오를 때까지 문맹 퇴치 정책 같은 건 제쳐 두라고 촉구한 사람들이 있었던 것처럼, 경제성장을 위해서라면 시민의 자유와 정치적 자유는 반드시 미뤄 둬야 하는 '사치'라고 주장하는 사람들이 있었다. 이러한 주장은 싱가포르의 총리였던 리콴유李光耀(1923~2015)의 이름을 가져와 '리콴유 논리'라고 부르기도 하는데, 그렇기 때문에 싱가포르의 경제성장은 싱가포르 국민들이 자신들의 국가를 어떻게 이끌어 나갈지에 대해 논의하고 확인하는 자유를 포기하고 얻은 일종의 보상으로 간주되기도 한다. 때때로 1993년 빈 인권 회의에서 그랬던 것처럼 권위주의적인 아시아 정권의 지도자들은 정치적 권리가 보편적이지 않다고 주장하며 언론의 자유와 같은 권리는 국가에 대한 규율과 복종이라는 이른바 '아시아적 가치'와 상반되는 관계에 있다고 말한다. 그러한 자유의 확대를 요구하는 건 어쩌면 이들에게는 문화적 제국주의와 같은 것으로 여겨질 수도 있으리라.

센은 교환의 자유와 언론, 집회 등 경제 문제와 관련이 없는 자유가 리콴유의 주장처럼 서로를 부정하는 관계가 아니라 서로 밀접하게 도움을 주는 관계라고 보았다. 그는 자유에는 정치적 자유와 경제적 시설, 사회적 기회, 그리고 투명성의 보장과 안전이라는 다섯 가지 유형이 있다고 말한다. 그에게 이런 자유들은 적절하게 받아들일 수 있는 개발의 목적이자 수단이며 또한 보편적인 개념이다. 그가 냉담하게 언급하는 것처럼 아시아 사람들이 문화적 측면에서 표현의 자유와 같은 정치적 권리에 문화적으로 무관심하다는 주장은 자유로운 선거를 통해 투표로서만 검증될 수 있는 문제지만, 권위주의 정권은 그런 선거를 절대로 허용하지 않을 것이다.

# 경제 발전에서의 여성의 역할

센의 행위자 지향적 관점의 가장 중요한 사례는 여성에 대한 억압과 관련이 있다. 1992년《영국 의학 학술지British Medical Journal》에 실렸던 한 영향력 있는 논문에 따르면, 인도를 포함한 많은 아시아 국가에서 여성과 남성의 성비가 생물학적으로 결정된 표준을 벗어나는 경향이 있다고 한다. 자연적인 상태에서라면 남성보다는 여성의 인구수가 약간 더 많아야 하는데, 여성의 경우 결혼을 하는 동시에 부모와의 인연이 끊기는 지역에서는 부모가 딸을 키우며 돈을 지출하더라도 그로 인해 얻을 수 있는 이득이 별로 없다. 인도 남서부 지역에는 '딸을 키우는 건 다른 사람의 텃밭에 물을 주는 것과 같다'는 속담이 있을 정도다.

이 같은 환경의 결과로, 인도의 여러 지역에서는 남녀 성비가 왜곡되어 있는 경우가 많다. 예를 들어 우타르 프라데시의 경우는 남성 1000명당 여성은 880명에 불과한데, 이는 산모들로 하여금 초음파 검사를 통해 태아의 성별을 확인한 후 여자아이인 경우 낙태를 종용하기 때문이다. 초음파 검사를 할 수 없는 경우도 마찬가지다. 아이가 태어난 후에도 여자아이들은 남자아이들에 비해 보살핌과 (의료 등의) 지원을 덜 받게 된다. 그 결과 센이 1992년 발표한 논문 제목을 인용하면 인도에는 1억 명 이상의 여성이 부족하거나 '실종된 상태'이다.

그렇다고 해서 센이 여성을 국가나 혹은 다른 행정기관이 자신들을 대신해 개입해 주기만을 기다리는 '환자'로 본 것은 아니다. 그보다는 여성들을 위한 기관을 육성하는 것이 여성들의 복지뿐만 아니라 남녀 구분 없이 모든 자녀들의 복지를 개선하는 데 매우 효과적일 것이라고 보았다. 게다가 이는 광범위한 경제성장과 함께 그가 제시했던 네 가지 다른 유형의 자유를 확장하는 데 도움이 된다고 주장했다. 이를테면 여성의 문맹률을 줄이는 게 남성의 문맹률을 줄이거나 전반적인 빈곤률을 줄이는 조치보다 아동 사망률을 줄이는 데 더 효과적이었다. 여성 문맹률이 75퍼센트에서 22퍼센트로 줄어들자 5세 아동의 사망률 또한 1000명당 156명에서 110명으로 줄어들었다(물론 다른 조건들은 모두 동일했다). 남성의 문맹률이 75퍼센트에서 25퍼센트로 줄어들었을 때는 아동 사망률이 1000명당 169명에서 141명 정도로만 줄어들었을 뿐이다.

글을 읽고 쓸 수 있다고 해서 여성의 건강이 더 좋아지거나 면역 체계가 강화되는 것은 아니다. 복지 경제학자에게 여성의 읽고 쓰는 능력은 사치처럼 보일 수도 있다. 여성에게 읽기와 쓰기를 가르치기 위해 부족한 자원을 사용하는 건 더 많은 간호사와 진료소 혹은 예방접종에 사용될 수 예산을 낭비하는 것처럼 보일 수도 있다. 세계의 다른 여러 지역들과 마찬가지로 인도에서도 여성들은 대부분의 시간을 집안일을 하는 데 보내며, 이런 활동은 국민총생산GNP이나 다른 생산량 측정에 거의 포함되지 않는다. 그렇지만 센은 글을 읽고 쓸 수 있는 상태가 건강과 직결되지는 않더라도 사망률이 놀라운 수준으로 줄어드는 현상과 관련된 여성의

'기능'을 가능하게 만든다고 지적한다. 읽고 쓰는 능력은 여성들로 하여금 더 활발한 정치적 참여를 가능하게 한다. 이에 따라 자연스럽게 가정 밖의 공식적인 경제활동에도 더 많이 참여할 수 있게 된다. 예를 들어 이제 글을 읽고 쓸 줄 알게 된 학부모들은 마을 학교의 교사가 제대로 출근하지 않을 때, 행정 당국에 청원도 할 수 있는 것이다.

　이러한 효과들 중 일부는 의도하지 않은 것들인데, 애덤 스미스의 신봉자가 있다면 아마도 센이 『국부론』의 유명한 한 구절에서 영감을 받았다고 생각할지도 모르겠다. 스미스는 이렇게 말했다. "모든 개인은 보이지 않는 손에 이끌려 자신이 의도하지 않은 목표를 추구하게 된다." 하이에크를 비롯한 다른 사람들은 이 말이 경제의 불가해한 역할을 대강 넘기려는 모든 사람에게 심오한 통찰과 도전을 제시한다고 생각했다. 하지만 센은 하이에크가 '의도하지 않음'과 '예측할 수 없음'을 혼동하고 있다고 지적했다. "경제적, 사회적 추론을 통해 그 결과들은 의도한 것이 아니라고 판단할 수도 있겠지만 또 그럼에도 불구하고 그것들은 모두 제도의 정비로 인한 결과들일 수도 있다." 예를 들어 여성에 대한 교육이 인도 어느 지역의 5세 이하 아동 사망률을 의도치 않게 줄일 수는 있겠지만, 그와 비슷한 결과를 기대하며 다른 지역에 비슷한 정책을 도입하자는 건 단순한 추정이나 비합리적인 조치는 아니다. 중요한 건 의도하지 않은 결과들도 중요한 정책이나 조치와 전혀 상관없는 것이 아니라 어느 정도 영향을 준다는 사실이다.

센과 드레즈는 한편으론 경제성장을 이끄는 사회적 모방이 야기한 덜 만족스러운 (그러나 의도되지 않은) 결과들에도 주목했다. 인도의 경우 남녀 성비는 자연적인 균형을 이루기보다는 그 차이가 더 심해질 수 있는데, 이는 경제적 성장을 통해 더 낮은 계층의 사람들이 더 높은 계층의 가부장적인 태도를 모방하게 되기 때문으로 볼 수 있다. 센의 입장에서 이런 현상은 경제적 발전이 성별에 따른 불평등을 줄이는 데 반드시 중요한 영향을 미치지는 않는다는 사실을 상기시켜 주는 유용한 자료였다. 이 경우 지참금이나 카스트제도 등과 같은 사회제도의 정비는 "경제성장과는 확실한 연관성이 없는 적극적인 사회 변화의 과정"을 통해서 해결되어야 한다. 그렇지만 이러한 변화는 또 인구 증가 문제와 분명한 연관성을 갖고 있으며, 국가가 지원하는 불임 시술이나 혹은 다른 신맬서스주의의 개입보다 훨씬 더 높은 수준의 자발적인 출산율 감소로 이어질 수도 있다.

센은 복지 수준을 평가하는 데 있어 여성들을 중요한 변수로 포함하는 문제와 관련된 어려움에 대해 잘 알고 있었다. 1998년 노벨상 수상 기념 강연회에서 그는 1943년 기근과 관련된 자신의 초창기 연구에서 발견한 흥미로운 사실 하나를 회상했다. 각각 남편과 아내를 잃고 혼자가 된 사람들이 설문 조사에 참여했는데, 여성들의 경우 좋지 않은 건강 상태에 대해 거의 아무런 말도 하지 않은 반면, 남성들은 엄청난 불평을 토로했다고 한다. "균형이 잡히지 않은 규범들이 소리 소문 없이 지배력을 행사하는 사회에서"는 같은 수준의 건강 상태라도 대단히 다르게 인식될 수 있다. 따라서 이런 남성 중심의 사회에서 여성들의 건강 문제가 남성들에 비해 관심을 덜 받게 될 경우 여성들의 건강 상태는 더 악화될 것이라는 합리적 추측이 가능하다.

덴마크 경제학자 에스터 보스럽Ester Boserup(1910~1999)이 1970년 발표한 『경제 발전에서의 여성들의 역할Women's Role in Economic Development』은 개발도상국의 농가들 사이에서 노동이 어떻게 나뉘어 있는지, 그리고 경제 발전을 위해 여성들은 어떤 역할을 할 수 있는지에 주목한 최초의 연구였다. 그렇지만 여성의 무급 노동을 포함하지 않는 계산 방식의 문제를 다루고 양성평등 경제학의 도래를 알린 것은 워링의『여성의 중요성: 새로운 양성평등 경제학 Women's Role in Economic Development』이었다. 센의 역량 중심 접근 방식은 워링의 지지자들에게 광범위하게 이용되었다. 센은 스스로를 양성평등 경제학자라고 밝힌 적이 없지만, 여성에게 사회에 참여할 수 있는 권리를 주어야 하는 도의적 의무를 분명히 인정했으며 여성들의 역량을 확장하는 여러 가지 방법들을 제시하며 이렇게 말했다. "오늘날의 정치경제학에서 다른 무엇보다 중요한 것은 여성의 정치와 경제, 그리고 사회적 참여와 그 지도력에 대한 적절한 인식이다."

## 평등에서 공정으로 : 센의 비교 접근법

2009년 발표한 『정의의 아이디어The Idea of Justice』에서 센은 스미스와 콩도르세Marquis de Condorcet(1743-1794)에서부터 벤담과 마르크스, 그리고 애로까지 이어지는 정치철학의 '비교의 전통comparative tradition'을 확인한다. 그는 그렇게 확인한 평등에 대한 논의를 공정, 즉 정의에 대한 논의로 전환하려 했다. 이러한 논의들을 통해 그는 롤스나 다른 정치철학자들보다 훨씬 더 깊이, 그러니까 경제학이 아닌 철학을 연구하는 수준으로 파고들었다. 『정의의 아이디어』는 불평등과 사회선택이론, 그리고 역량에 대한 그의 이전 연구 내용이 확장된 것으로, 그 기본적인 내용만으로도 여기에서 다룰 만한 가치가 있다.

평등과 공정은 어쩌면 동의어로도 볼 수 있다. 예를 들어, 지니계수의 관점에서 가장 이상적인 사회는 모든 사람의 소득이 정확히 동일한, 지니계수 0의 사회라고 가정할 수 있으며, 센의 관점에서 가장 이상적인 사회는 모든 사람의 역량이 동일한 사회라고 생각해 볼 수 있다. 그렇지만 역량의 평등은 센이 생각하는 '정의'가 아니었다. 인간의 상황과 장애, 능력 등이 헤아릴 수 없이 다양하다는 사실을 고려할 때, 그러한 평등이 어떤 형태를 갖게 될지를 파악하는 일은 대단히 어려운 일이었지만, 역시 그 때문만도 아니었다. 센은 "정의는 곧 공정함이다"라는 롤스의 『정의론』 속 주장부터 살펴본다.

롤스는 그의 유명한 '무지의 너울veil of ignorance' 뒤에 있는 '원초적 입장original position'을 통해 완벽하게 정의로운 사회가 어떤 모습인지 알아내려고 했다. 롤스는 자신이 살고 싶은 사회의 종류를 고민하기 위해 이 너울의 뒤로 한 발 물러서는 공동체의 구성원들을 상상한다. 이 상상 속에서는 그들 중 어느 누구도 그 이후에 만들어질 사회에서 어떤 특정한 입장에 서게 될지 알지 못한다. 이 이론에 따르면 이러한 무지는 그들 자신이 갖고 있는 공정성이라는 개념과 어느 정도 결합되어 있는 것이었다. 때문에 일부 사람들이 부당하게 대우받는 그런 사회가 만들어지는 것을 막을 수 있으며 따라서 사람들은 이 사회에서 낙오자가 될지도 모른다는 불안감을 떨쳐 버릴 수 있다.

　　이와는 대조적으로 센은 이론적인 이상이나 원초적인 사회를 가정하지 않았고, 또 그로부터 일련의 원칙이나 이상적인 '제도적 정비'를 도출하지 않았다. 롤스에 대한 그의 비판은 사회계약이라는 사상을 바탕으로 하는 정치사상의 오랜 전통으로까지 확대된다. 그가 지적한 것처럼 이런 "계약에 의한 접근 방식은 현대 정치철학에 지배적인 영향을 미쳤다." 그렇지만 센에게는 이러한 모든 것들은 그저 도움도 되지 않고 유익하지도 않은 산만한 상황일 뿐이었다. 그는 단지 노예제도를 폐지하는 것이 좋은 생각이라는 것에 동의하기 위해 완벽하게 정의로운 체제가 어떤 모습인지에 대해 모두가 동의할 필요는 없다고 지적한다.

　　"제대로 된 가치 판단을 위해 꼭 지나치게 자세한 설명이 필요한 것은 아니다." 적포도주를 좋아하는 사람이라도 적포도주와 백포도주를 섞어 놓은 것보다는 그저 백포도주를 선택할 수도 있는 법이다. 비록 그런 복잡한 혼합이 어떤 의미에서 그 사람의 이상에 더 가깝다 할지라도 말이다. 센의 비교 접근법은 가상의 이상 세계로 '거슬러 올라가지도' 않으며 또 그러한 세계가 우리를 '앞으로' 이끌 것이라고도 약속하지 않는다. "비교를 통한 정의의 체계적인 이론은 '정의로운 사회란 무엇인가?'라는 질문에 대한 답을 필요로 하지도 않으며 또 반드시 해답을 찾아내지도 않는다."

센이 애로와 사회선택이론에 대한 논의에서 방법론적으로 접근했던 것처럼, 그는 여기에서 인식된 불완전성 혹은 불일치성을 "오히려 좋은 방법들이 너무 많이 나와 하나만 고르기 어려울 정도의" 상황으로, 그가 인간의 다양성에 충실하다고 인정하는 복수의 개념으로 전환한다. 센은 롤스 모형의 실체가 없는 내용에는 정말 중요한 부분이 빠져 있다고 지적한다. 그는 롤스 모형의 '편협성'을 피하면서도 공동체 바깥에 있는 사람들을 고려하는 스미스의 입장—공정한 관중—에서 비교를 통해 정의에 도달하는 쪽을 선호한다. 스미스의 공정함은 이런 의미에서 '개방적'이고 롤스는 '폐쇄적'이다. 스미스의 공정한 관중은 '국가 간 정의International Justice'와는 다른 '전 세계적인 정의Global Justice'에 더 적합하다.

센은 다음과 같이 말한다. "세상은 확실히 분열될 수밖에 없지만 대단히 다양한 모습으로 분열되어 있다." 개인은 수명과 직업, 국적, 성별, 인종, 연령, 그리고 신체적 능력이나 장애에 따라 그 즉시 여러 가지 범주로 분류될 수 있다. 어떤 측정 방법에 따라 인정을 받는 대상은 또 다른 측정 방법에 따라서는 경원시될 수 있다. 예를 들어 부유한 장애인보다 가난하지만 신체적 능력에 이상이 없는 사람은 더 많은 혜택을 받으며 1인당 GDP는 인도보다 미국이 훨씬 더 높지만, 아프리카계 미국 국민들의 사망률은 남녀를 가리지 않고 인도나 중국 같은 훨씬 더 가난한 국가 국민들의 사망률보다 높다. 훨씬 더 많은 소득이라는 기준에서 이 미국 국민들은 인정을 받지만 그럼에도 불구하고 '원숙한 나이까지 살 수 있는 기본적인 역량'이 없는 것이다. 하지만 국가 간의 비교를 통해서는 이런 사실까지는 포착하기 어려울 것이다. 이것이 바로 전 세계적인 정의와 국가 간 정의의 차이에 대한 분명한 한 가지 사례다. 소득에 따른 복지 비교에 상대적으로 사용되지 않는 '공간'의 문제는 역량과 관련해 더 광범위한 불평등을 나타낸다.

노벨상 위원회가 지적했던 것처럼 센의 사상은 "경제학을 비롯한 관련 분야의 윤리적 차원"을 복원하는 데 기여했다. 개선된 복지 결과를 이끌어 내는 것 외에도 그의 모형은 '발전'을 "서로 연결된 실질적 자유가 확장되는 과정"으로 정의한다. 『자유로서의 발전』에서 그는 비경제적인 '자유'와 '발전'의 연관성을 분명하게 명시하며 역량들의 과정과 실행에 점점 더 큰 중점을 두게 되었다. 이렇듯 경제사상에서의 센의 공헌은 그 가치가 막중하면서도 여전히 현재진행형이다.

# Joseph Stiglitz

# 조지프 스티글리츠

## (1943~)

글. 에마뉘엘 베니쿠르

#정보경제학 #정보_비대칭성 #균형을_모형화하다
#효율임금이론 #행동파_경제학자

## 에마뉘엘 베니쿠르Emmanuelle Benicourt

프랑스의 피카르디 쥘 베른 대학교 경제학 교수이며 같은 대학 부설 연구회의 회원이기도 하다. 그녀의 박사 학위 논문인 「사회과학 연구Ecole des Hautes Études en Sciences Sociales」(2005)는 국제연합개발계획과 세계은행의 빈곤 및 개발 연구 진행과 관련된 아마르티아 센의 도움을 다루고 있다. 이 연구를 통해 베니쿠르는 롤스와 공리주의에 대한 센의 비판, 좀 더 광범위하게는 경제 이론이 감당하는 사회·정치적 역할에 대해 고민하게 된다. 저서로는 베르나르 게리앙Bernard Guerrien과 2008년 공동으로 발표한 『신고전주의 경제 이론La théorie économique néoclassique』 등이 있다.

노벨 경제학상 수상자들 중에서도 조지프 스티글리츠는 그 놀라운 행동력으로 인해 더 두드러지는 인물이다. 그는 전 세계를 돌아다니면서 각종 회의에 참석해 정부와 국제기구—부자와 권력자에게 더 유리한 정책을 시행하기 위해 빈곤층을 희생하려는—를 꾸짖는 연설을 쉬지 않고 하고 있다. 노벨상을 수상한 직후 그는 국제통화기금IMF과 그곳의 총재 미셸 캉드쉬Michel Camdessus(1933-)를 공격하는 내용으로 많은 이목을 끌었던 『세계화와 그 불만Globalization and Its Discontents』(2018)을 출간했는데, 스티글리츠는 평소에도 가난한 사람들의 고통에 대한 공감이 부족하다는 이유로 캉드쉬를 비판해 왔었다. 스티글리츠는 또한 미국 클린턴 행정부의 경제 고문 시절 동료이기도 한 로버트 루빈Robert Rubin(1938-)과 IMF 부총재 스탠리 피셔Stanley Fischer(1943-)도 비판했다. 스티글리츠에 따르면 루빈은 은행 규제 완화 정책을 지지했다고 한다. 루빈은 원래 투자은행인 골드만 삭스의 임원 출신이며 장관직을 퇴임한 후에는 월스트리트의 또 다른 은행으로 옮겨갔다. 피셔는 IMF에 들어가기 전까지는 공공 부문에서 일을 했지만 부총재직을 사임한 후에는 역시 수백만 달러에 달하는 고액의 연봉을 받고 시티그룹으로 영입되었다. 이렇게 동일한 인물이 공공 부문과 민간 부문을 넘나드는 사례를 보고 스티글리츠는 공공 부문에서 펼쳤던 정책으로 민간 부문에서 보상을 받는 것은 아닌지 되물을 수밖에 없었던 것이다.

이러한 질문은 동료 경제학자들로부터 격렬한 반응을 불러일으켰으며 이때부터 그의 유명세가 시작되었다. 그때까지만 해도 스티글리츠가 쓴 책이라고는 1990년 스톡홀름 경제 대학교에서 했던 강의들을 정리해 발표한 『시장으로 가는 길Whither Socialism?』 (1996) 한 권이 전부였다. 하지만 노벨상 수상 이후 현대의 여러 문제들과 밀접하게 관련된 주제를 두고 거의 1년에 1권꼴로 일반 대중들을 겨냥한 책들을 발표하기 시작한다. 『동아시아의 기적을 다시 생각한다Rethinking the East Asia Miracle』(2001), 『인간의 얼굴을 한 세계화Making Globalization Work』(2006), 『보이지 않는 손의 시대: 2008년 세계 금융 위기의 교훈Time for a Visible Hand: Lessons from the 2008 World Financial Crisis』(2010), 『거대한 불평등: 우리는 무엇을 할 수 있는가 The Great Divide: Unequal Societies and What We Can Do about Them』(2015) 등이 그런 책들이다. 그리고 스티글리츠의 신간이 출간될 때마다 전 세계 각지의 신문과 잡지에서는 앞다투어 관련 기사나 그와의 대담을 싣는다.

## 행동파 경제학자의 탄생

스티글리츠가 사용하는 말투는 과학자들이 일반적으로 사용하는 말투와는 다르게 조심스럽거나 억제되어 있지 않다. 일반 대중들의 눈에는 스티글리츠가 과학적인 방식으로 관습과 기준을 깨뜨리는 자신만의 독창적인 세계를 만들어 냈다고 생각하는 사람도 있을 것이다. 하지만 그건 잘못된 생각이다. 스티글리츠의 명성을 세워 준 논문이나 저작들은 순수한 (경제) 이론과 관련이 있으며 주류 경제 이론, 즉 '신고전주의' 경제 이론의 틀 안에 그대로 남아 있다.

스티글리츠는 한쪽이 다른 한쪽에게는 없는 정보를 소유하고 있는 이른바 '정보 비대칭' 현상이 어떻게 비효율적 분배의 근원이 될 수 있는지를 보여 주는 일련의 이론적 모형들을 제시해 지난 2001년 조지 애커로프, 그리고 마이클 스펜스Michael Spence(1943-)와 함께 노벨 경제학상을 수상했다. 사실, 기업가들이나 보험사, 그리고 은행의 경영진들은 이런 사실을 전부터 잘 알고 있었다, 스티글리츠와 애커로프, 그리고 스펜스 세 사람은 합리적인 선택의 균형을 유지하면서 신고전주의 이론을 따라 이런 '결과'를 증명해 낸 것에 대한 보상을 받은 것이다.

노벨 경제학상 선정 위원회에 따르면 "조지프 스티글리츠는 현대적인 개념의 개발 경제학의 창시자들 중 한 사람"이며, 칼 샤피로Carl Shapiro(1913-2000)와 함께 쓴 논문인 「노동자 통제장치로써의 균형 실업Equilibrium Unemployment as a Worker Discipline Device」에서 제시한 모형은 "근대 노동과 거시경제학의 중요한 요소"가 되었고 또 앤드류 와이스Andrew Weiss와 함께 쓴 논문들도 "기업금융과 통화 이론, 그리고 거시경제학에 중요한 영향을 미쳤다." 또한 스티글리츠와 샌포드 그로스먼Sanford Grossman(1953-)의 협력은 "금융 경제학에 상당한 영향을 미쳤다." 스티글리츠는 공공 경제학과 산업 조직 및 천연자원 경제학에 상당한 공헌을 한 것으로 알려져 있다. 이로 인해 스티글리츠는 아마도 정보경제학 관련 분야는 물론 미시경제학의 더 넓은 영역 안에서도 가장 많이 인용된 연구 자가 되었다.

노동 경제학과 개발 경제학, 그리고 금융 경제학에 대한 스티글리츠의 연구는 '주류 과학 방식'을 지지하는 사람들로부터 큰 찬사를 받았다. 실제로 노벨상 위원회 역시 군나르 뮈르달이나 일부 계량 경제학자들을 제외하고는 신고전주의의 틀 밖에 있는 학자에게 단 한 번도 노벨상을 수여한 적이 없었다. 스티글리츠의 논문들은 그가 노벨상을 받은 후 비판했던 바로 그 금융 관련 기관들이 따르는 기준이 되었다. 이러한 논문이나 저술들에서 발전한 그의 이론은 훗날 그가 세계은행의 수석 경제학자나 미국 대통령 경제 자문위원회 의장 같은 중요한 직책에 임명되는 데 영향을 미치기도 했다.

일각에서는 스티글리츠가 일관되지 못한 모습을 보였다거나 아니면 신념이 바뀌었다거나 혹은 심지어 노벨상을 수상한 후에 주류의 원칙에서 벗어나고 있다고 비판하기도 한다. 하지만 그는 자본주의의 편향된 모습을 철저하게 비판했을 뿐, 단 한 번도 체제 자체로서의 자본주의를 의심한 적은 없다. 그는 시장경제가 '경쟁력 있다'라는 사실, 즉 어떤 종류의 독점이나 압력 단체의 영향으로 인해 왜곡이 발생하지 않는 경우라면 언제나 시장경제에 대해 큰 확신을 가지고 있었다. 스티글리츠는 의심의 여지없이 모든 급진적 자유주의 사상과는 거리가 먼 신고전주의 경제학자들의 전통에 속한다고 볼 수 있다. 그렇지만 경제학 이론의 거의 모든 영역을 다룰 수 있게 해 주고 또 그 모든 영역에 신고전주의의 자료들을 동일하게 적용할 수 있게 해 준 그의 놀라운 능력이야말로 대부분의 경제학자들과 차별되는 부분인 것이다.

스티글리츠의 개인적인 배경 즉, 그가 실업이나 인종차별 같은 사회적 문제가 대단히 심각한 지역에서 성장했다는 사실은 그가 왜 주류 이론에 순응하면서 동시에 열정적인 활동가가 되었는지를 설명해 준다. 스티글리츠는 정통파가 갖고 있는 한계 안에서 학자로서의 경력을 쌓아 나가면서 항상 이 세상이 갖고 있는 불평등과 불의를 몸소 느껴 왔기 때문에 처음 시작부터 정치에 관심을 기울인 것이다.

## 순수경쟁 모형에 대한 두 가지 입장

스티글리츠는 종종 1970년대에 자본주의의 일부 역기능에 주의를 기울였던 최초의 인물로 스스로를 내세우는 경우가 있다. 그는 1960년대 초에 대학을 다녔는데, 당시는 수리경제학을 지지하던 사람들이 1950년대까지 대학가를 지배해 오던 '제도주의자'들을 거의 다 몰아냈을 때였다. 케네스 애로와 제라르 드브뢰Gerard Debreu(1921-2004)가 순수한 혹은 완벽한 경쟁 경제의 모형에는 모든 재화와 용역에 대한 수요와 공급이 '균형'일 수 있음을 보여 주며 획기적인 수학적 성취를 과시한 것이다. 하지만 스티글리츠는 그런 상황이 일부 과장되었다고 생각했다.

당시 대부분의 경제학자들은 사실 자본주의의 자발적인 진화에 대해 부정적인 케인스학파의 사상을 지지하고 있었다. 스스로를 케인스학파라고 내세우는 사람들은 공화당과 민주당 정권을 가리지 않고 행정부에서 중요한 역할을 했으며 대학가, 특히 스티글리츠가 박사 학위를 받은 MIT에서는 거의 지배적인 세력이었다. 1935년 제정된 사회보장법을 비롯해 대공황 시절 루스벨트 대통령과 민주당이 시행했던 뉴딜 관련 정책에 이의를 제기하는 사람은 거의 없었고, 이러한 정책들은 1965년에 사회보험과 국민 건강 보험으로 이어졌다.

1950년대 초부터는 '거시경제학자'와 '미시경제학자'를 구분하는 것이 일반화되기 시작했다. 거시경제학자들은 케인스의 이론을 적용하면 국가가 시행하는 다양한 통화나 예산 혹은 혼합된 정책들의 영향력을 예측하기에 충분한 경제모형을 구축할 수 있다고 주장했고, 미시경제학자들은 19세기 후반 윌리엄 스탠리 제번스와 레옹 발라 등이 구상했던 신고전주의 이론의 기초로 돌아가자고 주장하는 동시에 자신들의 복지를 극대화하려는 개인의 합리적 행동을 바탕으로 '법률'을 만들어 내려고 했다. 그런데 이런 미시경제학자들 중에는 전쟁 당시 계획 경제정책의 경험을 바탕으로 자신들이 개발한 수학적 기술을 전후의 경제정책에 적용하려는 학자들이 있었다. 이들에게는 애로와 드브뢰의 '순수경쟁 모형'이 시대를 훨씬 앞서간 기준이었다. 두 사람은 잘 정의된 가설들로부터 최소한 하나 이상의 균형 상태가 존재할 수 있다는 수학적 정리를 증명해 보였다.

이러한 가설들은 중앙 집중식 체제를 바탕으로 하는 순수경쟁 모형에 대해서는 대단히 제한적으로 적용될 수밖에 없다. 이 순수 경쟁 모형에는 가격을 제시하고 제시된 가격 안에서 수요와 공급을 담당하는 행위자와 맞서며, 또 이러한 수요와 공급 자체를 균일하게 만드는 가격을 찾으려 하는 친절한 인물이 있다. 이 기이한 인물을 스티글리츠는 '경매자auctioneer', 애로와 드브뢰는 '시장 참여자market participant', 그리고 발라는 '가격 제시자price caller' 또 게임 이론 쪽에서는 '시장 참가자market player'라고 불렀다.

경쟁 경제에서 개인이 직접 거래를 할 수 없는 이 모형은 운명의 기묘한 뒤틀림으로 인해 이상적인 대표자로 나서게 되었다. 경제학자들을 포함한 대부분의 사람들에게 경쟁 경제는 거래가 자유롭게 분산되어 있는 경제를 의미하며 이 모순적 방식의 근원이 되는 것이 바로 수학적 정리다. 애초에 중앙 집중식 체제가 전혀 존재하지 않는다면 공급과 수요의 기능 자체가 정의되지 않는다. 스티글리츠를 포함한 신고전주의 경제학자들은 이 순수경쟁 모형이 모순된 방식으로 제시된다는 사실을 인식하는 데 대단히 큰 어려움을 겪었다.

찰링 코프만스Tjalling Koopmans(1910~1985)와 프랭크 한Frank Hahn

(1923-2013), 그리고 케네스 애로와 같은 순수경쟁 모형을 주장하고 개발한 대부분의 이론가들은 모두 케인스학파로, 이들은 이 모형이 현실을 대략적으로만 나타낼 수 있다는 사실을 알고 있었다. 하지만 그럼에도 불구하고 이 모형은 대학 전공 과정에서 점점 더 많은 인기를 끌게 되었고 미시경제학, 즉 일반균형을 위한 정확한 체계를 제공하며 이론 경제학의 모든 분야에 성공적으로 자리를 잡았다. 이 모형을 이해하려면 어느 정도의 수학적 지식이 필요하기 때문에 학생이나 교사들 모두 이론적 모형의 가설들에 대한 중요성이나 관련성보다는 오히려 기술 그 자체에 점점 더 집중하게 되었다. 그럼으로써 순수경쟁 모형은 이상적인 시장경제의 대표로서 점진적으로, 그리고 어떠한 반대도 없이 거의 알아차리지도 못하는 사이에 그렇게 자리를 잡게 되었다.

수리경제학과 애로-드브뢰의 모형에 대해 많은 경험을 쌓은 1세대 경제학자들, 즉 스티글리츠 세대는 빠르게 두 개의 다른 진영으로 나뉘었다. 하지만 그 구분 방식은 지나치게 이념적이었고 또한 정치적이었다.

한편에는 순수경쟁 모형, 즉 애로와 드브뢰의 방식이 현실에 대한 적당한 근사치를 제공해 준다거나 혹은 최소한 현실을 분석하는 데 사용할 수 있는 유일한 모형이라고 생각하는 사람들이 있었다. 이렇게 생각하는 이론가들은 자신들의 노력을 거시경제학에 집중하면서 미시경제학을 위한 기반을 닦고자 했다. 이들은 '새로운 고전주의 경제학new classical economics'이라고 불린 경제학의 급진적 자유주의 분야에 영감을 주었는데, 여기에서는 국가가 개입하지만 않는다면 시장경제는 자발적인 실업 없이 지속적으로 완벽한 경쟁적 균형을 이루며 자원의 분배 역시 영원히 효율적으로 이루어진다고 가정했다. 이들은 케인스학파를 맹렬하게 공격했고, 이 때문에 1980년대와 1990년대 미국의 많은 대학들에서는 관련 과정들이 퇴출되기도 했다.

또 다른 한편에는 애로-드브뢰 모형은 현실 세계에서 발생하는 '불완전성'으로 인해 시장에 대한 대단히 대략적인 미래만을 보여줄 뿐이라고 믿는 스티글리츠 같은 다른 경제학자들이 있었다. 여기에서 말하는 불완전성은 다양한 형태로 나타날 수 있는데, 독점이나 노동조합, 더 일반적으로는 획득한 권리 등을 방어하는 과정에서 발생하는 마찰이나 경직성의 결과라고 생각하는 것이 일반적이다. 이렇게 생각하는 경제학자들은 비록 이들이 세상을 바라보는 관점이 케이스의 그것과는 상당히 거리가 있다고는 해도 종종 '케인스학파'라고 불린다. 스티글리츠 이전 세대에서 이런 이론을 발전시킨 건 폴 새뮤얼슨과 제임스 토빈James Tobin(1918~2002)이 있고 스티글리츠 이후의 세대에는 폴 크루그먼과 로렌스 서머스Lawrence Summers(1954~) 등이 있으며 이들은 거시경제학에 전념하며 다양한 정부의 경제정책들을 가다듬는 데 적극적으로 참여했다.

그런데 정확히 말하면 스티글리츠는 어느 진영에도 참여하지 않은 것으로 봐야 한다. 그는 애로와 드브뢰의 전통을 따라 미시경제학을 규정하는 틀 안에 그대로 머물렀으며, 자원의 효율적인 분배를 방해하는 '불완전성'을 찾았다. 스티글리츠에게 이러한 불완전성은 시장의 기능과는 관련이 없으며 신고전주의 경제학자들이 주장하는 방법론적 개인주의에 따라 개인이 기회주의적인 행동을 한 결과물이었다.


## 정보의 비대칭성을 이론화하다

노벨 경제학상 위원회는 "애커로프와 스펜스, 그리고 스티글리츠 세 사람의 시장과 정보의 비대칭성에 대한 분석들은 현대 미시경제 이론의 핵심이며, 이 세 사람의 연구는 전통적인 신고전주의 이론만으로는 완전히 포착할 수 없었던 실제 시장에서 발생하는 현상들에 대한 우리의 이해를 더욱 발전시켰다"고 평가했다.

그렇다. 실제 시장에서는 시장의 한쪽 편이 다른 쪽보다 더 나은 정보를 가지고 있다는 사실을 기반으로 다양한 현상들이 발생한다.

> 채무자는 자신의 신용도에 대해 대출자보다 더 많이 알고 있다. 판매자는 구매자보다 자신의 자동차 품질에 대해 더 많이 알고 있다. 기업의 경영자와 이사진은 기업의 수익성에 대해 주주들보다 더 많이 알고 있다. 보험회사의 고객은 회사보다 자신들의 사고 위험에 대해 더 많이 알고 있다. 임차인은 수확 조건과 자신이 투입하는 노력에 대해 지주보다

더 많이 알고 있다.

여기에 만약 "직원이 고용주보다 자신의 업무 강도나 질에 대해 더 많이 알고 있다"고 덧붙인다면 정보 비대칭성은 경제적 생활의 거의 모든 측면과 관련이 있음을 새삼 깨닫게 될 것이다. (이러한 비대칭을 무시해 온 전통적인 신고전주의 이론이란 과연 무엇을 다루고 있는지 의아해질 정도로 말이다.) 사실 노벨상 위원회가 암시했던 것과는 다르게 이 이론은 오직 '시장'을 통해서만 거래를 한다고 가정되는 행위자들 사이의 양자 관계를 배제한다. 그리고 지금까지 살펴본 것처럼 시장 그 자체는 최소한 '경매자' 혹은 '시장 참여자' 같은 신비스러운 인물의 도움이 없이는 절대로 적절하게 정의될 수 없다.

기업의 경영진이나 지주, 보험사, 은행, 그리고 모든 종류의 상품 구매자는 우리가 정보의 비대칭성이라고 부르는 이러한 것들을 아주 오래전부터 알고 있었다. 이런 비대칭성은 양자 간 거래 관계가 발생할 때마다 어느 정도는 반드시 존재한다. 법률이나 개인적인 계약에 명시된 보장, 보험회사와 관련된 수많은 계약과 보증, 공제 조항, 혹은 은행 대출에 걸려 있는 수많은 조건들은 모두 이런 정보의 비대칭성 현상을 잘 보여 준다. 다만 누군가는 경제 이론가들이 1970년대까지 이와 관련된 모형들을 제시하지 않았고, 또 심지어 2001년 노벨상을 주는 형식으로 공식적으로 인정을 하기까지 모형들을 받아들이는 데 이토록 오랜 시간을 기다린 이유를 궁금해할지도 모르겠다.

이 질문에 대한 답은 방법론적이며 동시에 이념적이다. 방법론적이라는 건 모형이 공식적으로 인정을 받으려면 신고전주의 이론이 제시하는 두 가지 조건을 충족해야 하기 때문인데, 그 첫 번째 조건은 개별적 행동이 합리적인 선택으로 표현되어야 한다는 것이며 두 번째는 모형이 모형의 '해결책'을 구성하는, 아무도 불만을 품지 않는 적어도 하나 이상의 균형 상태를 갖고 있어야 한다는 것이다. 이념 문제로 넘어가면, 이 모형들은 '순수한 경쟁'이 있는 경우 어떤 불완전성도 없이 자원이 효율적으로 분배되는 상황을 계속 유지해야만 한다. 여기에서 애로와 드브뢰의 모형은 여전히 그 기준이 되며, 애커로프와 스펜스, 그리고 스티글리츠가 제안한 정보의 비대칭성을 동반한 균형 모형들은 이러한 조건들을 충족시켰고, 노벨상 위원회는 2001년 이를 공식적으로 인정한 것이다.

## 효율임금이론 : 균형을 모형화하다

스티글리츠에게 노벨상을 안겨 준 모형들은 모두 다 합리적인 행동을 가정하며 장소와 시간, 그리고 상황에 관계없이 적어도 하나의 균형 상태를 포함한다. 스티글리츠가 영감을 받은 것으로 예를 들었던 아프리카 케냐의 소작농의 경우, 소작 계약은 임대계약과 보험계약이 합쳐진 것으로 생각할 수 있다. 만일 그해 농사 결과가 좋지 않으면 지주는 소작료의 일부를 '환불'해 준다. 그는 이 '균형 소작 계약equilibrium sharecropping contract'을 분석했다.

케냐의 사례를 더 살펴보자. 스티글리츠는 케냐의 개발학 연구소 연구원인 게리 필즈Gary Fields가 개발한 모형을 "완전한 균형 분석 제공"에 실패했다는 이유로 비판한 바 있다. 스티글리츠는 이후 다음과 같은 자기 자신의 모형을 제안했지만 여기에도 문제가 있었다. "높은 도시 지역 임금은 노동자들을 끌어들였고, 그들은 더 높은 임금을 받을 수 있는 기회를 위해 기꺼이 실업의 위험을 감수했다. 여기에는 '실업에 대한 단순한 일반균형 모형'이 있었지만, 또 한 가지 빠진 부분이 있었다. 최저임금을 훨씬 초과하는 고임금을 어떻게 설명할 수 있는지에 대한 문제였다. 우리에게는 임금을 결정하는 '균형' 이론이 필요했다."

스티글리츠는 고용주와 노동자 사이의 관계를 고려하는 이 후기 모형에서 이전 모형의 부족한 부분을 채워 넣었다. 그렇게 탄생한 것이 바로 '효율임금이론'이다. 취업과 실업 사이의 효용성의 차이는 취업자와 임금, 실업률에 따라 달라진다. 해고된 노동자가 실업 상태로 남아 있게 되는 기간도 여기에 따라 결정된다. '효율임금'은 모든 근로자가 주어진 업무를 태만히 하지 않을 정도의 수준으로 설정되어 있다. 이 모형을 구성하는 두 번째 핵심은 실업이 항상 '균형' 상태에 있다는 것이다.

그렇게 되면 기업은 노동력을 고용하는 데 필요한 최저임금보다 더 높은 임금을 지불하는 동기를 부여받게 된다. 이러한 임금을 '효율임금'이라고 한다. 효율임금을 통해 실업은 균형 상태로 존재할 수 있다… 모든 노동자가 동일하고 모든 기업이 노동자에게 동일한 임금을 지급하고 있는 상태에서 어느 한 기업이 높은 임금을 지급한다면 모두 이 기업을 따르게 될 것이다. 그런데 완전고용 상태에서는 어느 노동자가 업무 태만으로 해고가 되어도 그는 즉시 같은 임금으로 다른 일자리를 얻을 수 있으므로 높은 임금은 성실한 노동에 대한 동기가 되지 못한다. 그런데 실업의 가능성이 있다면 업무 태만에 대한 대가가 따를 것이다. 우리는 '균형' 상태에서 실업의 가능성이 '있어야 한다'는 사실을 보여 주었다. 실업의 가능성은 노동자에게 성실성을 강제할 수 있는 일종의 징계 방법이 된다.

균형은 또한 보험회사와 고객의 관계, 혹은 대출자와 채무자 관계의 중심에 있다. 비밀 유지와 정보 공개라는 주장은 '어떻게' 균형을 이루었을까? 그 사이에서는 '어떤' 균형이 발생했을까? 사실 여기서는 '균형을 모형화'하는 것이 가장 어려운 문제였을 것이다. 고용주와 노동자, 보험회사와 고객, 대출자와 채무자 등 시장의 양면을 모두 생각해야 하기 때문이다.

## 실업과 태만: 무엇이 노동자들의 성실성을 강제하는가?

1984년 「노동자 통제 장치로서의 균형 실업」이라는 제목으로 발표된 논문에서 스티글리츠와 샤피로는 "고용주와 노동자 모두의 최적화된 행동이 균형 실업으로 이어지는 모형"을 제안했다. 여기에서는 다루지 않을 수학적인 세부 사항들에 대한 확인 없이 이 모형에 대해 좀 더 자세히 살펴보자.

논문의 서론 부분에서 샤피로와 스티글리츠는 "그 결과 뒤에 숨어 있는 직관력"에 대해 설명을 한다. 모든 노동자가 시장 임금을 받고 있는 기존의 일반적인 경쟁 상황 속에서 주어진 업무에 태만한 노동자에게 일어날 수 있는 최악의 상황은 바로 그가 해고되는 것이다. 그렇지만 그 노동자는 즉시 재취업을 할 수 있기 때문에 그는 자신의 업무 태만에 대한 어떠한 대가도 치르지 않는다. 그렇다면 불완전한 감시와 완전고용이라는 상황에서 노동자들은 업무를 태만하게 하는 쪽을 선택할 것이다.

따라서 이 모형의 전제는 노동자가 자신의 맡은 바 업무에 대해 일반적인 수준의 노력을 기울인다면, 즉 업무를 태만히 하지 않는다면, 그는 외부에서 발생하는 요인으로 인해 해고가 되기 전까지는 취업 상태를 유지하게 된다. 상식적인 수준에서 정상적으로 일을 하는 것을 목표로 하는 모든 사람들은 다 그렇게 할 수 있으며 그렇게 되면 완전고용 상태가 되고 자원은 효율적으로 분배된다.

그런데 안타까운 일이지만 '태만한' 노동자들이 있다. 그들을 설득하기 위해서는 그에 합당한 대가를 치르도록 해야만 한다. 노동자들의 업무 태만을 효율적으로 알아차릴 수 없을 때는 노동자들의 태만한 태도가 적발될 경우 충분히 큰 대가를 치르게 될 것이라는 사실을 알게 만든다면 큰 효과가 있을 것이다. 샤피로와 스티글리츠 모형에서 노동자들이 치러야 할 대가란 다름 아닌 '해고'다. 직장을 잃은 노동자는 다른 직장을 찾기 전까지는 당분간 실업 상태로 지내게 될 것이다. 취업과 실업 사이의 효용성의 차이가 충분히 크다면 노동자들은 태만한 태도를 자제하게 될 것이다.

경제학, 특히 미시경제학에서의 이론적 모형들은 일종의 우화와 같은 역할을 한다. 다시 말해 교훈을 주고 또 이런 저런 경제정책들을 정당화하는 데 도움이 되어야 한다. 샤피로와 스티글리츠의 실업 관련 논문의 경우, 우리는 여러 가지 결과와 교훈을 얻을 수 있다. 우선 '다른 지원 정책들을 포함한 실업 급여는 실업률을 높인다'는 결과는 사실 그렇게 독창적인 것은 아니다. 두 사람이 새롭게 제시하는 유일한 요소는 장려책의 '유형'이다. 기존의 전통적인 장려책은 노동자들의 태만을 줄이기 위한 새로운 장려책들로 대체되었다. 그리고 어떤 장려책을 쓰든 실업의 원인은 바로 근로자의 행동이다.

모형의 변수들에 주어진 값에 따라 어떤 유형의 정책을 채택할지에 대해서는 대단히 다른 결론에 도달할 수 있다. 예를 들어 노동자들이 위험을 피하려 하는 경우, 의무적으로 제공해야 하는 최저 수준의 지원에 대한 타당성에 영향을 미칠 수 있다. 기업들이 자체적으로 노동자들에 대한 감시의 정도를 선택할 수 있는 경우, 국가는 기업에 비용을 부과해야 한다. 감시나 감독에 들어갈 비용 절약 측면에서 사회가 얻는 이익은 실업률이 줄어들지 않는 것으로 다 상쇄되어 버리기 때문이다. 같은 방식으로 기업이 자체적으로 이직률을 선택할 수 있다면 이직률은 실업자들이 새롭게 직장을 찾는 비율에 영향을 미치고 따라서 다른 기업들의 '근무 태만 통제'에도 영향을 미치기 때문에 국가는 또 역시 기업에 비용을 부과해야 한다.

샤피로와 스티글리츠가 이야기한 것처럼, 상황에 따라 실업수당, 그리고 감시 및 이직률에 대한 비용 부과나 혹은 보조금 지급과 관련된 정부의 개입에는 정해진 한계가 있으며, 이런 한계나 범위가 적절하게 설계된 경우는 '파레토 개선Pareto Improvement °'으로 이어질 수 있다. 정부는 파레토 개선에 도달하기 위해 적절한 수단을 선택해야만 한다. 예를 들어 실업 급여를 낮추거나 혹은 감시나 이직률과 관련해 부과하는 비용을 올리는 것은 동등한 효과를 미치는 정책이라고 볼 수 없다. 물론 국가의 의무는 파레토 개선의 경우에만 국한되지는 않는다. 샤피로와 스티글리츠는 자신들의 모형에서 수익에 세금을 부과하고 얻은 이익의 총합을 임금 인상을 위해 사용하면 실업률이 감소하고 전체적인 수입이 늘어나게 된다는 사실을 확인했다. 이 경우, 전체적인 복지 수준은 증가하지만 그 대신 기업 소유주들의 희생은 불가피하다(다만 이런 정

---

° 　자원 배분시, 어느 누구에게도 손해가 가지 않게 하면서 최소한 한 사람 이상에게 이익을 가져다주는 변화를 의미한다.

책에는 재분배 기능을 기대해 볼 수 있다).

아프리카 케냐든 어디든, 지주와 소작농 사이의 관계에 대한 이야기는 보험회사와 고객, 혹은 채무자와 대출자 사이의 관계에서도 비슷하게 이어질 수 있다. 양자 관계에서 발생하는 부정행위는 그에 따른 벌칙으로 통제를 받아야 할 필요가 있으며 이런 과정을 감시하는 일에는 그만큼 비용이 들어간다. 정보의 비대칭성은 언제나 자원의 비효율적인 분배로 이어지며, 법률이나 세금 또는 보조금 지급 제도 등을 통한 국가의 직접적인 개입에 의해 개선될 수 있다.


## 그로스먼-스티글리츠 역설:
## 완벽하게 효율적인 시장은 '시장'으로 존재할 수 없다

스티글리츠는 특히 금융 분야에 대한 분석과 입장으로 유명하다. 금융의 목적은 위험의 공유이며 이러한 위험은 다른 관련 당사자들에 의해 서로 다르게 평가될 수 있다. 따라서 정보는 중요한 역할을 하는데, 정보를 알고 있는 사람은 그렇지 않은 사람보다 결정적으로 유리한 점이 있다. 여기서 문제가 되는 것은 자원의 효율적인 분배뿐만 아니라 예컨대 연쇄 파산 같은 위험과 관련된 생존권이다. 모든 금융기관들이 동일한 법률의 적용을 받는 것도 바로 이런 이유 때문이며 때에 따라서는 상황이 심각해질 수도 있다. 미국에서 규제를 완화하려는 움직임은 1980년대 레이건 대통령 시절부터 시작이 되었고 1990년대 부시와 클린턴 대통령 시절에 본격적으로 추진력을 얻었다. 그리고 그 밑바탕이 되어 준 건 이른바 금융시장이 효율적이라고 주장하는 '효율적 시장 가설'을 제시한 학계였다. 2012년 노벨상 수상자인 유진 파마Eugene Fama(1939-)로 인해 본격적으로 힘을 얻게 된 이 이론은 현재 경제학자들 사이에서 "이용 가능한 정보를 언제든 '완전히 반영하는' 시장을 '효율적'이라고 부른다"는 악명 높은 문장으로 요약된다.

1980년 그로스먼과 스티글리츠는 「정보 측면에서 효율적인 시장의 불가능성On the Impossibility of Informationally Efficient Markets」이라는 제목의 논문에서 이 문제에 대해 의문을 제기했다. 정작 시장에 정보가 완전하고 효율적으로 유통돼 시장가격에 반영된다면, 다시 말해 시장의 불안정함으로부터 수익을 거둘 어떤 가능성도 없다면, 투자자를 비롯해 어느 누구도 정보를 얻기 위해 애쓰지 않을 것이다. 결국 시장에서는 어떤 거래도 일어나지 않을 것이고, 그렇게 되면 시장 자체가 성립할 수 없게 된다. '그로스먼-스티글리츠 역설Grossman–Stiglitz Paradox'은 바로 이런 모순을 지적하는 개념이다.

이로 인해 신고전주의 경제학자들 사이에서도 자유방임주의 지지자들과 정부의 개입을 더 지지하는 케인스학파 사이에 논쟁이 벌어졌다. 그로스먼과 스티글리츠는 1980년대 '케인스학파 반대 세력'을 이끌었던 두 사람의 적, 로버트 루카스를 근거로 자신들의 입장을 내세웠지만 단지 정보검색에는 그만큼의 비용이 소요된다는, 거의 실체가 없는 가설을 취함으로써 전혀 반대의 결론에 도달하게 된다.

"정보를 갖고 있는 사람들로부터 그렇지 못한 사람들에게 정보를 전달할 때 가격이 확실한 역할을 수행한다는 가장 단순한 사실을 나타내는 것이 바로 이 모형"이라는 사실에도 불구하고 이 모형에 대한 이해가 난해해지는 건 어려운 수학이 포함되어 있기 때문이다. 우리는 매우 단순한 모형에 대해 대단히 복잡한 공식을 갖고 있는 것이다.

이러한 비판에도 불구하고 이 모형은 교과서에 계속 등장하고 있으며 수많은 학계 저술들 안에서 논의될 뿐만 아니라 여러 실증적 실험의 대상이 되고 있다. 이름을 알 만한 모든 경제학자들이 여기에는 아무런 의미가 없다는 사실에 동의하고 있는데도 말이다.

## 모방 자본주의를 넘어서

스티글리츠의 노벨상 수상 기념 강연은 〈경제학의 근본적 경향의 변화와 정보Information and the Change in the Paradigm in Economics〉라는 제목으로 진행되었지만 그의 논문이나 저작들 안에서 이러한 변화를 감지하기란 그리 쉽지 않다. 아니, 오히려 그 반대다. 그의 모든 저술들은 경제학의 지배적 경향인 신고전주의와 관련되어 있으며 그 중심에 있는 '합리적인 행동의 균형'을 존중한다. 자신이

했던 발언들에도 불구하고 스티글리츠는 순수경쟁 균형의 기준에서 완전히 벗어날 수 없는 것처럼 보인다. 다만 그는 동시에 이런 개인적 모순을 두려워하지 않는 것도 같다. 『시장으로 가는 길』에서 스티글리츠는 애로와 드브뢰 모형이 "수요와 공급이 같아지는 시장 정리 가격이 나올 때까지 가격을 부르는 경매인"이 있을 뿐만 아니라 "'완전하게 완성된' 시장이 있고, 그 안에서는 현재의 재화와 용역뿐만 아니라 미래의 재화와 용역까지 거래가 된다"고 가정했다.

다시 말해, 경매인은 경제가 그 수명을 다할 때까지 가격을 부르며 경제 행위자의 공급량과 수요량을 통제한다. 스티글리츠는 곧바로 또 이렇게 적는다. "이러한 결과들은 경제 이론은 물론, 애로와 드브뢰의 표준 신고전주의 모형에서 예상되는 '분산화decentralization'의 실현 가능성 모두에 대해 깊은 영향을 미친다." 스티글리츠는 자신이 집필한 경제학과용 교과서인 『경제학 원리Principles of Economics』에서 경매인이나 혹은 완전하게 완성된 시장들에 대한 가정 같은 건 한마디도 언급하지 않는다. 그는 오히려 "경쟁 모형은 만족스러운 결과를 제공하며 거기에서 나타난 예측은 완벽하지는 않지만 우리가 효과적으로 관찰한 내용과 잘 들어맞는다"라고 말한다.

2016년 있었던 언론과의 한 대담에서 그는 이렇게 말했다. "시장의 한계를 지적한 사람들은 종종 자본주의나 시장을 반대한다거나 혹은 더 큰 정부를 선호한다는 이유로 공격을 받았다. 하지만 그건 그 사람들의 주장을 잘못 해석한 것이다… 이들의 목표는 시장이 더 잘 작동하도록 만들며 또 시장 제도를 훼손하는 것이 아니라 지원하는 것이다." 신고전주의 경제학자를 포함하여 대다수의 경제학자들은 시장에는 한계가 있으며 국가가 나서서 그 한계 상황을 통제하거나 부정적인 영향을 줄일 수 있도록 노력해야 한다고 믿는다.

스티글리츠는 정치인부터 시작해 은행과 금융기관, 대형 제약회사, 그리고 그 규모에 상관없이 모든 압력 단체의 활동들을 격렬하게 비판한다. 그는 시장에는 큰 잘못이 없으며 잘못은 외려 자신이 "모방 자본주의ersatz capitalism"라고 부르는 것에 있다고 말한다. 이런 모습은 불평등을 비판하는 또 다른 경제학자인 토마 피케티Thomas Piketty에 대한 스티글리츠의 '대응'에서 찾아볼 수 있다. 비록 피케티는 자본주의의 미래에 대해 훨씬 더 비관적이긴 하지만 말이다.

> 우리가 지금까지 확인해 온 현실, 즉 부가 증가하더라도 임금은 정체되고 불평등이 증가하는 상황은 정상적인 시장경제의 작동을 반영하는 것이 아니라 내가 '모방 자본주의'라고 부르는 것을 반영하고 있다. 문제는 시장이 어떻게 '작동해야' 하는가가 아니라 시장 안에서 제대로 된 경쟁이 이루어지도록 보장하지 못하는, 기업이나 부유층이 다른 사람들을 착취할 수 있게 만드는 그런 규정을 만들어 낸 우리의 정치제도에 있다. 불평등의 수준이 여전히 높다는 피케티

의 예측은 경제학의 불변의 법칙을 반영하는 것이 아니다.

스티글리츠는 시장이 규제되고 정치적 과정을 통해 규칙이 확립되며 국가가 불완전성을 통제하기 위해 개입한다면 자본주의는 최근에 관찰된 것과 완전히 다른 결과로 이어질 것이라고 주장한다. 다른 많은 신고전주의 동료들과는 달리 스티글리츠는 세계적인 수준에서든 아니면 미국에서든 불평등을 줄이거나 억제하기 위해 분명한 정치적 조치를 취하는 쪽을 선호한다. 예를 들어 그는 상속세에 더 많은 세금을 부과하고, 독점 금지법을 엄격하게 시행하며, 사회의 다른 부분들을 착취할 수 있는 은행의 역량을 제한하는 금융 구제 등이 우리 사회의 불평등을 현저히 줄여 줄 것이라고 보았다. 그는 이렇게 말한 바 있다. "우리가 규칙들만 제대로 정한다면 심지어 20세기 중반 중산층 사회의 특징이었던 급속한 '동반' 경제성장을 다시 이룩할 수도 있을 것이다."

부록 │ 한눈에 보는 필수 경제 개념

## ● *Lesson 1.* 애덤 스미스

**사용가치** │ 개별 상품이 지니고 있는 유용성을 의미하며, 상품을 사용하거나 소비함으로써 실현된다.

**교환가치** │ 상품의 실제 가격, 다시 말해 '자연 가격'을 반영하는 것으로, 투입된 노동량에 비례한다.

**일반균형** │ 경제 내의 모든 시장에서 수요와 공급이 (동시에) 균형을 이루고 있는 상태. 서로 영향을 미치는 재화들과 이를 둘러싼 경제를 좀 더 완전하게 분석하기 위해 고안된 개념으로, 프랑스의 경제학자 레옹 발라에 의해 확립되었다.

**명목 가격** │ 우리 눈에 보이는 가격이지만, 물가인상이 반영되지 않은 가격. 이와 대비되는 개념으로 실질 가격real term price이 있다.

## ● *Lesson 2.* 데이비드 리카도

**비교우위이론** │ 한 국가가 국가 간 무역에서 모든 상품을 상대 국가보다 낮은 비용으로 생산하는 경우라도 자국 내에서 생산성이 더 낮은 쪽의 상품을 상대 국가에서 수입한다면 두 국가 모두 이익을 얻을 수 있음을 의미한다.

**리카도 동등성 정리** │ 정부 지출에 필요한 자금을 세금으로 충당하든 채권을 발행해 조달하든 경제에 미치는 영향은 같다는 원리.

**리카도 차액지대 이론** │ 크기가 같은 토지라도 토지가 비옥할수록, 배수 설비나 울타리 등의 장비가 더 잘 가춰져 있을수록 보다 많은 곡물을 생산할 수 있으므로, 이런 경우 더 높은 임대료를 내야 한다는 원리.

**리카도 효과** │ 호황이 불황으로 전환되는 경기 전환점을 설명하는 개념으로, 이에 따르면 소비재 가격이 상승해 실질임금이 하락할 경우, 기업은 생산과정에서 기계 대신 (인간의) 노동력을 더 많이 사용하게 된다.

## ● *Lesson 3.* 존 스튜어트 밀

**정상 상태** | 경제순환의 어떤 한 시기에서 시간이 경과하여도 다음 단계로 넘어가지 못하고 단순히 이전 수준으로 생산량을 유지, 재생산하는 데 불과한 경제 과정을 의미한다.

**협동조합** | 경제 및 사회적으로 어려운 처지의 사람들이 힘을 모아 자신들의 권리와 이익을 추구하기 위해 만든 단체. 기업에 속하기는 하지만 조합원 1인이 자신이 출자한 금액과 상관없이 동등하게 1표의 의결권을 행사하는 등 일반적인 사기업과는 구별되는 특징이 있다.

## ● *Lesson 4.* 카를 마르크스

**유적존재** | 인간과 인간, 인간과 자연의 유기적 관계를 총괄하는 개념. 인간의 보편적 존재 방식을 뜻한다. 여기서 '보편적'이란, 자연적이면서 사회적 존재로서의 의미를 모두 포함한다. 또한 이는 노동과 노동 생산물을 통해 확인되고 실현된다.

**소외** | 마르크스는 소외를 상품으로부터의 소외, 노동과정으로부터의 소외, 노동자 자신으로부터의 소외, 다른 노동자들로부터의 소외처럼 총 4가지로 구분했다.

## ● *Lesson 5.* 앨프리드 마셜

**미시경제학** | 소비자, 생산자 같은 개별적인 경제주체들의 행동을 통해 사회적 경제 현상을 분석하는 학문.

**신고전경제학**neoclassical | 케임브리지학파라고도 하며 애덤 스미스에서 시작된 고전학파를 계승한 주류 경제학파 중 하나. 소스타인 베블런에 의해 최초로 명명되었다.

**세테리스 파리부스** | '다른 조건이 일정하다고 가정한다면'이라는 뜻의 라틴어. 인

간 본성, 시간 등 경제 현상에 영향을 주는 여러 변수들을 모두 고려하다 보면 기준이 되는 법칙을 세우기 어려우므로 한 가지 변수를 검토할 동안 다른 조건들은 없는 것으로 간주한다. 다만 여러 조건들을 복합적으로 고려하지 않은 만큼 현실과 괴리가 생길 수밖에 없으며, 짧은 기간 동안의 경제 분석에 한해 유효하다.

● *Lesson 6.* 조지프 A. 슘페터

**창조적 파괴** | 기술이나 시스템의 혁신을 통해 낡은 것을 파괴하고 새로운 것을 창조해 끊임없이 경제구조를 혁신해 가는 산업 개편 과정을 뜻한다. 슘페터는 기업가야말로 이러한 혁신을 이끄는 주체라고 보았으며, 혁신을 통해 창조적 파괴를 이루려는 의지가 바로 '기업가 정신'이다.

**경기순환(경기변동)론** | 경기순환은 '호황-후퇴-침체-회복' 4가지 단계를 거친다. 슘페터가 말하는 경기순환론의 핵심은, 불황은 혁신으로 가기 위한 필요악이며, 이는 궁극적으로 경제가 진화해 가고 있음을 의미한다는 것이다.

**콘드라티에프 순환/ 주글라 순환/ 키친 순환** | 경기순환에서 나타나는 파동 패턴의 종류. 각각 약 60년, 7~11년, 40개월 미만의 주기로 발생하며 마지막 키친 순환은 '혁신'과는 무관할 수도 있다.

● *Lesson 7.* 존 메이너드 케인스

**거시경제학** | 한 국가의 전체적인 경제 현상(국내총생산GDP, 국민총생산GNP, 실업률 등)을 분석해 경기변동이나 경제성장의 규칙성을 연구하는 학문.

**고정환율제도** | 외환시세의 변동을 인정하지 않거나 극히 작은 변동 폭만을 인정하는 제도. 고정환율제도는 경제활동이 안정적으로 이루어지는 것을 보장해 대외적인 거래를 촉진시키기도 하지만, 환율 변동에 따른 국제수지 조정이 불가능하므로 외부로부터 충격이 발생할 경우 물가, 나아가 경제를 불안정하게 만들기도 한다.

**케인스주의** | 시장에서 소비와 투자 등이 줄어들어 경기가 침체되었을 경우, 정부가 시장에 적극적으로 개입해 경기를 안정화시켜야 한다는 주장.

## ● *Lesson 8.* 프리드리히 하이에크

**오스트리아학파** | 카를 멩거에 의해 창시된 비주류 경제학파. 한계효용설을 기반으로 경제주체와 시장을 분석한다. 수리경제학, 계량경제학 등에서 사용하는 수학 공식이나, 통계학적 자료의 사용을 선호하지 않으며, 추상적 추론과 논리학적 분석을 추구한다.

**몽펠르랭 소사이어티** | 1947년 하이에크가 스위스 몽펠르랭에서 결성한 자유주의를 옹호하는 경제학자, 역사학자, 철학자, 사업가 등으로 구성된 국제단체. 하이에크를 비롯해 이곳에 소속된 밀턴 프리드먼, 조지 스티글러, 제임스 뷰캐넌 등의 경제학자들이 노벨상을 수상한 바 있다.

**노예의 길** | 자유주의의 고전으로 손꼽히는 책으로, 하이에크는 이 책에서 사회주의 계획경제를 일컬어 '노예의 길'이라 언급했다. 경제적인 측면에서의 중앙 관리식 계획은, 결국 개인의 정치적인 자유도 잃게 만든다는 내용을 골자로 한다.

## ● *Lesson 9.* 밀턴 프리드먼

**실증경제학** | 경제 현상을 데이터나 통계 등을 통해 있는 그대로 분석하고 그 인과관계를 분석해 변화를 예측하는 경제학의 한 분야. 프리드먼은 실증경제학을 옹호했으며 경제학에 관한 규범적 논쟁을 버리고 경제학을 과학으로 보아야 한다고 주장했다.

**시카고학파** | 시카고 대학교를 중심으로 발전한 경제학파. 정부의 개입보다 자유로운 시장의 기능을 신뢰하며 지지한다.

**통화주의** | 화폐(돈)야말로 경제 불안정을 설명하고 이를 해결할 수 있는 가장 강력한 요소임을 주장하는 시카고학파의 대표 경제 이론. 조세와 정부 지출 같은 재정 정책의 중요성을 강조한 케인스학파의 주장과 대비된다.

**스태그플레이션** | 실업률과 물가가 함께 치솟으면서 경제성장은 둔화되고 정부 적자는 급증하는 상황을 뜻한다.

● *Lesson 10.* 존 포브스 내쉬 2세

**게임이론:** 상호 의존적인 개인의 의사 결정과 그 전략에 관한 내용을 다루는 이론. 수학자 폰 노이만과 경제학자인 모르겐슈테른에 의해 처음 등장했고, 내쉬에 의해 사화과학 및 여러 연구 분야에 광범위하게 적용될 수 있음이 증명되었다.

**비협력적 게임:** 당사자들 간에 사전 약속을 주고받을 수 없는 방식의 게임을 의미한다.

**내쉬 균형이론:** 게임이론의 한 형태로, 게임의 참여자가 상대방의 전략을 고정된 것으로 보고 그 상황에서 자신에게 최선인 선택을 할 때, 그 선택들의 결과가 균형을 이루게 됨을 의미한다. 이에 대한 대표적인 설명이 '죄수의 딜레마'인데, 죄수의 딜레마에서 죄수들은 결국 모두 '자백'을 함으로써 최선의 차선을 선택하게 된다.

● *Lesson 11.* 대니얼 카너먼

**행동경제학:** 인간의 행동을 심리학, 사회학, 생리학적으로 바라보고 그로 인한 결과를 규명하려는 경제학의 한 분야. 행동경제학파에 속하는 경제학자들은 주류 경제학의 신념과도 같은 '합리적인' 인간을 부분적으로 부정하며, 경제주체들은 제한적으로 합리적이며 때론 감정에 의해 결정을 내리는 경향이 있다고 주장한다. 카너먼과 트버스키의 '전망이론'이 행동경제학의 대표 이론이다.

**휴리스틱:** 어림짐작의 기술이라고도 불린다. 의사 결정의 상황에서 시간과 정보 등이 부족한 경우, 완벽한 의사 결정을 내리기보다 주어진 정보를 통해 실현 가능한 결정을 내리려는 인간의 경향을 뜻한다.

**틀 짜기 효과:** 어떤 사안이 제시되는 방법에 따라 동일한 사안이라고 해도 그에 관한 사람들의 해석이나 의사 결정이 달라지는, 인식의 왜곡 현상을 가리키는 말.

**심리적 회계 계정:** 동일한 금액의 돈이라도 목적이나 용도에 따라 돈의 가치를 다르게 둠으로써 돈을 취급하거나 지출하는 방식이 달라짐을 의미한다.

**후생경제학:** 미시경제학의 원리와 기법을 통해 경제 전체의 후생을 평가하는 학문. 미시경제학으로 거시경제학을 분석하는 것으로도 볼 수 있다.

**센지수:** 센이 만든 빈곤율 지수. 빈곤층의 절대적인 수만을 나타낸 기존의 간단한 측정 지수들을 개편한 것으로, 빈곤층에 포함되는 계층들 간의 소득 불평등 정도를 반영한다.

**역량 중심 접근법:** 경제성장이 아닌 개개인의 행복에 초점을 맞춰 삶의 질을 비교 및 평가해 사회정의를 실현하려는 이론. 역량이란 한 개인이 추구할 수 있는 기능의 집합으로, 이때의 기능이란 건강, 안전, 자존감, 직업이 있음 같은 인간의 존재를 구성하는 상황이나 활동을 의미한다.

**인간개발지수**HDI: 국제연합개발계획에서 발표한 인간 개발 성취 기준을 나타내는 것으로, 센의 역량 중심 접근법을 접목해 평균 학업 연수로 측정되는 기본 교육, 출생 시 기대 수명인 장수, 국민총소득GNI 등을 반영한 지수이다.

● *Lesson 13.* 조지프 스티글리츠

**정보경제학:** 미시경제학의 한 분야로, 경제주체들이 가진 정보의 차이로 인해 어떤 현상이 벌어질지를 주로 연구한다. 노동경제학이나 금융경제학 등의 다양한 분야에서 응용되고 있다.

**정보 비대칭성:** 정보가 경제주체 간에 골고루 분포되어 있지 않은 현상을 말한다.

**효율임금이론:** 시장에서의 균형임금보다 높은 임금을 지급하면 노동생산성을 높일 수 있다고 주장하는 이론. 다시 말해 생산성이 임금을 결정하는 것이 아닌, 임금이 생산성을 결정함을 의미한다.

**그로스먼-스티글리츠 역설:** 시장에 정보가 완전하고 효율적으로 유통돼 시장가격에 반영된다면, 다시 말해 시장의 불안정함으로부터 수익을 거둘 어떤 가능성도 없다면, 투자자를 비롯해 어느 누구도 정보를 얻기 위해 애쓰지 않을 것이다. 결국 시장에서는 어떤 거래도 일어나지 않을 것이고, 그렇게 되면 시장 자체가 성립할 수 없게 됨을 분석한 내용이다.

# 나의 첫 경제사 수업

| | |
|---|---|
| 1판 1쇄 인쇄 | 2022년 6월 14일 |
| 1판 1쇄 발행 | 2022년 6월 30일 |
| 엮은이 | 조너선 콘린 |
| 옮긴이 | 우진하 |
| 발행인 | 황민호 |
| 본부장 | 박정훈 |
| 책임편집 | 김사라 |
| 기획편집 | 김순란 강경양 한지은 |
| 마케팅 | 조안나 이유진 이나경 |
| 국제판권 | 이주은 한진아 |
| 제작 | 심상운 |
| 발행처 | 대원씨아이㈜ |
| 주소 | 서울특별시 용산구 한강대로15길 9-12 |
| 전화 | (02)2071-2019 |
| 팩스 | (02)749-2105 |
| 등록 | 제3-563호 |
| 등록일자 | 1992년 5월 11일 |
| ISBN | 979-11-6918-398-7 03320 |